本书为思政"四史"教学的数字化改革
Hnjg2021ZD—50）结项成果

本书由海南省高校思想政治工作中青年骨干队伍建设项目经费资助

新时代大学生红色文化精神教育研究

饶宝美　钟婧　著

吉林大学出版社

·长春·

图书在版编目（CIP）数据

新时代大学生红色文化精神教育研究 / 饶宝美，钟
婧著. -- 长春：吉林大学出版社，2022. 8
　ISBN 978-7-5768-0298-6

　Ⅰ. ①新… Ⅱ. ①饶… ②钟… Ⅲ. ①大学生 - 革命
传统教育 - 研究 - 中国 Ⅳ. ① G641. 2

中国版本图书馆 CIP 数据核字 (2022) 第 154053 号

书　　名　新时代大学生红色文化精神教育研究
　　　　　XINSHIDAI DAXUESHENG HONGSE WENHUA JINGSHEN JIAOYU YANJIU

作　　者　饶宝美　钟婧 著
策划编辑　矫正
责任编辑　矫正
责任校对　王寒冰
装帧设计　久利图文
出版发行　吉林大学出版社
社　　址　长春市人民大街 4059 号
邮政编码　130021
发行电话　0431-89580028/29/21
网　　址　http://www.jlup.com.cn
电子邮箱　jldxcbs@sina.com
印　　刷　天津和萱印刷有限公司
开　　本　787mm×1092mm　　1/16
印　　张　13
字　　数　200 千字
版　　次　2023 年 3 月　第 1 版
印　　次　2023 年 3 月　第 1 次
书　　号　SBN 978-7-5768-0298-6
定　　价　68.00 元

前　言

文化是一个国家、一个民族的灵魂，是人民的精神家园，也是政党的一面精神旗帜。党的十八大以来，"经过长期努力，中国特色社会主义进入了新时代"[①]。处于新的历史方位，党和国家面貌发生根本变化，不但经济、军事等硬实力更加强大，同时文化软实力得到极大提升，但是离文化强国还有很大差距。实现由文化大国向文化强国的转变是增强国家文化软实力的客观要求，也是实现中华民族伟大复兴的题中之义。红色文化是中国共产党领导人民在长期的革命斗争中独创的先进文化，蕴含着诸多的精神元素，可以帮助大学生树立正确世界观、人生观和价值观，对于帮助大学生应对社会多元化的挑战、培养爱国主义情怀、保持艰苦奋斗的作风至关重要。因此立足于立德树人，培养担当民族复兴大任的时代新人，高校必须对大学生加强红色文化精神教育。

首先，加强大学生红色文化精神教育是新时代加强和改进高校思想政治教育工作的需要。重视思想政治工作是中国共产党的光荣传统和政治优势，新中国成立以来，每逢国家和社会处于历史发展的关键时期，党和国家都会对高校思想政治工作深入研究和具体部署，并团结动员高校各条战线和全体教育工作者的力量，切实推动高校思想政治工作创新发展。党的十八大以来，习近平立足新的时代特点回应了高校思想政治工作的时代之问，先后在全国宣传工作会议、全国文艺工作座谈会、全国哲学社会科学工作座谈会、全国高校思想政治工作会议上分析了新时代高校思想政治工作的新形势，就加强和改进高校思想政治工作等相关问题提出了新要求。他指出："要坚持把立德树人作为中心环节，把思想政治工作贯穿教育教学全

---

① 习近平．决胜全面建成小康社会　夺取新时代中国特色社会主义伟大胜利——在中国共产党第十九次全国代表大会上的报告 [N]. 人民日报，2017-10-28.

过程,实现全程育人、全方位育人,努力开创我国高等教育事业发展新局面。"①一方面,00后大学生开始步入大学校园,他们的人生历程同实现"两个一百年"奋斗目标的时间表是完全吻合的。习近平强调:"青年兴则国家兴,青年强则国家强。青年一代有理想、有本领、有担当,国家就有前途,民族就有希望。"②中国梦终将在"担当民族复兴大任的时代新人"的接续奋斗中实现。另一方面,我们面临的国际国内形势不同以往,境内外敌对势力采取各种手段加大对高校意识形态的渗透,多样化的社会思潮冲击着主流意识形态的安全,加之部分高校重智育轻德育,思想政治工作领导体制和工作机制仍然有待健全,既给高校思想政治工作带来了新矛盾和新挑战,也为高校思想政治教育带来空前的发展机遇。因此,新时代新形势下必须提高高校思想政治工作的水平和能力,而固守传统的工作机制和教育模式只能被动应对,难以发挥我国高校思想政治工作的优势。以上这些问题倒逼思想政治工作者就新时代高校思想政治教育的方法艺术、内容载体、队伍建设、领导机制等问题归因反思,以纾解新时代高校思想政治教育的困境,推动高校思想政治工作的改革创新。在各种教育资源的探寻和比较中,吸收了中华优秀传统文化养分,富含民族特色与时代特征,在中国革命与社会主义建设的伟大历史实践中再生创造、不断凝聚升华的革命文化凸显出重要的思想政治教育价值。新时代,红色文化历久弥新,大学生接受红色文化精神教育不仅能够重温历史、感悟初心,不忘革命先辈在革命、建设和改革等激情燃烧的岁月中艰难探索的历史过程,还能够滋养心灵、接受洗礼,铸就理想信念,锤炼高尚品格,激发大学生奋斗新时代的精神动力,为他们的成长成才打下坚实基础。因此,全面审视红色文化对大学生思想政治教育的价值以及实现路径等问题,有助于新时代高校思想政治工作因时而进、因势而新。

其次是贯彻落实"把红色传统发扬好、把红色基因传承好"的需要。党的十八大以来,习近平大力提倡红色文化,多次前往全国各地的革命老区,其足迹遍布山西吕梁、安徽金寨、宁夏固原、浙江嘉兴、福建古田、江西井冈山等地,"让红色基因代代相传",是习近平反复提及的深切嘱托和

① 习近平在全国高校思想政治工作会议上强调:把思想政治工作贯穿教育教学全过程 开创我国高等教育事业发展新局面 [N]. 人民日报, 2016-12-09.

② 习近平. 决胜全面建成小康社会 夺取新时代中国特色社会主义伟大胜利——在中国共产党第十九次全国代表大会上的报告 [N]. 人民日报, 2017-10-28.

希冀。习近平在参观庆祝中国人民解放军建军 90 周年主题展览时强调："我们要铭记光辉历史、传承红色基因，在新的起点上把革命先辈开创的伟大事业不断推向前进。"① 他在江西井冈山考察时指出："我们要向革命先烈表示崇高的敬意，我们永远怀念他们、牢记他们，传承好他们的红色基因。"② 红色基因伴随着中国共产党的诞生、壮大和成熟，是中国共产党从一个胜利走向另一个胜利的精神密码。中国共产党人在艰苦的革命岁月和社会主义建设中，铸就了坚定的理想信念、锤炼了顽强的革命斗志、造就了求实的工作作风，最终将胜利写在了革命的旗帜上。红色基因植根于共产党人的血液，体现了共产党人的初心使命和身份自信。

习近平的每次革命老区之行都是对红色文化和红色精神的继承和弘扬，这份冀望深刻地体现在对青少年和大学生的红色文化精神教育上："革命传统教育要从娃娃抓起，既注重知识灌输，又加强情感培育，使红色基因渗进血液、浸入心扉，引导广大青少年树立正确的世界观、人生观、价值观"③，真正让红色文化根植于青年大学生的心中，成为他们最好的教科书和最好的营养剂。然而，在充分重视和肯定红色文化思想政治教育价值的同时，对于如何继承和弘扬红色文化、怎样传承红色基因的学术研究仍然相对薄弱。当前部分高校依然固守传统的教育模式，很难提升新时代大学生红色文化精神教育的亲和力和感染力，因此，顺应新时代弘扬红色文化和传承红色基因的时代意蕴，将红色文化的精神品格和历史智慧有效融入大学生思想政治教育中，对于继承和弘扬红色文化以及指引高校立德树人根本任务的落实都将是一个非常有意义的课题。

红色文化内容蕴含丰富、表现方式多种多样，其中的许多价值元素，传承着信仰之光和理想之火，在进入新时代的今天仍然对社会主义经济建设、政治建设、文化建设、社会建设和生态文明建设意义非凡，无可替代。

红色文化精神教育在不同的群体中产生不同的反响。不同时代、不同

---

① 习近平在参观"铭记光辉历史 开创强军伟业"主题展览时强调：铭记光辉历史 传承红色基因 为把人民军队建设成为世界一流军队而不懈奋斗 [N]. 人民日报，2017-07-22.

② 习近平春节前夕赴江西看望慰问广大干部群众：祝全国各族人民健康快乐吉祥 祝改革发展人民生活蒸蒸日上 [N]. 人民日报，2016-02-04.

③ 中共中央文献研究室编. 习近平关于青少年和共青团工作论述摘编[M].北京：中央文献出版社，2017：36.

群体对红色文化的态度、情感、认同存在很大差异。经历过革命战争年代的老一辈人，见证了红色文化的形成和发展，往往容易认同和弘扬甚至去教育下一代。但是，新时代青年大学生对由困难走向辉煌的红色共和国的历史很陌生，红色文化记忆缺失、红色记忆淡薄。是否接受红色文化的根本价值取向和核心观念的教育，是否能将红色文化内化，是否能讲出红色故事，是摆在新时代大学生红色文化教育面前不容回避的一道基础考题。本书研究的重点是客观梳理新时代大学生红色文化精神教育的问题和分析其成因，并完善大学生红色文化精神教育的建构策略（包括确定教育原则、丰富教育内容、选择实现路径）。这些问题不解决好，将使肩负复兴使命的新时代青年大学生的集体人格发生裂变，从而严重影响中国的未来发展。

在章节设置上，全书共分六章，从红色文化、红色精神、红色基因的内涵解读着手，厘定新时代大学生红色文化精神教育的内涵，并阐述了相关理论基础；梳理了红色文化的发展历程和红色文化的教育价值，着重强调了新时代大学生红色文化精神教育的重大意义；探讨当前大学生红色文化精神教育所取得的成就、存在的问题，并对产生的原因进行深度解析；在此基础上，首先是确定红色文化精神教育的利用原则，其次对红色文化精神教育的内容进行归纳和总结，最后，从政府、社会、学校、家庭和大学生自身五个方面构建开展红色文化精神教育的路径。

习近平指出："对中国人民和中华民族的优秀文化和光荣历史，要加大正面宣传力度，通过学校教育、理论研究、历史研究、影视作品、文学作品等多种方式，加强爱国主义、集体主义、社会主义教育，引导我国人民树立和坚持正确的历史观、民族观、国家观、文化观……"[①]对于红色文化精神教育，若不能顺应时代要求，精心加工利用，不但其价值难以发挥，甚至其存在的必要性也将受到质疑；因此，在新时代必须以创新思维推动红色文化资源转化为优质的教育资源，推动教育方法和手段的创新，使红色文化精神教育更加符合思想政治教育规律、更加切合大学生精神文化需求，真正使大学生内化于心，外化于行。

本文由饶宝美、钟婧共同撰写，每人各完成10万字。

---

① 习近平.习近平谈治国理政（第一卷）[M].北京：外文出版社，2018：162.

目　录

第一章 新时代大学生红色文化精神教育概述

红色文化是中国共产党领导人民在长期的革命斗争中独创的先进文化，蕴含着诸多的精神元素，可以帮助大学生树立正确的世界观、人生观和价值观，对于帮助大学生应对社会多元化的挑战、培养爱国主义情怀、保持艰苦奋斗的作风至关重要。因此，新时代高校立足于立德树人，培养担当民族复兴大任的时代新人，需要充分利用红色基因库，在大学生群体中讲好党的故事、讲好英雄的故事，引导大学生弘扬红色精神，确保红色基因永不变色。

本章从新时代的内涵着手，阐述了研究的背景及意义，对红色文化、红色精神、红色基因的内涵进行了详细解读，全面探讨了新时代大学生红色文化精神教育的内涵，深入分析了红色文化精神与高校思想政治教育的内在关联性，为全书的研究作理论铺垫。

一、研究的背景及意义

（一）新时代的内涵

2017 年 10 月 18 日，习近平在中国共产党第十九次全国代表大会上的报告中强调："经过长期努力，中国特色社会主义进入了新时代，这是我国发展新的历史方位。""这个新时代，是承前启后、继往开来、在新的历史条件下继续夺取中国特色社会主义伟大胜利的时代，是决胜全面建成小康社会、进而全面建设社会主义现代化强国的时代，是全国各族人民团结奋斗、不断创造美好生活、逐步实现全体人民共同富裕的时代，是全体中华儿女勠力同心、奋力实现中华民族伟大复兴中国梦的时代，是我国日益走近世界舞台中央、不断为人类做出更大贡献的时代。"①

习近平对新时代的内涵作出了高度凝练的概括总结，五个"时代"分别对应着新时代的历史脉络、实践主题、人民性、民族性和世界性，我们可以通过这五个维度来把握中国特色社会主义新时代的内涵。

1. 历史维度的新时代内涵

从历史脉络看，这个时代是继往开来、承上启下的，它是在新的历史条件下继续夺取中国特色社会主义伟大胜利的新时代。自改革开放以来，中国特色社会主义就是党的全部理论和实践的主题，中国特色社会主义是在实践中不断完善和发展并具有生命特征的形态。中国特色社会主义发展历程可以分为三个阶段：第一个阶段是从党的十一届三中全会到十五大，形成和确立了邓小平理论，改革开放政策解决了人民的温饱问题，人民生活总体达到小康水平；第二个阶段是从党的十五大到十七大，形成和确立了"三个代表"重要思想、科学发展观，小康社会开始全面建设；第三个阶段是从党的十八大至今，形成和确立了习近平新时代中国特色社会主义思想，小康社会进入决胜的关键时期，新时代掀开了全面建设社会主义现代化国家的新篇章。

2. 实践维度的新时代内涵

从实践主题看，这个时代是我们党全面建成小康社会、进而全面发展社会主义现代化强国的新时代。中国的改革经历了一段加速发展的历程，它是由小变化到中变化再到大变化的。1985年9月，邓小平说："现在人们说中国发生了明显的变化。我对一些外宾说，这只是小变化。翻两番，达到小康水平，可以说是中变化。到下世纪中叶，能够接近世界发达国家的水平，那才是大变化。到那时，社会主义中国的分量和作用就不同了，我们就可以对人类有较大的贡献。"②中国特色社会主义的发展经过长期以来的量的积累，逐渐迎来了质的变化，正如党的十九大报告指出："五年

---

① 习近平.决胜全面建成小康社会 夺取新时代中国特色社会主义伟大胜利——在中国共产党第十九次全国代表大会上的报告[N].人民日报，2017-10-28.

② 邓小平.邓小平文选（第三卷）[M].北京：人民出版社，1993：143.

来的成就是全方位的、开创性的，五年来的变革是深层次的、根本性的。"①
我国的综合国力、国际影响力和人民幸福感显著提升，从而制定了新时代
中国特色社会主义发展战略，即 2020 年全面建成小康社会，2035 年基本
实现社会主义现代化，到 21 世纪中叶建成富强民主文明和谐美丽的社会主
义现代化强国。

3. 人民维度的新时代内涵

从新时代的人民性看，这个时代是人民建造美好家园、实现共同富裕
的新时代。党的十九大报告指出："我国社会主要矛盾已经转化为人民日
益增长的美好生活需要和不平衡不充分的发展之间的矛盾。"②新时代我国
的主要矛盾发生了重大的转变，体现出国家走向了新的发展历程，体现出
人民走向了新的美好生活。新时代的中国要解决好眼前问题才能得以有更
大的发展。一方面，中国特色社会主义的发展解决了多方面短缺的问题，
从国家到民生，都是在党的领导下进行的；另一方，面中国特色社会主义
的发展走向更大的发展格局，在解决好眼前问题的基础上，更加注重"质"。
只有解决了人民最关心的问题，人民的生活水平才会提高，才能实现共同
富裕。

4. 民族维度的新时代内涵

从新时代的民族性看，这个时代是我们全体中华儿女勠力同心去实现
中华民族伟大复兴中国梦的新时代。鸦片战争后，中国陷入了半殖民地半
封建的黑暗时代，实现中华民族的伟大复兴，需要不断开拓、不断创新、
积极进取，改变人民的命运，在探索的过程中诞生了中国共产党。在中国
共产党的正确领导下，努力奋进，把握新时代的新时机，奠定了政治发展
的根本基础，迎来了质的变化，成为中华民族新时期的中坚力量。在中国
共产党的带领下，中国人民彻底推翻帝国主义、封建主义和官僚资本主义
三座大山，完成了新民主主义革命，建立新中国，结束了中国几千年的
封建专制，向自由平等的新时期转变。中国共产党领导人民进行了伟大革命，

---

① 习近平.决胜全面建成小康社会 夺取新时代中国特色社会主义伟大胜利——在中国共产党第
十九次全国代表大会上的报告 [N]. 人民日报，2017-10-28.
② 习近平.决胜全面建成小康社会 夺取新时代中国特色社会主义伟大胜利——在中国共产党第
十九次全国代表大会上的报告 [N]. 人民日报，2017-10-28.

确立了社会主义基本制度，使中华民族成功实现从站起来、富起来到强起来的质的飞跃，使中华民族伟大复兴迎来光明前景。

5. 世界维度的新时代内涵

从新时代的世界性看，这个时代是我国日益走近世界舞台中央、不断为人类作出更大贡献的新时代。党的十八大至今，中国的经济实力迅猛提升，总体稳居世界第二，对世界的经济总量起到至关重要的作用，成为推动世界经济的重要力量。习近平提出的构建人类命运共同体以及"一带一路"倡议，推动了诸多方面的发展，受到各国的重视与大力支持，中国已经成为推动、维护世界和平发展的引领者。中华文化的影响力日益增强，为中国特色社会主义事业的发展指明了方向，提供了选择，贡献了力量。中国特色社会主义拓展了发展中国家走向现代化的途径，给世界上那些既希望加快发展又希望保持自身独立性的国家和民族提供了全新选择，为解决人类问题贡献了中国智慧和中国方案。

简而言之，新时代就是中华民族实现强起来的时代，是新时代中国特色社会主义发展的战略安排。在新时代背景下，研究大学生思想政治教育途径和方法创新策略，并逐渐按照新方法对大学生进行思想政治教育任重而道远。

（二）研究的背景

文化作为一个主权国家和民族的标识，是一个国家和民族的灵魂。在文化作为"软实力"衡量一个国家综合实力尺度的现代社会，更是一个民族赖以生存和发展的重要力量。党的十九大胜利召开后，党章中加入了"建设社会主义文化强国"相关内容，凸显出这一时期中国共产党人对文化及其内涵的准确把握和高度重视。源于新民主主义革命时期的红色文化已经内化为中华民族的血脉基因。在社会主义建设和改革开放的伟大历史进程中，红色文化成为激励中华儿女奋发向上的精神动力。由党史、新中国史、改革开放史、社会主义发展史组成的"四史"，犹如一部辉煌壮丽的历史典籍，向全世界展示着中华优秀儿女向着"两个一百年"奋斗目标不断前进的坚定决心。红色文化源于"四史"，既是历史事实在文化层面的优秀成果，又是民族精神在文化层面的高度凝练。

我国高等院校一向是培育社会主义接班人的重要场所，党和国家领导人在治国理政的过程中始终将党对高等教育工作的领导作为一项重要任务展开。高等院校既承担着立德树人的根本任务，又肩负着阻击外部思潮侵蚀的意识形态工作前沿阵地的重要使命，面对着西方势力的渗透和社会转型时期的现实问题，在多重不利因素的合力作用下受到了一定影响。部分高校存在社会主义主流意识形态教育不够深入、对大学生红色文化精神教育和理想信念没有落实的情况，未能实现以文化人、以文育人的教育目标。辩证唯物主义认为，任何事物发展的道路是前进和曲折相统一的，共产主义的实现也绝不可能是一帆风顺的。中国特色社会主义越是向前发展，越是接近"两个一百年"奋斗目标，就越是要深刻认识国内国际两个大局，越是要警惕西方发达资本主义国家对我国意识形态领域的渗透活动。因此，务必要让青年全面深刻了解自近代历史以来，中国共产党领导中国人民浴血奋斗的光荣历史和伟大历程，通过重视对文化的研究，加强对青年的教育，确保以大学生为代表的青年成为可靠的社会主义接班人。

在意识形态领域斗争形势十分严峻的今天，西方敌对势力不断通过歪曲历史、丑化英雄等卑劣行径对我国红色文化不断发难、冲击，妄图动摇人民对于红色文化和英雄人物的崇高敬仰，最终阻断中华民族红色基因的传承。尤其需要注意的是，近几年国内部分"专家"和"公知"打着"还原历史真相"的旗号，不遗余力地侮辱革命英烈和篡改历史事实，在全社会造成了十分恶劣的影响。高等院校作为意识形态工作的前沿阵地，主要面对西方势力的渗透冲击和社会转型时期的现实问题，红色文化精神教育在这一过程中首当其冲。

自改革开放以来，西方的商品、科技、文化、价值观念和人文思潮不断涌入我国，伴随着全球化浪潮、信息化时代的到来，外来文化与本土文化的交流碰撞也愈演愈烈。从总体上看，西方发达资本主义国家长期以来在社会各个领域均积累了一定优势，这些国家中长期存在着敌视社会主义国家的政治力量，尤其是这些政治力量在获取国家权力后一边借助其在经济、科技和文化传播等领域的技术优势作为基点，持续不断地对我国进行单向文化输出，一边不遗余力地对我国既有文化体系歪曲贬损，企图通过在意识形态领域的渗透侵蚀以实现对我国全盘西化的阴谋。中国特色社会主义已进入社会转型期和改革深水区，社会矛盾也在这一时期显现出来，经济的飞速发展暴露出个人主义、拜金主义和功利主义倾向，大学生的思想认识也产生了变化。对于社会转型期发生的一些热点问题，部分学者倾向于套用西方的理论进行解释、借用西方的价值体系进行评判，在一些具体的热点问题上失去了社会主义话语体系的主动权、主导权和回应力，将舆论阵地拱手相让给西方势力。

自党的十八大胜利召开，无论是在重要场合还是在理论著作中，习近平对文化建设领域的相关工作都予以高度重视，反复强调文化自信的重要性。"文化自信"这一全新重要论断的提出，是中国共产党人关于文化建设和发展的全方位认识和深刻总结。文化自信是中国人民实现"两个一百年"奋斗目标的思想保证、精神动力和智慧源泉。"两个一百年"奋斗目标是全体中华儿女长期以来翘首期盼的关于国家和民族前途命运的战略目标。越是接近目标，对我国敌视的西方反动势力就越是千方百计地加以阻挠，在各个领域对我国发动了一场全方位的"看不见硝烟的战争"，特别是在文化领域处心积虑地对红色文化歪曲贬损，动摇青年群体对红色文化崇高性和革命性的信仰。自古英雄出少年，中华民族青年英雄辈出。青年群体的主体——大学生是中国特色社会主义事业的接班人，应当也必须具有坚定的信仰。如何树立大学生对红色文化的正确认识和崇高敬仰以实现抵制西方敌对势力在意识形态和文化安全领域的渗透，实现红色基因的传承就成为一个不容忽视又亟须解决的现实问题。

（三）研究意义

1. 理论意义

第一，目前学术界对于红色文化的教育作用主要集中在政党、干部和人民的思想教育层面，对于大学生红色文化教育的相关研究较少。通过本书的深入研究，能够对丰富和完善现有的红色文化教育理论体系起到一定程度的积极作用，同时也拓展了大学生思想政治教育的理论视角。

第二，高校作为意识形态工作的主阵地，对新时代大学生开展红色文化教育工作，有利于从理论层面解决当下外来文化和多元思潮对大学生思想认识领域产生冲击的问题。作为中国共产党领导人民在浴血奋战中形成的红色文化，能够引领大学生在多元文化的复杂交织中坚定思想定力。

第三，文化自信是在一个主权国家和民族之中更具基础、更加广泛、更为深厚的自信形式，是关乎一个主权国家实现长远发展和前途命运的重要支撑。文化自信有助于培育大学生在认识学习文化知识的过程中产生对红色文化的特殊情感，这种特殊情感表现为崇敬之情，这种崇敬之情能够促使大学生对中国特色社会主义文化和中国特色社会主义道路的自信更加笃定。

2. 现实意义

对新时代大学生红色文化精神教育进行研究，对于实现"两个一百年"奋斗目标、培养合格的社会主义接班人和建设者、巩固并增强高等院校思想政治教育相关教育教学实践活动的成效、实现红色文化资源的创造转化和深度开发具有十分重要的现实意义。

第一，大学生既是肩负"两个一百年"奋斗目标的青年群体，又是民族复兴大业的承担者和实践者，最终要投入到社会主义建设事业的伟大实践中。红色文化能够涵养大学生的爱国热情、艰苦奋斗的情怀和百折不挠的顽强意志，使其在实践活动中为社会主义伟大事业的建设贡献出自己的力量。

第二，大学生如何成为合格的社会主义接班人和建设者，现实途径是首先要坚定理想信念，志存高远。人无德不立，育人的根本在于立德。大学生通过对红色文化、优秀传统文化和中国特色社会主义文化的主动学习，能够在实践中逐渐形成良好的道德风尚。红色文化特有的铸魂育人作用能够涵养大学生的坚毅品格，在思想和行为层面更加自觉向合格的社会主义接班人和建设者的各项标准看齐，在实践中为祖国的社会主义建设添砖加瓦、贡献智慧和力量。

第三，我国高等教育所围绕的根本任务是"立德树人"，高校通过开展教育活动所要培养的是能够担当得起民族复兴重任、立志为中国特色社会主义奋斗终身的时代新人。根据时代特点和变化，探索红色文化精神与思想政治教育的共通性和结合点，将红色文化内嵌入思想政治教育的全过程，能够有效回答高等教育培养什么人、怎样培养人、为谁培养人这一根本问题，使大学生在学习和实践中坚定理想信念，不断砥砺品行，让红色文化在学生内心深处落地开花、生根发芽，以提升思想政治教育的实效性。

第四，通过对红色文化的学习，能够唤醒大学生内心深处的英雄情怀和培养为国为民排忧解难的优秀品格。通过对红色遗址和革命遗迹的参观等一系列实践活动，增强大学生对红色文化深层次和全方位的理解。结合各高校所在区域的实际情况，联合各方面力量积极发掘红色文化资源赋予其时代价值，探索新时代背景下红色文化资源深度开发的创新模式和优化路径。

二、红色文化精神的相关概述

（一）红色文化概述

1.红色文化的概念

当前学术界在对红色文化的内涵界定上，还没有形成一个统一的界定，观点不一，而且随着时代的发展和进步对红色文化内涵的界定逐渐更为广泛和深入，学术界对红色文化的概念界定主要有以下几种。第一种，先进文化说。从红色文化的性质角度界定，认为红色文化是由中国共产党带领人民在新民主主义革命时期，由中国共产党人、先进知识分子和人民群众创造的先进文化，具有中国特色，强调红色文化是一种先进文化。第二种，文化资源说。主要是从资源学的角度界定红色文化，认为红色文化是中国共产党带领中国人民在新民主主义革命时期和社会主义建设时期创造的，并且可以为我们今天所利用，能够满足人们需要的各种精神及其物质载体的总和；认为红色文化是一种具有重要使用价值的文化资源。第三种，革命文化说。主要是将红色文化的内涵界定为革命文化，认为红色文化是人民群众在中国共产党领导下进行中国革命和建设过程中缔造的革命文化。第四种，特色文化说。主要是将红色文化的内涵界定为继承了以爱国主义为核心的中华民族精神，是中国共产党把马克思主义和中华优秀传统文化相结合而产生的一种新型文化。从上述几种对红色文化的概念界定来看，这些对红色文化内涵的界定突出了红色文化的效用性和资源性，而忽略了红色文化本身丰富的精神内涵；认为红色文化是革命文化，源于新民主主义革命时期对红色文化的内涵界定过小，因为红色文化的发展并不止步于革命时期；有的学者对红色文化的内涵界定是突出红色文化和中国优秀传统文化的普遍性，但少了红色文化的特殊性。上述各种对红色文化的内涵界定是根据不同角度表达出来的,所以对于红色文化的概念界定有所不同。

基于以上对红色文化的概念梳理,笔者认为红色文化的内涵是指中国共产党在以马克思主义理论为指导思想的基础上,在新民主主义革命时期、社会主义建设时期和改革开放时期,以中华优秀传统文化为文化根基,在为实现民族独立、国家富强以及人民幸福的过程中产生的具有中国特色的文化形态,是中国特色社会主义文化的重要组成部分。除此之外,红色文化的内涵还可以从物质层面、精神层面以及制度层面三个方面来概括。物质层面主要指重大革命事件发生地、革命遗址、革命历史遗留物等,具体如重要会议会址、名人故居、博物馆、纪念馆、红色文艺作品、红色家书等;精神层面主要指红色精神中所蕴含的良好作风、优秀品格等,具体包括红船精神、井冈山精神、延安精神、西柏坡精神,到抗美援朝精神、大庆精神、"两弹一星"精神,再到抗洪精神、抗震救灾精神、抗疫精神等;制度层面主要指党在新民主主义革命时期、社会主义建设时期以及改革开放时期制定的路线、理论、方针、纲领等。红色文化见证了党在各个历史时期艰苦奋斗的历程,不论是在过去、现在或者是未来,都是实现中华民族伟大复兴的强大精神动力,它以特定的文化历程表现出来,体现了社会主义、共产主义的文明形态。

2.红色文化的构成

红色文化是党和人民宝贵的精神财富,分析其构成有利于我们更深刻和全面地认识红色文化。红色文化又是一种独特的文化形式,我们可以借鉴文化学中文化结构的相关理论来深入地认识其构成。

对于文化的结构划分问题,学术界到目前为止还没有达成统一。通过整理和研究,目前对于文化的结构划分大概有以下两种观点:第一种认为应将文化的结构划分为三个层面,即物质文化、制度文化和精神文化,其代表是著名文化学者庞朴、田旭明、沈其新等。第二种认为应将文化的结构划分为四个层次,其代表是张岱年、方克主张的"物态文化、心态文化、制度文化和行为文化"四层次说和陈建宏主张的"物质文化、精神文化、制度文化和信息文化"四层次说。无论是文化"三层次说"还是"四层次说"都有其内在的道理。笔者认为,红色文化是由红色物态文化、红色精神文化、红色制度文化和红色行为文化四部分构成的。

（1）红色物态文化

红色物态文化，顾名思义，就是物质化了的红色文化，即以一种物质实体作为红色文化的外在载体和表现形式。它蕴含着红色文化的精髓，承载着大量优秀的革命传统。

红色物态文化主要包括三种类型。第一种是遗址遗迹和纪念场所类，既包括展现我国人民浴血奋战的遗址和艰苦奋斗的革命老区、根据地，如平型关大捷遗址；又包括众多的名人故居，如毛泽东故居等；还包括散布在全国各地的纪念馆、博物馆以及烈士陵园。第二种是优秀红色文学作品，包括小说《红岩》、戏曲《智取威虎山》、影片《红色娘子军》等，以及包括诗歌、歌曲、文章等在内的文学作品。第三种是红色文化影响下广大民众的衣食住行，如代表着勇往直前的红五角星和红军装；艰苦革命年代的菜粥和南瓜汤；踏遍祖国大地、带领我们走向胜利的草鞋；等等。

红色物态文化是红色文化的显性载体，是中华民族争取民族独立解放、实现国家富强伟大历程最直接的见证。

（2）红色精神文化

红色精神文化是指中国共产党领导中国人民在社会主义革命、建设和改革的伟大实践过程中创造出来的道德规范体系和科学文化知识。

红色精神文化的内涵随着时代的发展而不断丰富、发展。新民主主义革命时期，表现为井冈山精神、长征精神、延安精神、西柏坡精神等；社会主义建设初期，表现为大庆精神、焦裕禄精神、"两弹一星"精神等；改革时期，表现为创新精神、开放精神、抗震救灾精神等。不仅如此，红色精神文化还表现为个人利益服从集体和国家利益及批评和自我批评的思维方式，表现为大公无私、舍身忘己、自力更生的价值观念，表现为实现国家富强和人民幸福团结奋进的精神追求。

红色精神文化体现着红色文化的精髓，是当今社会发展进步的迫切需要，是保证中华民族繁荣富强，实现中华民族伟大复兴中国梦的强大精神动力。

（3）红色制度文化

红色制度文化是指我党带领人民在社会主义革命、建设和改革时期建立起来的，处理个人与个人、个人与群体、群体与群体之间关系的各类准则、规范和原则。红色制度文化与其他一般性的制度相比，最主要的区别在于指导思想的不同。红色制度文化是在科学的马克思主义理论指导下构建的，无不体现了马克思主义的原则、立场和观点。在新中国成立之初，国家"调剂国营经济、合作社经济、农业和手工业者的个体经济、私人资本主义经济和国家资本主义经济，使各种经济成分在国营经济领导下分工合作，各得其所"①。同时，党和政府废除了包办和买卖婚姻制度，建立了体现法律面前人人平等的法律体系，还建立了禁止人口买卖和坚持人身自由的人口制度。现如今，红色制度文化最明显地体现在中国特色社会主义的各类制度上。

红色制度文化是我党意志和智慧的集中体现，是国家繁荣、健康发展的重要保障，有助于整个中华民族的崛起。

（4）红色行为文化

行为文化是由人类在长久社会实践的基础上约定俗成的习惯性定式。行为文化鲜明地体现在民风和民俗中。红色行为文化是指广大人民群众在红色思想文化观念影响下表现出来的日常生活和行为习惯。其一，表现在红色节庆日之中，例如，七一建党节、八一建军节、国庆节等。在这些节庆日当中，党的政治观念、文化理念在人民头脑中不断强化并走向常态，并在潜移默化中成为群众日常生活中的一部分。其二，表现在红色文化影响下的民风习俗，如拥军、爱军、参军的热情。

3.红色文化的特征

红色文化是中国特有的文化形态。中国共产党将马克思主义与中华优秀传统文化相融合，形成了科学理论与民族文化融为一体的具有鲜明特征的红色文化。

（1）阶级性与革命性

中国无产阶级诞生在半殖民地半封建社会的背景下。中国无产阶级是近代中国最进步的阶级，也是中国新民主主义革命的领导阶级。中国共产党作为中国无产阶级的代表带领人民取得了新民主主义革命的胜利。毛泽东指出，中国无产阶级除了具有一般无产阶级的基本优点之外还具有三个

---

① 中共中央文献研究室编.建国以来重要文献选编（第一册）[M].北京：中央文献出版社，1992：7.

突出的优点——坚决彻底的革命性，最有觉悟的阶级，和农民有天然的联系。

　　阶级社会的文化和思想中必然体现出鲜明的阶级性。红色文化是在中国共产党领导的新民主主义革命中逐步形成的，自然反映着无产阶级的特殊利益和要求，具有与生俱来的革命性，体现着无产阶级意识形态的特征。

　　红色文化是无产阶级的文化，集中体现了广大人民在革命、建设和改革过程中形成的政治理想和政治信念等。红色文化的产生和发展的目的就是为了消灭腐朽的封建文化，摧毁帝国主义侵略下的大地主、大资产阶级文化，推翻"三座大山"，实现民族独立、人民解放。在革命战争年代，红色文化的传播方式呈现出多样性，有红色歌曲、红色宣传画及红色标语等，由一些山歌改编的革命歌曲广泛传唱，极大地鼓舞了军民的士气与斗志。革命文化和艺术作品与革命的内容密切相关，采用人民群众喜闻乐见的艺术形式，并在实践中形成了一个清晰的文化艺术定位，那就是要为革命胜利和革命建设服务。

　　（2）先进性与时代性

　　红色文化是时代的产物，是先进文化的阶段性成果，符合人类社会发展的规律。其正确把握了时代主题，站在时代发展的前沿，冲击和动摇了封建专制制度根基，社会的思想文化面貌焕然一新，使人们摆脱旧思想的束缚，引领时代发展的潮流和方向，极大地振奋了民族精神。

　　红色文化的产生和发展过程演绎了反帝反封建的英勇战斗、流血牺牲的时代强音，形成了推翻"三座大山"、人民解放、建立新中国的时代潮流。为了摆脱半殖民地半封建社会的剥削压迫，争取民族独立，无产阶级人民大众进行了艰苦卓绝的英勇斗争。十月革命一声炮响给中国送来了马克思列宁主义。[①]在马克思主义指导下中国革命实践轰轰烈烈地展开，人民群众渴望民族独立解放的愿望愈发强烈。中国共产党带领中国人民走上了波澜壮阔的无产阶级革命道路，红色文化也开始蓬勃发展。红色文化倡导的实事求是的工作作风体现了理论联系实际的精神；为人民服务的理念更是站在世界和时代的前沿，高瞻远瞩地推动人类社会的不断发展和进步；无私奉献的高尚情操凸显了红色文化的吸引力；艰苦奋斗的优良品格更是彰显

---

① 习近平.在庆祝中国共产党成立100周年大会上的讲话[M].北京：人民出版社，2021：3.

了红色文化的生命力和影响力。红色文化在产生和发展的过程中，同当时的时代特征结合起来，适应了时代需要、把握了时代脉搏，对马克思主义在中国的传播起到了举足轻重的作用。

（3）民族性与大众性

红色文化是历史发展的积淀，它不是无源之水、无本之木。红色文化扎根于中华民族优秀传统文化之中，既汲取和发扬，又批判和超越，从而成为当时一种新的先进文化形态。红色文化是中国共产党带领中国人民，根植于中华优秀传统文化，在长期艰苦卓绝的革命实践中，创造和总结出的具有显著民族性与大众性的先进文化。它源于人民群众，服务于人民群众，代表广大人民群众的意志和愿望，是无产阶级大众的文化。红色文化蕴含的精神品质展现了民族精神，具有鲜明的民族特点，彰显了本民族的精神气质和意志品质。

中华民族自古以来就彰显出了不凡的气度与精神，在五千多年的文明发展历程中，逐步形成了以爱国主义为核心的团结统一、爱好和平、勤劳勇敢、自强不息的伟大民族精神，这种民族精神构成了红色文化的鲜明底蕴。红色文化在中国共产党进行的伟大革命实践中得到丰富和发展，在不同的发展阶段，党对红色文化有着不同的提炼和概括，如井冈山精神、长征精神、延安精神和西柏坡精神等。占中国近代三分之二人口的工农群众是红色文化的直接参与者、创造者，红色文化植根于人民群众，为工人和农民服务，并逐渐成为他们的文化，并且一直在人民群众中传播与发展。中国共产党始终坚持群众路线使得中国革命事业拥有了广泛坚实的群众基础，在红色文化的创造与传播过程中，人民群众始终发挥着主体性作用。

4. 红色文化的精神内核

红色文化将中华民族优良传统文化、马克思主义和革命精神融为一体，展现出独特的具有时代特征的红色精神，如"长征精神，就是把全国人民和中华民族的根本利益看得高于一切，坚定革命的理想和信念，坚信正义事业必然胜利的精神；就是为了救国救民，不怕任何艰难险阻，不惜付出一切牺牲的精神；就是坚持独立自主、实事求是，一切从实际出发的精神，就是顾全大局、严守纪律、紧密团结的精神；就是紧紧依靠人民群众，同人民群众生死相依、患难与共、艰苦奋斗的精神"①。井冈山精神、长征精神、西柏坡精神以及延安精神等革命精神是在新民主主义革命时期形成的，抗美援朝精神、雷锋精神、焦裕禄精神、大庆精神及"两弹一星"精神等是在社会主义革命及建设时期形成的，抗洪精神、载人航天精神、抗击"非典"精神等是在改革开放以来中国特色社会主义建设时期形成的。井冈山精神源于建立井冈山革命根据地的伟大实践，它是红色革命精神的首创精神，集中体现的是密切联系人民群众和一切从实际出发、实事求是的红色革命精神。长征精神最显著的是无坚不摧的革命英雄主义精神和顾全大局的集体主义精神。延安精神是革命时期在延安贫穷、恶劣、艰苦的环境中，展现出来的革命者的坚定理想信念以及在艰苦的环境中自力更生的精神。西柏坡精神蕴含的是以"两个务必"为核心内容的艰苦奋斗的工作作风、吃苦在前享乐在后的奉献精神、戒骄戒躁的严谨态度、勇于开拓进取的奋斗意志。这些革命精神正是红色文化的精神内核，是社会主义文化建设的精神源泉，是社会主义核心价值观所倡导的。我们可以从这些具体的革命精神中进一步剖析出红色文化的精神内涵。

（1）爱国主义和集体主义精神

红色文化的爱国主义精神和集体主义精神体现在新民主主义革命和社会主义革命与建设的各个时期。在新民主主义革命时期，当面对帝国主义的压迫与侵略时，中国共产党坚持团结一切可以团结的力量，联合农民、工人、小资产阶级等所有中间阶级，建立无产阶级领导、工农联合的革命统一战线，团结一致，共同反抗帝国主义和封建主义。当中华民族处于水深火热之中，当中华民族危在旦夕之时，无数革命先烈为了中华民族的独立与解放，在战场上浴血奋战,用生命和鲜血换来民族的觉醒和国家的安定。红色文化孕育在革命战争的土壤当中，以无数革命烈士真实而生动的英雄事迹，呈现给后人敢于奉献、不畏艰辛、顽强不屈的爱国主义精神。在日本帝国主义侵略中国时，日本侵略者认为中国只是一个地理概念，认为中国人只具备乡土观念，没有统一的国家民族观念，不可能团结、一致对外。然而当全面抗战爆发时，中国出现了一种前所未有的民族觉醒和团结一致、

---

① 胡锦涛. 在纪念红军长征胜利 70 周年大会上的讲话 [M]. 北京：人民出版社，2006：5.

抵抗外侮的社会进步现象，这种万众一心的集体主义精神正是抗战最终能够取得胜利的精神支撑和保障。在社会主义革命和建设时期，为实现对农业、手工业和资本主义工商业的三大社会主义改造，中国共产党领导广大人民群众，将分散的个体经济组织起来，相互团结协作，开展互助合作运动，走集体化社会主义农业建设道路；将以私有制为基础的个体手工业，通过合作小组、供销合作社再到生产合作社先后三条合作化的道路，改造为社会主义集体所有制手工业。伴随着资本主义工商业社会主义改造的完成，我国进入社会主义初级阶段。"三大改造"之所以顺利完成，离不开爱国主义精神和集体主义精神在其中的推动作用。

（2）坚定的理想信念

崇高的理想信念是实现目标的精神支持，是激励人民勇往直前的不竭动力。共产党人的坚定理想信念是红色文化得以形成和不断发展的内在动力和精神支柱。新民主主义革命时期，无论是在大革命时期、土地革命时期还是在抗日战争时期和解放战争时期，中国共产党坚定"必须推翻那些使人成为受侮辱、被奴役、被遗弃和被蔑视的东西的一切关系"①，领导无产阶级始终把实现共产主义作为一切革命和战争的最高理想和最终奋斗目标。无数革命先辈以不屈的精神和坚定的共产主义信念，经历了长期而艰苦的奋战，用生命和鲜血谱写了无数感人的历史篇章，最后取得了革命的胜利，迎来了中华人民共和国的成立。在社会主义革命时期，中国共产党领导广大人民群众以社会主义必胜的信念，经受种种曲折和考验，克服重重难关，取得了新民主主义革命的胜利，建立了社会主义新中国。在全面建设时期，中国共产党坚持为了共产主义理想而不断进行反思、进行批评和自我批评，克服各种困难和挫折，在经济和文化教育方面取得了许多成就，为社会主义现代化的发展奠定了基础。在改革开放时期，中国共产党坚持共产主义信念，明确发展方向，与时俱进，解放思想，开辟了具有中国特色的社会主义道路，建立了社会主义市场经济体制。

（3）艰苦奋斗精神

艰苦奋斗是中华民族的传统美德之一，是中国共产党领导人民取得革

---

① 中共中央马克思恩格斯列宁斯大林著作编译局编译.马克思恩格斯选集（第一卷）[M].北京：
　人民出版社，1972：9.

命胜利的精神武器。新民主主义革命时期，面临着物质条件严重落后、斗争环境极其恶劣的严峻形势，革命先辈们秉承和发扬艰苦奋斗精神，不怕苦不怕累，为了革命克服千难万险，用踏踏实实、真真切切的行动谱写着艰苦奋斗的历史篇章，并将艰苦奋斗精神潜移默化地汇入红色文化的血液中。井冈山根据地是中国第一个红色根据地，是中国革命的摇篮，井冈山精神是革命先辈们艰苦奋斗精神的精神之源。"红米饭，南瓜汤，秋茄子，味道香，餐餐吃得精打光。干稻草，软又黄，金丝被儿盖身上，不怕北风和大雪，暖暖和和入梦乡。"这首歌谣便是革命先辈们在开辟农村包围城市、武装夺取政权的革命道路中，面对着白色恐怖和疯狂的"围剿"，在食物严重短缺、冬日寒风中用草席取暖的艰苦环境中，为了革命事业，以积极向上的精神状态，顽强斗争，突破重重封锁，巩固了革命根据地。长征精神更是艰苦奋斗精神的典范与楷模。在长征途中由于带的干粮远远不够，树皮、草根甚至身上的皮带都成为战士们的食物。战士们不仅要忍受饥肠辘辘，而且要经得住暴雨、寒风、大雪。战士们冒着随时被淤泥吞噬的生命危险蹚过一片一片的沼泽地，忍受刺骨的寒冷翻过一座座积雪及腰的大雪山，历经生死考验，克服常人无法忍受的艰辛，以顽强的斗志，艰苦奋斗的精神，走完两万五千里长征路，粉碎了敌人的"围剿"，开启了革命的新篇章。艰苦奋斗精神不仅仅体现在井冈山精神和长征精神，之后的延安精神、西柏坡精神、雷锋精神、"两弹一星"精神、焦裕禄精神等都是艰苦奋斗精神的真实写照和延续，是红色精神内核的重要组成部分。

（4）求真务实精神

实践是检验真理的唯一标准，在红色文化形成的革命实践道路上，中国共产党带领广大革命者真抓实干，对于每一次会议、每一次方针政策的制定、每一次行动、每一次革命和改革都是认真对待、认真落实。求客观实际之真，务执政为民之实。首先，尊重和把握客观规律，从实际出发，坚持真理。无论是在新民主主义革命时期、社会主义革命和建设时期还是改革开放以来的中国特色社会主义建设时期，党中央都从不同时期的实际情况出发，遵循客观规律，以马克思主义为指导，制定切实可行的方针政策，在革命道路上不断探索前行。其次，坚持走群众路线，从群众中来到群众中去，从人民群众的切身利益出发，办民之所想、解民之所忧，为人民群众谋实事。中国共产党从诞生之日起就坚持为人民而奋斗，群众路线最早是在土地革命时期提出的。在土地革命时期，为满足广大农民群众对土地的需求，中国共产党进行大刀阔斧的土地革命：广泛开展对土地和人口的调查，丈量土地，明确土地面积，进行合理分配；积极发动广大群众清理地主等剥削阶级的财产，消灭地主阶级，推翻封建半封建的土地所有制，从政治经济上切实为广大农民群众务实，实抓实干，帮助农民翻身做主人。群众路线就是在中国共产党领导的社会主义革命、改革及建设中不断践行和发展的。

（5）开拓创新精神

红色文化的滋生和发展离不开中国共产党与时俱进的开拓创新精神。从新民主主义革命到改革开放，是中国共产党领导人民不断开拓创新的过程。中国共产党面对一次又一次在城市开展武装斗争和革命的失败，认识到失败之所在，于是根据敌我的实力分布以及客观的国情和革命发展趋势，果断放弃城市中心，独辟蹊径，开拓创新地走出一条"农村包围城市，武装夺取政权的道路"，在无声无息中发展力量，蓄势待发，给敌人致命的一击。社会主义制度在我国确立以后，中国共产党开始不断地在实践中探索一条适合中国的道路，在借鉴他国经验的基础上结合我国实际国情，克服重重曲折，在失误中吸取经验教训，突破计划经济的束缚，通过改革开放的创举，进行制度和理论的创新，形成了马克思主义中国化的第二次历史性飞跃，开辟了中国特色社会主义道路。革命先辈的创新精神是推动红色文化形成和发展的不竭动力，是创新精神使得红色文化在中华民族传统文化的土壤中生根，是创新精神使得红色文化具有鲜明的文化特色，是创新精神使得红色文化在革命的脚步中发展成优秀的先进文化。

（二）红色精神的内涵

1.精神的概念

"精神"是一个十分重要但又内涵模糊、抽象的概念。这不仅由于"精神"本身包含有因角度和标准而导致的认知差异，同时还在于"精神"本身的复杂性。在中国人的认知世界中，"精神"主要是由"精"和"神"两者合成，在古代汉语中，"精神"一词可见于《庄子》《周易》《论语》，其基本的要义是指一种形而上学的东西，是一种事实上存在而又触摸不到的东西，有两层含义：一是个人的精神作用、精神状态，二是指存在于天地间的精妙变化、神异作用。我国著名的哲学家张岱年先生曾对"精神"一词作出如下解释：从字源上来讲，"精"是"细微之义"，而"神"则是"能动作用之义"。①综合来看，中国人对"精神"这个词语的理解较为模糊，缺乏了学理性的概括与界定。与中国相比，西方人对之的研究却很系统和精深。②

在笔者看来，"精神"一词至少有三个层面的含义：首先，精神是人生理上的精元、活力。生理意义上的"精神"是人类生命活动的重要基础，在很多情况下，它是人的最初意识，是自然状态下的思想活动，当这种状态被突破和超越后，便进入了另一层次——具有哲学意义的"精神"状态。在这种状态下，西方人通常将"精神"与"灵魂""心灵""心智"或心理方面的同义词互换使用，反映的是人体意识对外在肉体的一种突破和超越，是人类认识的升华。在某种意义上，"精神"反映的是一种自我意识，这种从哲学高度认识的"精神"，才具有学理性。西方对"精神"的哲理性研究最早可以追溯到古希腊。在古希腊，哲学家最早使用了"奴斯"这一哲学上的概念。所谓"奴斯"是一种形而上的存在，能够支配人的活动、影响着事物的存在和变化。之后，西方著名哲学家柏拉图对这一词汇作了较为系统的阐释，在论述过程中所使用的"理念"这一概念，就是"精神"的另一种表达方式，以此来解释世界的本源。之后，"精神"这一概念逐渐成为近代西方哲学的核心词汇。

特别是在德国哲学家黑格尔那里，"精神"这个词成为他的核心概念。在黑格尔的观念中，逻辑学、自然哲学、精神哲学是"精神"所必经的三个阶段。在这三个阶段里，逻辑学阶段主要是抽象的研究，包括了"存在论""本质论""概念论"等内容。逻辑学阶段的这些内容均是无关人类社会与客观自然的存在的。在自然哲学阶段，精神开始从纯粹的形成逻辑进入自然、物质等客观感性的事物阶段。而精神哲学阶段，则是研究精神发展的最高阶段。精神哲学阶段关注人的自身与人的意识的发展。在精神哲学阶段里，精神分为"主观精神""客观精神""绝对精神"三个部分。

---

① 张岱年.张岱年全集（第5卷）[M].石家庄：河北人民出版社，1996：418.
② 夏征农.辞海 [M].上海：上海辞书出版社，1999：5178.

黑格尔试图建立一个以绝对精神为尺度的思想体系,利用这个思想体系来阐释这个世界的存在与发展。然而,黑格尔只是构建了一个有形式而无内容的空洞的外壳。这种有形式、无内容的思想体系注定将被扬弃和超越。

通过对黑格尔精神哲学的扬弃和超越,马克思运用其关于精神运动变化的辩证法,对黑格尔空洞的内容注入了实在的物质,并由此形成了马克思辩证唯物主义哲学。在马克思主义的哲学体系中,"精神"成为一种全新的、激励人奋发前进的阶级意识与认识世界、改造世界的伟大力量。"精神"表现为一种自觉、自由的集体意识。其特征为:这种游离于人体的精神又以另一种形式积淀成为一种集体无意识或者一种文化传统,过渡为一种超越肉体的、超越个人的某个时代、某个族群的普遍特殊性,如"时代精神""抗战精神""民族精神"就属于此类。①

本书研究的红色精神,指的就是"精神"的第三层含义。在这个阶段里,"精神"已经升华为一种自觉的意识,并且能够内化为积极的行为。在自由自觉的精神阶段,人与自然、动物得以真正区别开来。这个阶段也是观察人类的不同群体、个体的一个重要参照。不同的人总是表现出不同的精神风貌。从群体的角度来看,大到国家、民族,小到单位、家庭,均有着不同的价值取向和目标追求,反映了生活在不同环境的人的精神状态的差异。第三层的精神是人类精神存在的核心,是个人的精神发展的最高阶段。在这个层面,一个人审美意识所能达到的高度,就是他精神所达到的程度。理想信念是个人精神境界发展的最重要标志。一旦确立了理想信念,主体就会以此激励自己为所热爱的事业而努力奋斗。

总的来讲,精神是个人与民族最为内在的本质参照。个人的精神状态关乎他的生活情趣、意志强弱、成就大小。一个民族的民族精神则能够支撑、推动本民族的兴旺发达与国家的繁荣昌盛。

2.红色精神的内涵

中国共产党把马克思主义的普遍真理与中国实际相结合,在革命、建设、改革发展的实践中以马克思主义的信仰和共产主义的信念为精神坐标,带领广大人民进行了英勇顽强的斗争和坚持不懈的探索,创造出了一系列

---

① 张曙光.民族信念与文化特征[M].北京:人民出版社,2009.

催人奋发、动人心弦的红色精神，它不仅是中国共产党靓丽的"名片"，也是广大人民群众众志成城、团结奋斗的精神代言。虽然不同时期红色精神的内容和表现不尽相同，但其精神实质是相互衔接、一脉相承的。根据时代发展和红色精神的传承，红色精神的内涵主要体现在以下几个方面。

（1）不畏艰难、百折不挠的奋斗精神

中国的无产阶级革命者面对"三千年未有之大变局，三千年未有之强敌"的复杂局面，展开了艰苦卓绝的斗争。中国革命的敌人是异常凶狠和强大的，面对帝国主义、封建主义和官僚资本主义三座大山，共产党人通过艰难的探索，总结正反两方面的经验教训，找到了实现民族独立和解放的正确道路。在探索道路上，共产党人展现出了前所未有的奋斗精神，不畏艰辛、不惧险阻、百折不挠、生生不息，其中形成了井冈山精神、长征精神、抗战精神、红岩精神、延安精神等伟大的精神形态，成为红色精神最深刻、最主要的构成。

（2）甘于奉献、勇于献身的牺牲精神

"批判的武器不能代替武器的批判，物质的力量只能用物质的力量来摧毁……"[①]革命就是暴力打破旧的国家机器，建立起新的符合社会发展要求的国家制度。在这个过程中，必然会遭到旧势力的疯狂反扑和暴力镇压。中国共产党人发扬一不怕苦、二不怕死的精神，面对牺牲毫无畏惧、大义凛然、视死如归、宁死不屈、不畏强暴、血战到底。为有牺牲多壮志，敢教日月换新天。大革命失败后，国民党反动派疯狂镇压中国革命、绞杀共产党人，白色恐怖笼罩全国，革命形势转入低潮。英雄的共产党人凭借着对共产主义的信仰，重新振作起来，走上井冈山，开创了革命根据地，种下了红色文化的种子。

抗日战争时期，面对穷凶极恶的敌人，中国共产党倡导建立了抗日民族统一战线，团结一切可能团结的力量，高举爱国主义旗帜，团结一致、抵御外侮，做出了巨大的牺牲，夺取了抗日战争的伟大胜利。在这场伟大的抗日战争中，母亲送儿打东洋、妻子送郎上战场，无数仁人志士抛家舍业，奋勇杀敌。杨靖宇烈士率领东北联军于白山黑水中与日寇血战，弹尽粮绝

---

① 中共中央马克思恩格斯列宁斯大林著作编译局编译.马克思恩格斯选集（第一卷）[M].北京：人民出版社，1995：9.

时孤身杀敌，直至壮烈牺牲。赵一曼烈士为掩护部队撤退，负伤被捕后忍受酷刑坚贞不屈，并留下"誓志为国不为家"的壮志豪言……无数优秀的共产党员为了国家和民族献出了宝贵的生命，表现出了大无畏的奉献精神和牺牲精神。

（3）开拓进取、敢为人先的创新精神

一部无产阶级革命史就是中国共产党带领人民群众从无到有、从小到大、从弱到强、开拓进取的发展史。1921 年 7 月，在浙江嘉兴南湖的红船上诞生了伟大的中国共产党，中国革命的大船在这里扬帆起航，从此中国革命的面貌焕然一新，翻开了崭新的篇章。中国红色文化也逐渐形成，红船精神成为早期红色文化的代表。红船精神所蕴含的开天辟地、敢为人先的首创精神实质就是开拓进取的创新精神。中国共产党之所以能带领人民始终站在历史和时代的前列，与时俱进地保持先进性，关键因素就是勇于创新、积极进取。

创新是一个民族进步的灵魂，是一个国家兴旺发达的不竭动力，是一个政党永葆生机的源泉。中国的革命道路是一条布满荆棘、充满坎坷的道路，没有现成路可走、没有现成经验可循。中国共产党要想取得革命的成功，就必须走自己的路，而开辟新路就要有敢为人先的胆识和气魄。这些创新精神内涵丰富、思想深邃，构成了红色文化的精神源泉，是指引我们党不断前进的思想动力，是激励共产党人薪火相传的红色基因。

（4）顾全大局、严守纪律的团队精神

集体主义是共产主义的基本原则，是无产阶级最基本的世界观和价值观。集体主义也是红色文化基本的精神内核，表现为公而忘私、天下为公、顾全大局的团队精神。无数革命先辈舍"小家"为"大家"，舍"小我"保"大我"。在新民主主义革命时期，特别是革命低潮时期，顾全大局的集体主义给了革命者战胜困难的勇气、决心和精神力量。正是依靠这种团队精神，人民群众才能紧密团结、上下齐心，同呼吸、共命运，汇聚成磅礴之力，取得了革命的胜利。

中国共产党历来重视党的纪律建设，并将"严守党的纪律、保守党的秘密"写进党章，成为中国共产党的入党宣誓词。讲政治、守纪律是革命取得胜利的重要原因。中国共产党领导的人民军队是钢铁纪律打造的部队，革命年代广大官兵身处极端险恶的环境，经常面临物资匮乏、生活艰苦的情况，但始终严格遵守"三大纪律八项注意"，获得了老百姓的衷心拥护。共产党人严守党的政治纪律，个人服从集体、下级服从上级、全党服从中央，自觉与分裂主义、山头主义作坚决的斗争，维护党的统一。

（5）忠于信仰、坚定信念的忠诚精神

红色革命文化体现了中国共产党忠诚的共产主义信仰、坚定的共产主义信念和勇于担当的精神追求。战争年代，革命者时刻面临抛头颅、洒热血的生死考验，他们抱定决心、视死如归；在死亡面前，毫不畏惧、大义凛然，用生命诠释了共产党人对远大理想的忠贞、对共产主义的无限忠诚。敌人只能砍下我们的头颅，决不能动摇我们的信仰。共产党人用生命坚定理想信念的灯塔，守护着共产主义的信仰，铸牢红色革命文化之魂。

对共产主义的坚定信仰和对中国无产阶级革命必胜的信念，成为人民群众革命力量的源泉。大革命失败后，国民党反动派疯狂进攻革命根据地、大肆捕杀共产党人；面对白色恐怖，党内一些人思想动摇，提出了红旗还能打多久的疑问。面对这些悲观主义思想，毛泽东同志深入思考中国革命的道路和前途问题，撰写了一系列论著，在《中国的红色政权为什么能够存在？》《井冈山的斗争》《星星之火，可以燎原》等文章中，他分析了红色政权能够存在及发展的原因和条件，反击了革命悲观主义的错误观点，表现出了坚定的共产主义信念和革命乐观主义精神。

（三）红色基因的内涵

"红色基因"是一个复合词，理清"红色"和"基因"这两个词背后隐含的内容，为我们较为全面理解这一概念的内涵提供了可能。"红色"的文化蕴意在前文界定"红色文化"的概念时已作阐释，同样适用于"红色基因"的定义。界定红色基因与红色文化的异同，也为我们清晰认识红色基因，厘清概念边界，聚焦红色文化精神教育主线奠定基础。

1.基因和文化基因

研究红色基因自然要涉及"基因"的内涵及范畴。《现代汉语词典》中对"基因"的解释是：生物体遗传的基本单位，存在于细胞的染色体上，呈线状排列。[①] 生物学意义上的"基因"是带有遗传讯息的 DNA 片段，里面有着能决定生物体基础表征和内在机能的种种信息，对生物体的生命历程有着极为深远的影响。因此，作为遗传因子的基因具备双重属性。首先，基因具有物质性，它的存在方式是含特定遗传信息的核苷酸序列，是遗传物质的最小功能单位。其次，基因具有信息性，储存和赓续生物体的遗传信息，这也是它的根本属性。

当然，我们这里所讲的"基因"不同于传统生物学意义上的基因，它是文化学意义上的一种类比和引用，因为文化传承在某种程度上与基因复制的特点相类似。"基因"被引入文化学领域，经过西方学者的阐释产生了新的学术术语，以道金斯为代表的西方学者首次提出了"文化基因"一词。道金斯（R.Dawkins）在代表作《自私的基因》一书中用"谜米"作为解释文化传承的基本单元，从而引出了"文化基因"的概念。他的学生苏珊（B.Susan）在其基础上著有《谜米机器》，她在书中认为这种复制因子在意义、功能、影响等不同层面有显著特征。近年来，国内学者也对文化基因进行了不同程度的解读。毕文波认为："具有在时间和空间上得以传承和展开能力的基本理念和基本精神，以及具有这种能力的文化表达或者表现形式的基本风格，叫做'文化基因'。"[②] 王东则将其定义为："决定文化系统传承与变化的基本因子、基本要素。"[③] 2016 年，习近平就曾强调："要加强对中华优秀传统文化的挖掘和阐发，使中华民族最基本的文化基因与当代文化相适应、与现代社会相协调。"[④] 可见，文化基因是各种文化现象中最为深层次、最基础、最本质的基本因子，它可以影响文化系统的属性以及发展走向。优秀的文化基因经过人类长期实践的淬炼和积淀，如果能验证并发挥它的价值，就能使自身具备相应的生命活力，就可以像基因一样进行代际的传递，从而被有效地承继和发展下去。

① 中国社会科学院语言研究所词典编辑室编.现代汉语词典（第 7 版）[M].北京：商务印书馆，2016：604.

② 毕文波.当代中国新文化基因若干问题思考提纲 [J].南京政治学院学报，2001（02）：27.

③ 王东.中华文明的五次辉煌与文化基因中的五大核心理念 [J].河北学刊，2003（05）：134.

④ 习近平.在哲学社会科学工作座谈会上的讲话 [M].北京：人民出版社，2016：17.

2. 红色基因的内涵

红色基因，顾名思义是由"红色"与"基因"构成的概念，这两个词互相修饰并彼此限制，继而构成红色基因的基本含义。从上面的论述中，我们可以初步了解到红色基因实际上是文化基因的一种，它是红色文化中最基本的文化单元。

"红色基因"是习近平近年来在不同场合屡次提到的高频词，足见其重要性。这意味着传承"红色基因"不再是模糊的认识，而应具有纲领性；意味着我们传承红色基因不再单纯靠自觉，而应当迈向科学化和系统化。近年来，学术界对于红色基因研究的热情日益高涨，但对其概念的界定仍然是各抒己见。如学者吴娜认为"红色基因是红色文化的遗传密码，包含无产阶级的思想理论和价值观、伟大的革命精神、优良的革命传统和高尚的道德品质"①。强卫认为红色基因是党在长期奋斗中锤炼的先进本质、思想路线、光荣传统和优良作风。②而时玉柱则进一步阐明了党在长期奋斗中孕育的红色基因的演变历程，他认为："'红色基因'是在主动适应新民主主义革命、社会主义革命和建设等不同历史时期的政治、军事、经济、文化及社会形态发展的实践中，特别是在中国共产党独立领导的武装斗争中孕育并不断凝练而成的伟大精神成果。"③在诸多界定红色基因的论断中，笔者比较倾向吴娜、强卫对红色基因所作的界定。在认同他们的基础上，笔者认为，红色基因并不是"红色"和"基因"的简单相加，而是中国共产党高擎马克思主义旗帜，团结和引领广大中华儿女汲取优秀传统文化精华，历经长期革命、建设、改革的实践、淬炼筛选，不断孕育、积淀升华并能稳定延续的理想信念、革命精神、光荣传统和优良作风的总称。因此，红色基因与单纯的生物学意义上的基因不同，它不是与生俱来就能自然复制的，红色基因需要我们人为地进行传承，也唯有传承才能激活和发挥它的现实功能，使它永葆活力，更显其精神和物质威力。

---

① 吴娜.红色基因的文化学考察[J].人民论坛，2015（12）：182.

② 强卫.激活红色基因 焕发生机活力——学习贯彻习总书记系列重要讲话精神[J].求是，2014（09）：14–16.

③ 时玉柱.高校思想政治教育传承"红色基因"的路径探究[J].克拉玛依学刊，2015（05）：53.

3.红色基因与红色文化

红色基因与红色文化既有区别又有联系，科学界定两者的概念是大学生思想政治教育传承红色基因、有效开展红色文化精神教育的逻辑起点。红色文化有广义和狭义两类。广义上，它是指在世界社会主义和共产主义运动整个历史过程中形成的人类文明进步的文化总和；狭义上，它是指在马克思主义指导下，由中国共产党领导人民群众在新民主主义革命、社会主义革命与建设、改革的实践中共同创造出来的各种物质和精神财富的总和。红色文化的内涵十分丰富，外延也更为广泛，包括物质、精神和制度三个方面。物质层面的红色文化是外显性的，它可以视为承载红色文化的实体元素和器物形态，是历史与革命、建设与改革过程中产生、存续、建设和保护下来的，构成了精神的客观载体。精神层面的红色文化是其深层次结构中精神内容的高度凝练，集中体现了所承载的主体精神状态和风貌。制度层面的红色文化，是红色文化精神的集中反映，它涵盖党的理论、政策、路线、方针等一系列规范化的体系及行为模式。而红色基因则内涵共产党人在长期革命实践中锤炼的理想信念、革命精神、光荣传统和优良作风，并在建设和改革时期得以传递进化的优质基因。

综上所述，一方面，红色基因是红色文化的灵魂和精髓，对红色文化具有特定意义上的内在规定性，属于它的内核层次。进一步来讲，红色基因是以优秀精神品质为主体的先进红色文化形态，是中国共产党人和广大人民群众同甘共苦、共同实践形成的宝贵精神财富。从一定意义上讲，红色基因包含了党在革命、建设和改革时期形成的红色精神文化，但这只是其中一个重要层面。另一方面，红色文化中的各种资源是红色基因表达的重要载体。传承红色基因需要利用好丰富的红色文化资源，因为红色基因不是抽象的概念，它有具象的表现形式。"隐性"的红色基因有赖于从"显性"的红色文化中加以提纯并彰显，如果我们摒弃了红色文化资源来传承红色基因，只会让其变得抽象，只会让传承变得困难和被动。

（四）新时代大学生红色文化精神教育的内涵

1.红色文化精神

通过前文对红色文化、红色精神、红色基因的内涵解读，笔者认为红色文化精神有广义和狭义之分。狭义上的红色文化精神是指红色文化的精神内核，也是红色文化构成中的精神文化部分，也可以理解为红色精神；广义上的红色文化精神是指中国共产党领导广大人民群众以中国化马克思主义为核心，汲取优秀传统文化精华，在长期的无产阶级革命和社会主义建设以及改革时期同甘共苦、共同实践过程中孕育和积淀的先进的思想理论、伟大的精神、崇高的价值观、光荣传统、优良作风、坚强意志、高贵品质、永恒真理等，能够塑造美好心灵，弘扬社会正气，凝聚社会发展的动力，指引中国人实现梦想和追求的主要精神驱动力。

本书只探讨狭义的红色文化精神，应该从利用好红色文化资源、发扬好红色传统、传承好红色基因三个方面弘扬红色文化精神。

2. 新时代红色文化精神

党的十八大以来，党中央反复强调要传承红色文化，保持理想信念，用红色精神点燃信仰之火。相应地，红色文化教育更加着力于红色精神的弘扬。自五四运动至现在的社会主义现代化建设，期间形成的红船精神、苏区精神、西柏坡精神、大庆精神、抗震救灾精神、载人航天精神……都是经典红色精神的浓缩，都表现为爱国主义与艰苦奋斗的精神等。这一系列精神体现出中华儿女敢为人先、独立自主、无畏牺牲、开拓进取的宝贵品质，成为激励中国人民前行的精神支柱，同时也是新时代鼓舞中国人民继续艰苦奋斗的强大精神力量。

进入新时代，红色文化教育也融入了时代发展的大潮中，焕发出新的生机与活力。奋斗开拓的改革先锋、社会主义新农村建设者、敢打敢拼的奥运健儿、甘于奉献的实干家、努力拼搏学习的青年榜样、抗击新型冠状病毒肺炎疫情的"最美逆行者"等，都是红色文化的当代体现、红色精神的延续。红色文化教育也呈现出与时俱进的特质。新时代的红色文化教育已不再局限于狭义的红色文化，改革开放以来涌现出的先进人物、先进事迹和革命精神都是新时代红色文化教育的题中应有之义，新时代红色文化教育因而呈现出更加鲜明的政治性、更为彰显的人民性、广度更大的开放性以及更加突出的时代性特点。

文化反映时代发展要求，是时代的产物，红色文化也不例外。当代中国的先进文化是红色文化在新时代的创新与发展。中国共产党诞生后，红色文化日趋形成，它激励与凝聚全党和全国人民团结奋斗，是中国共产党夺取革命胜利、开创新中国、走进新时代的强大精神支柱。中国特色社会主义进入新时代，红色文化被赋予新的时代含义，时代特征更加突出，被时代所认同和接受。2021 年 9 月 30 日中国共产党人精神谱系首批伟大精神发布。第一批纳入中国共产党人精神谱系的伟大精神包括：建党精神、井冈山精神、苏区精神、长征精神、遵义会议精神、延安精神、抗战精神、红岩精神、西柏坡精神、照金精神、东北抗联精神、南泥湾精神、太行精神（吕梁精神）、大别山精神、沂蒙精神、老区精神、张思德精神；抗美援朝精神、"两弹一星"精神、雷锋精神、焦裕禄精神、大庆精神（铁人精神）、红旗渠精神、北大荒精神、塞罕坝精神、"两路"精神、老西藏精神（孔繁森精神）、西迁精神、王杰精神；改革开放精神、特区精神、抗洪精神、抗击"非典"精神、抗震救灾精神、载人航天精神、劳模精神（劳动精神、工匠精神）、青藏铁路精神、女排精神；脱贫攻坚精神、抗疫精神、"三牛"精神、科学家精神、企业家精神、探月精神、新时代北斗精神、丝路精神。[①]这些伟大精神正是新时代红色文化精神的概括和总结。

3. 新时代大学生红色文化精神教育

新时代大学生是民族的希望、祖国的未来，他们是否奋发有为不仅关系自身的成长，也关系着中国特色社会主义现代化建设的发展速度。当前时期，00 后成为大学生群体的重要组成部分。他们成长于互联网时代，思维比较活跃，接受新鲜事物的能力强，能够快速地适应社会的发展变化，但相对来说，他们多数以自我为中心，心理承受能力较弱。他们在父母与长辈的关爱下成长，独立思考与解决问题的能力较弱。当踏入大学校园后，如果集体利益与个人利益发生了碰撞，他们多数优先考虑个人利益，忽视集体的利益。因此，新时代迫切需要对大学生进行红色文化精神教育，需要高校在红色文化精神教育工作的开展过程中了解大学生的思想变化，掌握大学生的成长规律，助力大学生健康成长。

对红色文化精神教育的定义，目前，我国学术界尚未形成统一的认识。我们先来看看对教育的理解，汉代许慎在《说文解字》中说："教，上所施，下所效也；育，养子使作善也。"叶澜则将"教"与"育"二字相结合，

① 中国共产党人精神谱系第一批伟大精神正式发布＿专题报道＿中国共产党新闻网 [EB/OL].
http://cpc.peple.com.cn/n1/2021/0930/c441092＿32243570.html.

认为"可以理解为上对下，成人对儿童的一种影响，其目的是使受教育者成善，手段是模仿"①。在正确理解教育内涵的基础上，不少学者对红色文化精神教育的概念内涵也进行了有益探讨。葛丽华认为，红色文化教育是以红色文化为主要教学内容，由教育者借助一定的教育手段和方法，向受教育者进行宣传和说教，以使受教育者了解中国革命和历史，进而使他们的专业知识得以丰富，精神世界得以充实，思想觉悟得以提高。②冯丽娟则认为，红色文化是中国近现代文化的宝贵财富，对后人具有深远的教育意义，开发红色文化的教育价值，对当代大学生进行人生观与价值观教育，不仅是新时期精神文明建设的需要，也是促进大学生自我发展健康成长的需要。③周立认为，红色文化主题教育，是在原有思想政治教育工作的经验基础上，结合"红色文化"开展教育，使之贴近大学生生活，使大学生做到"看得到、摸得着、想得到"，从而加深对自身的思考，也加深对"红色文化"的深刻理解，于无形之中对大学生进行了深刻而具体的教育和引导。④总之，以上对红色文化教育的理解大致是：红色文化教育是教育者以红色文化为主要教学内容，利用红色文化的影响与作用，来达到教育或教化的目的。

笔者认为，红色文化精神教育就是教育者根据受教育者的身心发展规律，选择适当的红色文化精神教育内容，借助一定的教育手段和方法，以发挥红色文化精神的影响与作用，达到教育或感化的目的。具体来说，当代大学生红色文化精神教育，就是教育者根据教育目的，结合大学生受教育者身心发展规律，以生活实践为基础，以红色文化精神为教育载体，借助一定的介体，通过教育者的引导、新民主主义革命先辈和社会主义事业模范建设者的榜样示范，激发学习者的内在道德动力，引起内心的情感共鸣，增强心理认同，以促使青年大学生参照学习，最终达到内化精神品格，形成正确的世界观、人生观、价值观和道德人格的教育活动。

新时代大学生红色文化精神教育将榜样所承载的崇高道德精神和价值理念，以"人、事、物"等形象化的手段以及"革命精神"等抽象化的手

---

① 叶澜.教育概论 [M].北京：人民教育出版社，1991：3.

② 葛丽华.红色文化教育研究 [D].石家庄：河北大学，2012.

③ 冯丽娟.用红色文化教育铸就当代大学生精神回归的家园 [J].职业时空，2011（11）：179.

④ 周立.当代大学生"红色文化"教育的路径研究 [D].上海：华东师范大学，2010.

段表现出来，主要通过革命斗争和社会主义建设生活中人的思想、情感、行为、事迹等手段，生动地展现出来——在教育者的教育引导下，以新民主主义革命先辈和社会主义事业模范建设者作为鲜活的教材，以科学的教育目标教育人、感化人、激励人与启发人，最终达到使受教育者在思想道德品质上向榜样看齐的目的。对青年大学生来说，红色文化精神教育的主要目的就是提高受教育者的精神境界，完善其道德品格和意志品质，达到精神成人。

从教育目标来看，开展新时代大学生红色文化精神教育，目的在于使受教育者形成革命先辈和社会主义建设模范所具有的道德精神。具体来说，在于促进受教育者内化先进的社会道德规范，实现社会化；此外，促使受教育者生成稳定持久的高尚品格，完善其人格；同时，促使受教育者个性发展，使其达到个性化与社会化的有机统一。

从道德品格养成来看，新时代大学生红色文化精神教育是由外及内和由内及外的辩证统一：一方面通过红色文化精神的影响，引起受教育者的道德需要和价值追求，促使其道德内化，生成新的道德品质；另一方面，受教育者道德品格外化，行为受升华后的道德品格支配。这样，通过内化和外化阶段，使受教育者形成一定社会所期望的道德。内外与外化是辩证统一的，内化就是教育者引导受教育者，将一定社会道德要求转化为自己的思想品德的过程，而外化就是教育者引导受教育者，将自己形成的思想品德转化为符合自己品德标准的行为过程。两者相互联系、相互渗透。

从教育过程来看，新时代大学生红色文化精神教育是在教育者的教育引领下，在新民主主义革命先辈和社会主义建设模范的革命精神和创业奋斗精神的感召、激励下，有目的、有计划、有安排地引领受教育者内化先进道德品质的过程，也是学习者主动感知、认同、效仿革命先辈和社会主义建设模范进行道德品格自我构建的过程。整体看，就是教育者引领、革命先辈精神引导与受教育者效仿相统一的有机过程。

从红色文化精神教育的本质来看，人在改造客观世界的同时，也在改造着主观世界，在不断提升、完善自我品质。作为成长和发展中的大学生，都希望并且愿意通过理论学习、社会实践等手段改造自我、完善自我、创新自我。革命先辈为我们树立了一个个鲜活的学习榜样，虽然现在和革命战争年代相比，社会大环境发生了巨大变化，但是红色文化所蕴含的丰富精神文化永远不会过时。在榜样的示范和引领下，作为个体的青年大学生，不断汲取红色文化的丰富精神营养，不断地从肯定自我到否定自我再到否定之否定，从而不断地升华自我。对受教育者而言，红色文化精神教育过程就是促使其不断创新自我、超越自我、完善自我的过程。由此可见，新时代大学生红色文化精神教育的本质可以归纳为：革命先辈道德人格对受教育者道德人格的同化，促进大学生精神成人。

三、红色文化精神与高校思想政治教育的内在关联性

（一）以坚持马克思主义意识形态领域指导地位为目标的一致性

红色文化是在中国共产党领导下形成的具有中国特色的文化形态。中国共产党是红色政权产生的主体，是红色文化形成的政治基础，因此红色文化蕴含着党的政治意识形态，体现了中国共产党全心全意为人民服务的根本宗旨，是进行社会主义意识形态建设的重要组成部分，是中国共产党在马克思主义意识形态领域指导地位的重要构成部分。红色文化与高校思想政治教育充分发挥了马克思主义意识形态领域指导地位目标的一致性，主要体现在以下几个方面。

1. 维护高校意识形态安全

"必须推进马克思主义中国化时代化大众化，建设具有强大凝聚力和引领力的社会主义意识形态。"① 高校意识形态工作一直是党加强意识形态工作的重要组成部分。加强高校意识形态工作，要坚持以人民为主体地位，要牢牢维护马克思主义在高校意识形态的指导地位。红色文化在形成过程中以人民幸福为追求目标，体现了中国共产党人对远大共产主义理想的孜孜以求。传承和发扬红色文化就是维护人民的利益，加强意识形态的建设，铸就中国特色社会主义共同理想与价值基础。高校处于意识形态交锋的前沿阵地，各种文化的交流、交融将影响大学生对主流文化的认可。高校思想政治教育是引导当代大学生践行社会主义核心价值观的重要途径之一，

---

① 习近平.决胜全面建成小康社会 夺取新时代中国特色社会主义伟大胜利——在中国共产党第十九次全国代表大会上的报告 [N]. 人民日报，2017-10-28.

而社会主义核心价值观就是在意识形态方面的本质体现，凝聚了社会主义先进文化的精髓，是在价值层面对中国特色社会主义道路、理论、制度以及文化的集中表达。社会主义核心价值观是以马克思主义为指导的、凝结了全体中华儿女的共同价值取向和愿望。

2. 加强和巩固党的执政地位

红色文化是在中国共产党带领下形成的中华民族宝贵财富，是实现中华民族伟大复兴的重要精神动力，是中国共产党在执政过程中形成的重要文化，也是执政文化的重要组成部分。红色文化以精神基因标识对中国特色社会主义的发展起到重要的指引作用。红色文化通过对环境的潜移默化作用影响社会的价值观念，是人们团结在党旗下、国旗下的精神指引，能够汇聚各方意识，包容、创新，影响社会发展的方向，促使全民族形成共同的道德行为规范，对营造清朗的社会环境有着重要的作用。高校思想政治教育有利于培养中国特色社会主义事业的合格建设者，为党和国家输送德智体美劳全面发展的社会主义接班人，为更好地建设国家提供人才输送，提高国家的人才竞争力。实际上，高校思想政治教育是运用学生在成长成才过程中的客观规律，引导大学生确立科学的世界观、人生观、价值观。同时，高校思想政治教育反映了社会主义的先进性和党的执政理念，反映了党的历史责任、奋斗目标和精神追求，使大学生在思想政治教育过程中逐渐加深对党的认识，提升思想政治觉悟，维护党的执政地位。

3. 增强大学生的文化自信

"我们说要坚定中国特色社会主义道路自信、理论自信、制度自信，说到底是要坚定文化自信。"[1]文化自信是一个国家和民族对自身价值理念、精神力量、优秀品德等文化要素产生的情感认同，是对自己国家优秀的文化产生的自信心。文化自信比道路自信、理论自信和制度自信更加广泛、更加基础和更加深厚，是事关提高国家文化软实力和实现中华民族伟大复兴的强有力支撑。红色文化是开展高校思想政治教育教学的重要素材，是传承红色基因、消解历史虚无主义的重要载体，是增强红色文化自信的重要物质基础。红色文化能够引导人们在多元文化的交织中，提高文化自信，

---

[1] 习近平. 在哲学社会科学工作座谈会上的讲话[M]. 北京：人民出版社，2016：17.

坚定思想导向。文化自信是保证高校思想政治教育顺利开展的内在动力，是促进教学有效开展的精神文化底蕴。在党中央提出培育文化自信的号召下，高校作为立德树人的主阵地，是培育大学生文化自信的重要场所。高校思想政治教育在传递优秀文化思想的同时也对提升大学生文化认知，提高大学生的文化信念，提高大学生的文化自信有着十分重要的作用。

（二）以共产主义理想为思想教育内容的共通性

红色文化内容丰富，包括人、物、事、魂四个方面。红色文化所承载和蕴含的理想信念、价值目标、灵魂精髓与思政课中的教育内容具有共通性。在红色文化形成过程中，在许多革命先辈身上折射出崇高的马克思主义人生观、远大的共产主义理想信念、深厚的爱国主义情怀。

1. 马克思主义科学的人生观

大学是开展人生观教育的重要阶段，是人生梦想扬帆起步的阶段，思政课教学是开展人生观教育的重要渠道。如在"思想道德与法律基础"课中，第一章就设有人生的"青春之问"，强调人生观其实就是人生是为了什么、以什么样的态度对待人生道路上的困难、怎样的人生才有意义，因此教学过程中就要正确地指引大学生确立科学的人生观，即马克思主义人生观。红色文化中的革命英雄、榜样就是确立了科学的人生观，并将马克思主义理论中的辩证唯物主义与历史唯物主义相结合，并运用于实践中，在实践的过程中全面认识到为人民服务以及坚持集体利益高于个人利益就是科学的人生观。这些革命英雄人物是进行人生观教育的有力素材。

2. 坚定共产主义理想信念

理想信念是人精神上的"钙"，坚定的马克思主义信仰和中国特色社会主义理想是在"两个一百年"的关键时期实现中华民族伟大复兴中国梦的强大精神力量，是思政课教学的重要内容。"革命理想高于天""砍头不要紧，只要主义真"等都体现了中国共产党人坚定的理想信念，是中国共产党人的安身立命之本，是红色文化的重要组成部分。党带领中华民族在实现民族独立、国家富强和人民幸福的过程中用鲜血和生命熔铸的红色精神，是党在各个时期实践历程中的宝贵财富，蕴含着拼搏精神、奉献精神、集体主义精神等核心价值观念，可以用来引导大学生树立远大的共产主义理想信念，提高思想政治素养。在思政课教学过程中引导大学生坚定理想信念，就要充分发挥红色文化的育人作用，将中国共产党人的崇高理想信念与价值追求、全心全意为人民的无私奉献以及革命先辈们爱国爱党的伟大情怀，自力更生、艰苦奋斗的前进意识生动地展现在大学生面前，强化大学生的使命担当。

3. 浓厚的爱国主义之情

要培育大学生的爱国主义精神，通过大学生对爱国主义基本内涵的把握，引导大学生将自身抱负与国家的使命和责任相结合起来，培育大学生做一个忠诚的爱国者。红色文化中承载着革命先辈们深厚的爱国情怀，如新民主主义革命时期革命先辈为实现民族独立和人民解放而抛头颅、洒热血、不畏牺牲的凌云壮志，以"爱国、进步、民主、科学"为核心内容的五四精神，同仇敌忾、共赴国难、前赴后继、不屈不挠的抗战精神等；社会主义建设者为实现国家富强而积极投入社会主义建设中，涌现了"保家卫国"的抗美援朝精神，"爱国、创业、求实、奉献"的大庆精神，"爱国奉献、自力更生、艰苦奋斗、勇于攀登"的两弹一星精神等。这些形式多样、内容丰富的爱国主义精神是培育大学生爱国情怀的重要内容，是思政课教学中培养大学生爱国主义教育的优质素材，是厚植大学生爱国情怀的重要载体，是红色文化的核心内容。思政课教学中要厚植大学生的爱国主义之情，就要充分发挥红色文化的育人功能，运用红色文化中革命先辈的家国情怀、无私的奉献精神、强烈的责任意识和担当意识等重要精神要素，涵养当代大学生的爱国主义情怀。

4. 践行社会主义核心价值观

红色文化与社会主义核心价值观的内容在本质上是一致的，都承载着一个国家、一个民族的精神追求，体现着一个价值判断标准。第一，国家层面，红色文化包含"富强、民主、文明、和谐"的内容。主要体现在中国共产党是领导无产阶级推翻"三座大山"的过程，是无产阶级不断获得民主权利的过程。中国共产党不论是在新民主主义时期、社会主义建设时期和改革开放时期都十分重视社会精神文化、社会和谐的建设，这就在一定程度上体现了红色文化与社会主义核心价值观的共性。第二，社会层面，红色文化包含"自由、平等、公正、法治"的内容。中国人民受到两千多年的封建思想的影响，社会不平等依旧存在，加之受到封建主义、资本主义、买办资产阶级的压迫，人身自由受到束缚。马克思主义是关于全世界无产阶级和全人类彻底解放的学说，是让人民自由且追求幸福的学说。中国共产党自成立起便以马克思主义为指导，并旗帜鲜明地指出，党的奋斗目标是推翻资产阶级，消灭剥削和压迫。中国共产党在实现中华民族伟大复兴和增进人民幸福为使命的过程中体现了自由、平等、公正、法治等价值理念，中国共产党的胜利某种程度上来讲就是社会主义核心价值观的胜利。第三，从公民个人层面来说，红色文化包含"爱国、敬业、诚信、友善"方面的内容。红色文化并非都是体现在国家社会方面，还落实到个人层面，具体反映在价值追求方面。其中，爱国主义实际是红色文化的核心部分。每个红色故事中必然包含有爱国主义情感，如《铁道游击队》《鸡毛信》《王二小放牛》等，依然是培养大学生的爱国主义重要素材。

（三）以集体主义为原则的道德示范功能的相近性

红色文化的道德示范功能主要是指红色文化承载着以集体主义为原则、全心全意为人民服务的社会主义道德内容。革命先辈身上便折射出以集体主义为原则、全心全意为人民服务的社会主义道德，通过革命先辈的英勇事迹对大学生进行道德教育，有利于充分展现真善美的道德界限；通过红色文化中体现是非、善恶、美丑的界限，为大学生判断行为得失、确立价值取向、做出道德选择，提供了示范作用。红色文化的道德示范功能主要是通过革命先辈们的榜样作用，使大学生把榜样的力量内化为自身的道德品质，外化为道德准则。

1.红色文化的道德示范功能体现为为人民无私奉献的道德追求。"无私奉献"最早的表达便是中国古代提倡的"舍生取义"。忠于党、忠于人民、无私奉献，是中国共产党人的优秀品质。无私奉献是不求回报的付出，是一种自愿牺牲的精神，这种品格是中国共产党人的优良传统之一，也是红色文化的主要内容之一。无数革命先烈为民族独立、国家富强和人民幸福而奉献了自己的一生，体现了舍身为国、为民的无私奉献。对红色文化中无私奉献精神的宣传可以提高大学生的道德认知，营造一个良好的社会道德环境。

2.红色文化的道德示范功能也体现为坚持毫不利己、专门利人的道德判断。这种一心一意为人民着想的精神，不论在什么时候，特别是正确处理各种利益关系时都产生了很好的示范作用。红色文化在形成的过程中，本来就蕴含了丰富的道德内容，主要体现的是以集体主义精神为原则的社会主义道德。比如，在新民主主义革命时期，这种集体主义精神就表现为无数革命先烈不畏强暴、不怕牺牲、为国家利益而放弃个人利益的崇高精神，正是他们的无私奉献才赢得了民族的独立。在社会主义建设时期，为实现国家经济的发展，积极探索社会主义道路，集体主义精神体现为奋不顾身地投入生产建设中。改革开放时期，集体主义精神体现为各行各业为实现"两个一百年目标"而不断奋斗。

3.红色文化的道德示范功能还体现为弘扬自力更生、艰苦奋斗的道德风尚。艰苦奋斗是中国共产党领导中国人民一路走来而形成的优良传统，是共产党人一贯坚持的政治特色。习近平同志曾指出："奋斗是艰辛的，艰难困苦、玉汝于成，没有艰辛就不是真正的奋斗，我们要勇于在艰苦奋斗中净化灵魂、磨砺意志、坚定信念。"① 红色文化中传达的自力更生、艰苦奋斗事迹，体现的是不怕吃苦、勤俭节约、不怕困难的革命乐观主义精神。这些精神使当代中国在一次又一次的"大考"中都交出了令人民满意的答卷，是培育大学生艰苦奋斗、勤俭节约的重要内容。

---

① 中共中央文献研究室编.习近平关于"不忘初心、牢记使命"论述摘编[M].北京：中央文献出版社，2019：241.

第二章 新时代大学生红色文化精神 教育的理论渊源

纵观历史发展，可以从马克思主义关于文化的思想、马克思恩格斯和列宁关于革命精神思想、中国共产党人关于精神弘扬的重要内容、中华民族优秀传统文化中关于优良传统美德等方面探求传承红色文化精神的根源，进而增强新时代大学生传承红色文化精神的积极性和自豪感，增强新时代大学生红色文化精神教育的实效性，增强文化自信，强化精神支撑。

一、马克思主义关于文化的思想

马克思主义关于文化的思想作为马克思主义理论不可或缺的部分，始终立足于现实的社会关系，在探索人类社会发展规律的基础上，坚持以人的解放和发展为根本价值目的来阐释与文化问题密切相关的现象。[①]在马克思、恩格斯看来，文化是人的本质性存在、人的解放与文化发展相辅相成、人的精神动力推动文化发展。虽然他们没有专门阐述过文化育人，但他们关于文化与人的本质、人的解放、人的精神动力等方面的思想理论都是文化育人的重要理论基础，对于大学生红色文化精神教育有着重要的理论指导意义。

（一）文化是人的本质性存在

马克思、恩格斯虽然没有对文化进行专门的和系统的阐述，但是他们对"文化"却有着深刻的理解和准确的把握。在他们的著作中对"文化"这一概念进行了多角度的解读和使用。从狭义的层面，他们把"文化"理

---

① 包华军.少数民族优秀传统文化融入民族地区大学生思想政治教育研究[D].武汉：中国地质大学，2017：33.

解为经济基础之上纯粹的精神意识形式，强调文化的非物质性，即精神性质。他们认为在考察生产变革时，要考察到"意识形态的形式"①。从广义的层面上看，马克思、恩格斯把"文化"理解为文明形态，把文明形态与人类社会发展总体紧密联系在一起。马克思批判粗陋、空想的共产主义和社会主义是"对整个文化和文明的世界的抽象否定"②，恩格斯指出"文化上的每一个进步，都是迈向自由的一步"③。在他们看来，文明作为人类生活方式和内容的统一体，除了精神因素以外，还包括物质因素和制度因素。但无论是狭义的还是广义的文化概念，马克思、恩格斯强调的都是人类社会发展的自觉的理性文化精神。这种自觉的理性文化精神体现在人的社会历史生活和现实活动之中，在人的对象化活动中生成。在他们看来，文化与人密不可分，文化以人为主体，是人在对象化活动过程中形成的"人化的自然"和"自然的人化"，表现为人类实践活动本身以及这种活动的方式及其成果的总和。文化是人的本质力量的对象化。

对于人的本质，马克思、恩格斯从实践观和唯物历史观的立场出发，深刻揭示了其内涵，进而揭示了人作为文化主体所具有的实践创造性，主要体现在以下几个方面。

1. 人的本质在于人的类特性，在于主体实践性。马克思指出："一个种的整体特性、种的类特性就在于生命活动的性质，而自由的有意识的活动恰恰就是人的类特性"④，人通过劳动来体现人的"类本质"，证明人是有意识的类存在物。马克思认为，人的真正本质在于劳动，在于劳动活动、实践活动这些物质的感性活动，人的"全部社会生活在本质上是实践的"⑤，

① 中共中央马克思恩格斯列宁斯大林著作编译局编译.马克思恩格斯选集（第二卷）[M].北京：人民出版社，1972：11.
② 中共中央马克思恩格斯列宁斯大林著作编译局编译.马克思恩格斯文集（第42卷）[M].北京：人民出版社，1979：118.
③ 转引自中共中央党校马克思主义理论教研部，中国马克思主义研究基金会编.马克思主义关于人的学说[M].北京：人民出版社，2011：192.
④ 中共中央马克思恩格斯列宁斯大林著作编译局编译.马克思恩格斯全集（第3卷）[M].北京：人民出版社，2012：56.
⑤ 中共中央马克思恩格斯列宁斯大林著作编译局编译.马克思恩格斯选集（第一卷）[M].北京：人民出版社，2012：885.

"人应该在实践中证明自己思维的真理性"①。在他看来，人的本质就在于社会实践，实践就是检验真理的标准。

2. 人的本质在于人的社会性，在于现实性。马克思从现实的人与人的社会关系入手，科学地揭示了人的根本属性是其社会属性，人的本质是一切社会关系的总和。他说："人就是人的世界，就是国家，社会。"②人的"本质不是人的胡子、血液、抽象的肉体的本性，而是人的社会特质"③，从前的一切唯物主义的主要缺点是不把人"当做感性的人的活动，当做实践去理解"④。在马克思看来，不能抽象地、片面地理解人，而要从人的社会特质去理解人——人是现实的、具体的，是活生生的人。马克思、恩格斯着眼于现实人的存在和发展，科学地揭示了人的现实性的内涵。他们认为："人们的存在就是他们的实际生活过程"⑤，进行历史分析和现实批判要着眼于现实的人，"而是处在现实的、可以通过经验观察到的、在一定条件下进行的发展过程中的人"⑥。在他们看来，人的存在是指现实的人的存在，是指人的实际生活过程。人的本质不是永恒不变的抽象物，它在特定的人与社会发展条件下产生和形成。

3. 人的深层本质在于主体的自由自觉，在于主体性的不断发展完善。马克思从人的主体存在出发，对人的现实性和主体性即"人本身"给予了充分的肯定。他指出，人的根本就是人本身，"人是人的最高本质"⑦。马克思在其博士论文中提出个体的自由是定在之中的自由，充满偶然性的感

① 中共中央马克思恩格斯列宁斯大林著作编译局编译. 马克思恩格斯选集（第一卷）[M]. 北京：人民出版社，1972：16.
② 中共中央马克思恩格斯列宁斯大林著作编译局编译. 马克思恩格斯选集（第一卷）[M]. 北京：人民出版社，2012：1.
③ 中共中央马克思恩格斯列宁斯大林著作编译局编译. 马克思恩格斯全集（第1卷）[M].北京：人民出版社，1956：270
④ 中共中央马克思恩格斯列宁斯大林著作编译局编译. 马克思恩格斯选集（第一卷）[M]. 北京：人民出版社，2012：133.
⑤ 中共中央马克思恩格斯列宁斯大林著作编译局编译. 马克思恩格斯选集（第一卷）[M]. 北京：人民出版社，1972：30.
⑥ 中共中央马克思恩格斯列宁斯大林著作编译局编译. 马克思恩格斯选集（第一卷）[M]. 北京：人民出版社，2012：153.
⑦ 中共中央马克思恩格斯列宁斯大林著作编译局编译. 马克思恩格斯选集（第一卷）[M]. 北京：人民出版社，2012：10.

性的生活才是人的自由存在根据。马克思在对资本主义异化劳动的分析中指出，劳动对工人来说是外在的东西，而不是自由地发挥自己的体力和智力。他认为自由以人们对自身生存条件的拥有和支配为前提，生产者只有占有生产资料之后才能获得自由，而在共产主义这一自由人的联合体中，"各个人在自己的联合中并通过这种联合获取自己的自由"[①]。

马克思认为，人的本质力量及其多样性是随着人们社会实践的不断发展而发展的，"向来都是历史的产物"[②]。人要成为主体，就必须实现自己的本质力量，就必须以人的自由、平等和社会的公平、正义为前提，进而在社会实践中能够支配自然、能够主宰自己的命运，成为社会的主人。

马克思、恩格斯关于文化与人的本质的理论，深刻揭示了文化是人的本质性存在，人创造文化，文化也塑造人。人能创造文化，使文化的发展有了动力源泉，而文化的发展即是人的发展，这使文化育人成为必要。反过来，文化也能塑造人，为人的发展提供动力，使文化育人成为可能。从这个意义上讲，马克思、恩格斯关于"文化是人的本质性存在"思想是文化育人内在的理论基础。

（二）人的解放与文化发展相辅相成

人的解放是马克思毕生追求的崇高理想，也是马克思主义理论的根本宗旨。马克思认为，社会发展与人的自由自觉活动、人的解放是紧密联系在一起的，人的活动的开展和自由的获得是社会发展的动力源泉。人的全面而自由发展是人类自身发展的理想状态，是社会历史进步的必然趋势，也是人的解放的最高境界。从文化发展意义上讲，人的解放即人的文化主体性的发展，人的文化主体性的发展集中体现在人的文化实践能力、社会关系、文化个性的发展之中，体现在对人、对物的依赖关系之中。

在马克思看来，人的解放主要包括人的劳动实践能力、社会关系和个性三个方面的解放。人的劳动实践能力的解放包含很多方面的内容，但最重要的还是体力和智力的整体性解放。他在《资本论》中提出把劳动能力

---

① 中共中央马克思恩格斯列宁斯大林著作编译局编译. 马克思恩格斯选集（第一卷）[M]. 北京：人民出版社，1995：119.

② 中共中央马克思恩格斯列宁斯大林著作编译局编译. 马克思恩格斯全集（第3卷）[M]. 北京：人民出版社，1960：567.

理解为人在"生产某种使用价值时就运用的体力和智力的总和"①。马克思认为劳动者只有集体力劳动与智力劳动于一身，能够适应不同的劳动要求，才能实现全面的解放，同时，人的社会关系的发展也"决定着一个人能够发展到什么程度"②，因此，人必须积极参与社会交往，建立丰富而全面的社会关系，以实现社会关系的解放。人的个性解放是以人的劳动能力和社会关系解放为基础和前提的。人的本质要通过人的个性来表现，马克思主张要尊重人的个性，为全面发展人的个性创造条件。

在马克思看来，人的解放的过程实际上就是社会全面发展的历史过程。他说："'解放'是一种历史活动，……是由工业状况、商业状况、农业状况、交往关系的状况促成的……"③他以人与社会的关系为线索，以人类社会三大发展形态的历史演进为依托，具体考察了人的解放的历史过程。他认为人类社会发展第一大形态主要表现为人的依赖关系，人的生产能力只是在狭窄的范围内和孤立的地点上发展着；第二大形态表现为物的依赖关系，即人的独立性建立在"普遍的社会物质交换"基础之上；第三大形态表现为人的自由个性，即个人全面发展，人们共同的社会生产能力成为社会财富。在马克思看来，只有在生产力高度发达，人完全摆脱了对人和对物的依赖，"人的全面自由发展"才能真正实现。在社会发展的第三大阶段，即马克思所讲的共产主义社会阶段，由于生产力的高度发展，人们摆脱了对人和对物的依赖，从必然王国进入自由王国，人的解放真正得以实现，人也能真正成为自由而全面发展的人。

马克思关于人的解放理论，强调人的全面自由发展是人"解放"的根本任务和最终目标，人的"解放"过程与社会历史发展的过程相统一，揭示了人的解放与文化发展之间相辅相成的关系。而文化育人的根本宗旨是人的自由全面发展，以促进人的解放与文化发展为导向，以现实的社会文化发展条件为基础。从这个意义上讲，马克思关于人的解放理论，是文化

---

① 中共中央马克思恩格斯列宁斯大林著作编译局编译.马克思恩格斯选集（第二卷）[M].北京：人民出版社，1995：172.

② 中共中央马克思恩格斯列宁斯大林著作编译局编译.马克思恩格斯全集（第3卷）[M].北京：人民出版社，1960：295.

③ 中共中央马克思恩格斯列宁斯大林著作编译局编译.马克思恩格斯全集（第42卷）[M].北京：人民出版社，1979：368.

育人宗旨的理论依据。

（三）人的精神动力推动文化发展

人的精神动力对人的实践积极性具有重要影响。马克思最早表述了精神动力的内涵。马克思在《〈黑格尔法哲学批判〉导言》中指出："理论一经掌握群众，也会变成物质力量。"[①] 这揭示了理论作为一种精神力量可以成为推动群众实践活动的物质力量。马克思认为劳动包括资本，还包括"肉体要素以外的发明和思想这一精神要素"[②]。在他看来，人的精神动力可以转化为推动生产的物质力量，是生产中不可或缺的重要因素。

恩格斯对精神动力作了明确而深入的阐述。他指出："外部世界对人的影响表现在人的头脑中，……成为感觉、思想、动机、意志，总之成为'理想的意图'，……变成'理想的力量'。"[③] 人的"行动的一切动力，都一定要通过他的头脑，一定要转变为他的愿望的动机，才能使他行动起来"[④]。在他看来，人的精神动力是人脑对客观存在及物质利益的反映，在实践中产生，来源于人脑的机能，是一种唯物性的存在。人脑内产生的感觉、思想、动机、意志等精神因素都可以成为推动人行动的精神动力。

按照马克思、恩格斯的观点，人的精神动力是人的本质力量的一个重要体现，而文化作为人的本质性存在，人的一切实践活动都是一种文化实践，这深刻揭示了：人的精神动力是其从事生产实践不可或缺的因素，它推动生产的发展，实际上就是推动文化的发展。没有人的精神动力作支撑，文化发展便没有了动力之源。从根本上说，人的精神动力主要来自人的主体性、人的自觉能动性和人的精神需要。

第一，人的主体性，主要表现为人是自然的主体、是社会与历史的主体、是实践的主体。马克思认为人在改造自然的过程中，人既是主体，也可以

---

① 中共中央马克思恩格斯列宁斯大林著作编译局编译. 马克思恩格斯选集（第一卷）[M]. 北京：人民出版社，2012：9.

② 中共中央马克思恩格斯列宁斯大林著作编译局编译. 马克思恩格斯全集（第1卷）[M]. 北京：人民出版社，1956：607.

③ 中共中央马克思恩格斯列宁斯大林著作编译局编译. 马克思恩格斯选集（第四卷）[M]. 北京：人民出版社，1972：228.

④ 中共中央马克思恩格斯列宁斯大林著作编译局编译. 马克思恩格斯选集（第四卷）[M]. 北京：人民出版社，2012：247.

成为客体,成为被改造和作用的对象,即表现出"人的能动和人的受动""人作为对象性的感性的存在物,是一个受动的存在物"①——人在改造自然或他人的同时也会改造自己。人是主体和客体的统一。

关于人与社会、社会发展历史的关系,马克思、恩格斯的观点为:"人就是人的世界,就是国家,社会"②;在社会发展中,历史什么事情也没有做,能够创造一切并"为这一切而斗争的,不是'历史',而正是人,现实的、活生生的人"③;"无论不从事生产的社会上层发生什么变化,没有一个生产者阶级,社会就不能生存"④。在他们看来,人是社会的主体,人民群众是历史的创造者,是一切社会实践的主体。

在探讨主体与客体的关系时,马克思认为人是实践活动的主体。实践活动是人的对象性活动。要理解人的实践活动,必须从人的实践活动出发,把人的实践活动本身理解为对象性的活动,进而有利于主体人客观地理解和把握人的实践客体。他指出,从前的一切唯物主义都没有把对象、现实、感性"当作感性的人的活动,当作实践去理解",都没有"从主体方面去理解"⑤,"生产不仅为主体生产对象,而且也为对象生产主体"⑥。在他看来,实践是连通主客体的纽带。通过实践,主体作用于客体,实现人的活动对象化、主体客体化,同时也使客体成为真正意义上的客体。

第二,自觉能动性作为人的意识、目的和动机的综合体现,它是人的主体性的动力之源。意识是人脑对客观存在的反映,是人区别于动物的特点。

① 中共中央马克思恩格斯列宁斯大林著作编译局编译.马克思恩格斯全集(第42卷)[M].北京:人民出版社,1979:169.
② 中共中央马克思恩格斯列宁斯大林著作编译局编译.马克思恩格斯选集(第一卷)[M].北京:人民出版社,2012:1.
③ 中共中央马克思恩格斯列宁斯大林著作编译局编译.马克思恩格斯全集(第2卷)[M].北京:人民出版社,1957:118.
④ 中共中央马克思恩格斯列宁斯大林著作编译局编译.马克思恩格斯全集(第19)卷[M].北京:人民出版社,1963:315.
⑤ 中共中央马克思恩格斯列宁斯大林著作编译局编译.马克思恩格斯选集(第一卷)[M].北京:人民出版社,1995:54.
⑥ 中共中央马克思恩格斯列宁斯大林著作编译局编译.马克思恩格斯选集(第二卷)[M].北京:人民出版社,1995:692.

"人的类特性恰恰就是自由的有意识的活动。"① 人的活动与动物本能的活动不同，它是自觉的、有意识的、能动的活动，人把自己的活动变成了自己意识和意志的对象。意识只有反映客观存在的事物及其发展规律，人的自觉性与能动性才可能实现。人类越发展，人类活动的意识性与自觉性就越强，正如恩格斯所说："人离开狭义的动物越远，就越是有意识地自己创造自己的历史……"②

人的实践活动是自觉的、有目的的活动。无论是个人还是群体在社会实践活动中都会有一定的目标，并且努力实现这一目标。"历史不过是追求着自己目的的人的活动而已。"③ 在马克思恩格斯看来，人的实践活动是不断追求和实现不同阶段发展目标的历史过程，普遍具有自觉意识和预期目的等特征。人们实践活动的目的性集中体现了其实践活动的自觉性。

动机体现人们的需要，推动人们的实践活动。"消费也创造出新的生产的需要，在观念上提出生产的对象，把它作为内心的图像，作为需要、动力和目的提出来。"④ 在他看来，动机实质上就是客观需要的主观反映。动机是需要和行为的中介，是把需要转变为满足需要的实践活动的桥梁。

第三，人的精神需要，是促进人与社会发展的重要动力。马克思、恩格斯认为，人具有广泛体现其社会本质与发展内涵的多方面的需要，并"以其需要的无限性和广泛性区别于其他一切动物"⑤。从生产和需要来看，人与动物的根本区别就在于人不仅有物质需要，还有精神需要。人的精神需要是在满足物质需要的社会生产实践过程中产生的，是社会发展的产物。

人作为现实的人，人的社会生活是丰富多样的，社会生活的丰富性也决定了人的精神需要的丰富性。"人既有理论需要，又有情感需要，还有

① 中共中央马克思恩格斯列宁斯大林著作编译局编译. 马克思恩格斯选集（第一卷）[M]. 北京：人民出版社，1995：56.
② 中共中央马克思恩格斯列宁斯大林著作编译局编译. 马克思恩格斯选集（第四卷）[M]. 北京：人民出版社，1995：274.
③ 中共中央马克思恩格斯列宁斯大林著作编译局编译. 马克思恩格斯全集（第2卷）[M]. 北京：人民出版社，1957：118-119.
④ 贾志红. 马克思总体生产思想研究 [M]. 北京：人民出版社，2012：203.
⑤ 中共中央马克思恩格斯列宁斯大林著作编译局编译. 马克思恩格斯全集（第49卷）[M]. 北京：人民出版社，1982：130.

意志需要。"① 其中，理论需要是人的最深层次、最本质的精神需要。马克思、恩格斯曾指出："真正的人＝思维着的人的精神。"② 情感需要是精神需要的重要组成部分，升华和满足人的情感需要是促进人的健康成长、激发人的行为动力的重要因素。恩格斯指出："没有这种革命的义愤填膺的感情，无产阶级的解放就没有希望。"③ 意志需要是人的不可或缺的精神需要。马克思指出，在劳动中，需要有作为注意力表现出来的有目的的意志，而且越是枯燥的不为劳动者喜欢的劳动，就越需要这种意志。

人的精神需要不仅具有丰富性，而且具有层次性，从低到高可分为三个层次：处于最低层次的是人的基本精神生活需要，即人们在社会交往中形成和发展起来的精神交往需要和社会情感需要。在论及语言的产生时，马克思、恩格斯指出："语言也和意识一样，只是由于需要，由于和他人交往的迫切需要才产生的。"④ 处于第二个层次的是人的精神发展需要，即人们在精神上不断充实和发展自己、实现精神进步的需要，如不断完善自身思想理论、价值观念、道德情操、意志品质等。这种需要一旦产生并获得满足，就会形成一种推动力，促进人和社会的发展。"已经得到满足的第一个需要本身、满足需要的活动和已经获得的为满足需要而用的工具又引起新的需要。"⑤ 处于最高层次的是精神完善需要，即在精神发展基础上，在理想社会、人格、自我实现等方面追求更高的精神价值和人生价值。精神需要的不断增长与满足，是促进人精神生活发展的强大精神动力，也是促进人与社会发展的重要动力。

马克思、恩格斯关于人的精神动力理论，强调精神动力是人的本质力量的重要体现，人的精神动力主要体现在人的主体性、自觉能动性和精神需要三个方面。人的主体性，使人成为自然的主体、社会的主体、历史发

① 骆郁廷. 精神动力论 [M]. 武汉：武汉大学出版社，2003：90.
② 中共中央马克思恩格斯列宁斯大林著作编译局编译. 马克思恩格斯全集（第3卷）[M]. 北京：人民出版社，1960：56.
③ 中共中央马克思恩格斯列宁斯大林著作编译局编译. 马克思恩格斯全集（第7卷）[M]. 北京：人民出版社，1959：269.
④ 中共中央马克思恩格斯列宁斯大林著作编译局编译. 马克思恩格斯选集（第一卷）[M]. 北京：人民出版社，2012：161.
⑤ 贾志红. 马克思总体生产思想研究 [M]. 北京：人民出版社，2012：150.

展的主体，以及一切社会实践活动的主体。这充分说明，人也是文化育人活动的主体。人的自觉能动性是人的主体性的动力之源，人的一切活动都是有意识、有目的、有动机的活动，文化育人活动也不例外——它追求的是文化育人活动主体人的目的，即塑造人、教化人，促进人的全面发展。人的精神需要，是人在社会交往、发展进步和自我完善过程中产生的需要，它是促进人精神发展的内在动力。满足人的精神发展需要，是文化育人的基本使命。从文化育人中受教育者人的角度讲，人的精神动力是促使人向文而化的力量之源，是文化育人价值得以实现的重要基础。从这个意义上讲，人的精神动力理论，是文化育人中"人向文而化"的重要理论依据。

二、马克思主义经典作家关于革命精神的论述

马克思、恩格斯积极参加革命活动，在革命指导过程中倡导革命精神，推动无产阶级的解放斗争取得胜利，实现无产阶级和最广大人民的根本利益。在革命实践中发扬国际主义精神，指导国际工人运动，致力实现全人类的解放和实现共产主义的伟大胜利。列宁在领导俄国进行革命和建设过程中，结合俄国实际情况将革命精神进一步发展，鼓励发扬自我牺牲精神，遵守铁的纪律，进行共产主义教育等，推动俄国革命和建设取得重大发展。

（一）马克思、恩格斯关于革命精神的论述

马克思、恩格斯所处的年代正处于资本主义上升时期，当时资本主义内部矛盾激化，无产阶级革命爆发。在革命斗争中，为了向国际无产阶级运动提供理论指导，马克思、恩格斯强调：要有共产主义道德、共产主义理想；无产阶级政党始终坚决维护无产阶级的利益，发挥人民群众创造历史作用；革命斗争中发扬国际主义精神、集体主义精神、团结精神等，为夺取革命胜利提供了精神指引。

1. 提倡共产主义道德

马克思、恩格斯在遵循社会历史发展规律的基础上，展望未来社会将是共产主义社会。其中形成反映人民群众根本利益的共产主义道德，是处理人与人关系、发展社会事业、实现共产主义社会的精神力量，也是人们共同遵守的基本道德规范。共产主义道德是以科学理论为指导的、科学的、

进步的道德，是在长期革命斗争实践中总结出来的，是促进社会进步的精神产品。

共产主义社会致力实现人的解放，包括政治民主、思想解放等；实现人的自由，包括精神自由、经济自由、劳动自由、时间自由等；实现人的全面发展，包括智力发展、体力发展、交往发展、能力发展等；实现人的平等，包括分配平等、权利平等等。共产主义社会中讲求所有人平等占有和使用生产资料，共同劳动、共同享有资源，实行按需分配，按照个人所需获取资源。

共产主义道德是处理人与人、人与社会、人与自然关系的基本规范，具体体现在各个方面。例如人们的根本利益是一致的、共同的，人与人之间关系和谐、友善；面对困难挫折，具有整体协作精神和集体主义精神；热爱、投身、忠于无产阶级事业和政党；奉献、服务于人民群众等。共产主义道德在马克思、恩格斯领导的革命实践中得到了很好的体现。

2. 坚持自由人的联合体

无产阶级代表着先进生产力，具有组织和纪律意识，因受压迫最多、地位最低，因而具有最彻底的革命精神。在历次革命斗争和经验总结中，人们充分认识到无产阶级在革命中的重要作用，无产阶级也无一例外地承担起解放人类的重任，因此，无产阶级的立场和根本利益不能动摇。同样，用科学理论武装起来的无产阶级政党正是代表广大人民的利益而诞生的。无产阶级领导革命活动的最终目的是实现人民群众的根本利益。

人民群众是物质生产的主体，创造着物质财富和精神财富，是壮大革命力量的重要组成部分，是历史创造者和历史发展的决定性力量，因而人民群众是社会历史的主体。马克思、恩格斯始终坚持人民性，充分认识人民群众的历史地位，坚决维护人民群众的主体地位和普遍利益，不存在特殊利益和阶级利益。所有进行的一切革命斗争的最终目的都是为实现全人类的解放。

3. 坚持发扬集体主义精神

无产阶级革命斗争中必须要有集体主义精神，只有集体利益得到满足时，个人利益才有保障；个人利益服从集体利益时，个人才能实现利益自由。马克思、恩格斯认为无产阶级应发扬集体主义精神，团结同志，壮大革命力量，为共产主义理想而奋斗。

国际主义精神是集体主义精神在国际上的扩展，是集体利益在整个国际上的具体表现。马克思和恩格斯在总结国际工人运动的经验基础上，主张联合作战，体现了无产阶级国际主义思想。无产阶级在革命斗争积极发扬集体主义精神，无产阶级不是为某个阶级利益服务的，而是为整体解放全人类服务的，承担着实现人的自由全面发展的历史使命。

（二）列宁关于革命精神的论述

列宁领导俄国资产阶级民主革命时，提出在民主革命中建立无产阶级政党的策略；之后面对社会主义革命问题时，积极回应社会主义革命争论问题，参加社会主义集会活动；强调革命中要发扬自我牺牲精神；遵守铁的纪律；主持共产国际成立大会，并科学阐明全世界无产者和被压迫民族积极联合思想，积极进行共产主义教育，发扬共产主义精神。这些都是列宁在结合俄国现实和革命实践中形成的重要精神内容，为我国灵活运用马克思主义科学理论解决我国革命实践问题，形成具有中国特色的革命精神、红色精神提供了有益借鉴。

1. 提倡自我牺牲和视死如归精神

《俄国社会民主党人的任务》一文指出，彼得堡革命者处于困难时期，面对政府的逮捕、迫害，需要加强和发展革命纪律，最好实行专业分工进行秘密活动。"实行这种分工是非常困难的事情，其所以困难，是因为这要求每个人都要有极大的耐心，要高度的自我牺牲精神……"[1]面对将到来的群众性的武装起义，"应当在群众中发扬视死如归的精神，以确保斗争的胜利"[2]。

列宁认为，自我牺牲精神在革命斗争中发挥着巨大作用。"一个弄得精疲力竭的又弱又落后的国家竟战胜了世界上几个最强大的国家……根本原因就在于集中、纪律和空前的自我牺牲精神。"[3]列宁自身就有强烈的革

---

[1] 中共中央马克思恩格斯列宁斯大林著作编译局编译. 列宁全集(第二卷)[M].北京: 人民出版社, 1984：449.

[2] 中共中央马克思恩格斯列宁斯大林著作编译局编译. 列宁选集(第一卷)[M].北京: 人民出版社, 1972：671.

[3] 中共中央马克思恩格斯列宁斯大林著作编译局编译. 列宁选集(第四卷)[M].北京: 人民出版社, 1995：113.

命精神和不畏牺牲精神，多次领导和投身革命，建立武装，奔赴前线，指挥作战。哪怕遭到社会革命党恐怖分子的袭击，重伤未愈的他仍然投入繁重的革命工作中，不但总结出无产阶级专政等各种理论，而且将其付诸实践，缔造了第一个社会主义国家。

2. 服从组织安排和遵守铁的纪律

在革命活动中，强调遵守铁的纪律，以保证革命斗争取得胜利。"它说明了革命的社会党的真正任务……而斗争的最终目的是由无产阶级夺取正确并组织社会主义社会。"① 面对革命任务，应摧毁反动势力，倡导献身的决心和毅力，不屈不挠投入革命运动。主动提高自身的革命积极性，而非崇拜自发性。社会民主党人对工人阶级进行政治鼓动和政治教育时，应该派人深入工人阶级的各个方面当中，建立牢固的、坚定的党组织，增强对周围工人和群众的积极影响；在夺取政权的过程中，强调组织的作用，团结力量，坚持斗争，成为一支不可战胜的队伍。

俄国革命证实了社会民主党这个有觉悟的无产阶级政党坚持严格的党性。"要想取得胜利，就要进行艰巨的斗争，就要有铁的军事纪律。"② 鲜血和经验告诉我们，要利用好人才管理集体和组织，用铁的纪律来减少斗争损失和风险，用严格的纪律集中消灭反革命势力。

3. 鼓励发扬社会主义精神和共产主义精神

针对传统文化和外来文化，列宁始终坚持在马克思主义指导下的批判继承，根据需要加以变革、创新和发扬优秀传统文化。列宁在吸收借鉴马克思和恩格斯关于革命精神内容的基础上，强调社会主义精神和共产主义理想信念在国家革命和建设中的重要作用。列宁在实践中深刻认识到工人和农民的重要力量，认为要看到工人和民众身上那种奋不顾身、勇往直前的精神，以及无限精力和取之不尽的力量。"而对无产阶级重要的是巩固本阶级来反对资产阶级，用彻底的民主和社会主义的精神教育群众。"③ 列

---

① 中共中央马克思恩格斯列宁斯大林著作编译局编译.列宁全集(第四卷)[M].北京：人民出版社，1984：160.

② 中共中央马克思恩格斯列宁斯大林著作编译局编译.列宁选集(第四卷)[M].北京：人民出版社，1995：109.

③ 中共中央马克思恩格斯列宁斯大林著作编译局编译.列宁选集(第二卷)[M].北京：人民出版社，1995：384.

宁认为要通过对民众加强社会主义教育和民主教育来巩固无产阶级的统治地位。"而为了进行无产阶级革命，必须长期地用最充分的民族平等和友爱精神教育工人。"①同时，通过对工人加强友爱精神教育等来扩大无产阶级力量。

"一个国家的无产阶级斗争的利益服从全世界范围的无产阶级斗争的利益……"②列宁进一步丰富、发展了无产阶级国际主义，强调要坚持国际共产主义原则，以世界无产阶级的整体利益为重。只有世界无产阶级斗争取得胜利，才会保证国家内无产阶级斗争的胜利。1920年列宁在"青年团的任务"中首次提出"共产主义道德"一词，揭示了其特征是集体主义和全心全意为人民服务的革命精神。列宁鼓励青年团员把精力和时间放在共产主义事业中，建议利用工厂等对青年人组织学习，进行共产主义教育，使其成为合格的共产主义者。

4.鼓励发扬首创精神

在长期的革命斗争中，革命实践和经验教训都证实了创新精神的重要作用。在争取民族解放和反对压迫中，莫斯科市民和城郊农民等争夺军队的控制权，鼓励发挥创造精神，使用新战术。最后，莫斯科市民力量增加，成为争取民族解放的重要事件。工人和农民与地主资本家斗争时，用英勇果敢、坚忍不拔的精神创造着斗争奇迹。其中既有群众的英雄主义，也有工人的英雄主义。工人自觉组织星期六义务劳动，表明了工人觉悟提高，自觉提高劳动效率、创造社会主义经济条件的首创精神，这一行为也极大地推动和鼓励了共产党人的革命精神，提高了从事工作的激情。

列宁强调将原则性和灵活性结合起来：既要坚持马克思主义思想的指导，又实现其在苏俄社会主义国家中的灵活运用，如面对帝国主义武装干涉和国内战争的压力，采取临时措施，实行战时共产主义政策；之后，苏俄进入经济恢复期，战时共产主义政策已不适应需要，转而开始实行新经济政策，极大地促进了生产力的发展。列宁跟随社会形势需要而采取的系

---

① 中共中央马克思恩格斯列宁斯大林著作编译局编译.列宁选集(第二卷)[M].北京:人民出版社,
1995:453.
② 中共中央马克思恩格斯列宁斯大林著作编译局编译.列宁选集(第三卷)[M].北京:人民出版社,
1995:374.

列措施彰显了灵活多变、敢于创新的精神，体现了社会主义国家在经济发展方面的大胆探索和亲身实践，从根本上巩固了苏维埃政权。

三、中国共产党人关于红色精神的重要内容

中国共产党领导进行的一系列革命斗争、建设发展和改革实践，顺应了时代发展需要，形成了诸多符合时代要求和社会发展的精神。由革命年代的革命英雄主义精神到建设时期的艰苦奋斗精神，再到改革时期的开拓创新精神等，精神内容也在随着时代进步而丰富发展。

（一）毛泽东关于红色精神的重要论述

在马克思主义思想指导下，毛泽东带领全国人民英勇进行革命实践，经过凝练、升华为革命文化和革命时代精神，结出关于革命文化、革命精神的丰硕果实。革命精神是从理论中脱胎出来的，是从残酷革命抗争中发展起来的。

1. 保持坚定的革命信念和顽强的斗争精神

新民主主义革命时期，红色基因处于自发形成阶段。在革命年代，毛泽东曾说，人总是要有一点精神的。正是这种革命需要、现实需要，在激情高昂年代，在时代精神的熏陶下，革命战士在气质、品性等方面保持高度一致性，都是胸怀家国，为着共同的目标前赴后继，展现着大无畏革命精神、爱国主义精神等，就是这些不言自明的精神换来了革命胜利成果，红色基因也就在一点一滴中积累、积淀、产生。

1919 年，面对民族危亡问题，一批批热血青年、知识分子担负起历史责任，掀起了五四运动。这场反帝反封建的爱国运动形成深刻的五四精神，包括爱国、进步、民主和科学精神。1921 年，中共一大在嘉兴南湖一红船上召开，从此，新民主主义革命就有了坚强领导者，即中国共产党。随着对红色基因的深入研究和讨论，追寻革命精神之源，蕴含着"开天辟地、敢为人先的首创精神，坚定理想、百折不挠的奋斗精神，立党为公、忠诚为民的奉献精神"[1]的红船精神出炉。

---

① 习近平.干在实处 走在前列——推进浙江新发展的思考与实践［M］.北京：中共中央党校出
版社，2006：456.

土地革命时期，毛泽东等率领秋收起义部队到达井冈山，在落后的井冈山地区发展武装势力，壮大革命力量，分配土地，扩展了农村革命根据地范围，开创了中国革命道路，形成了胸怀理想、坚定信念，实事求是、勇闯新路，艰苦奋斗、敢于胜利，依靠群众、无私奉献的井冈山精神。在传承和发展井冈山精神的基础上，在发展和保卫苏区革命实践的要求下，逐步形成了坚定信念、求真务实、一心为民、清正廉洁、艰苦奋斗、争创一流、无私奉献的苏区精神。与张国焘反革命行为进行斗争，对国民党反动政府进行抗击，对日本帝国主义侵略进行反击，无数革命家义无反顾地投身革命斗争。"……他们的奋斗牺牲、不屈不挠、前赴后继的精神和功绩，在民族的历史上永垂不朽。"①

面对国民党反动派的围追堵截，中国共产党率领红军完成两万五千里长征，铸就了伟大的坚定革命理想信念，不怕艰难险阻、不怕牺牲，坚持独立自主、实事求是，顾全大局、严守纪律，紧密依靠群众的长征精神。在抗日期间，中国人民表现出了天下兴亡、匹夫有责的爱国情怀，视死如归、宁死不屈的民族气节，不畏强暴、血战到底的英雄气概，百折不挠、坚忍不拔的必胜信念的抗战精神。同时，在革命圣地延安，毛泽东带领广大军民开展大生产运动，哺育了中国革命，诞生了实事求是、理论联系实际，全心全意为人民服务，自力更生艰苦奋斗的延安精神。

解放战争时期，初期通过各种运动，如土地改革、整军运动等，极大地提高了群众和官兵的思想觉悟。党中央驻扎在西柏坡指挥解放中国，在这个决定中国前途的时期，形成了蕴含敢于斗争和胜利的开拓进取精神，依靠群众和团结统一的民主精神，戒骄戒躁的谦虚精神和艰苦奋斗的创业精神的西柏坡精神。还有贯穿中国共产党成立到新中国成立的吃苦耐劳、勇往直前、永不服输、敢于胜利、爱党爱军的沂蒙精神，以及"坚守信念、胸怀全局、团结一心、勇当前锋的大别山精神等。

2.弘扬艰苦奋斗、奋发图强精神

社会主义革命、社会主义建设时期，由前一个阶段进入到下一个阶段，由艰辛探索阶段进入建设阶段无一不是靠着红色精神的支撑。

---

① 毛泽东选集（第三卷）[M].北京：人民出版社，1991：954.

在新中国成立前后，毛泽东强调要保持谦虚谨慎、戒骄戒躁、艰苦奋斗的作风。之后各行业开展争先创优、道德建设等活动，都极大地促进红色基因在不知不觉中被传承和深化。在"文化大革命"时期，虽然国家机关等遭到破坏，但大部分党员、人民群众等对社会发展始终保持积极态度，党和国家的性质并未改变，始终是在保护前人留下成果基础上实现新的突破。

人们认识到优良传统、作风是胜利的法宝和源泉，自发地崇尚这种优良品质并予以亲身传承，在挫折面前始终保持强烈的使命感和责任感，同时比较注重发挥先进模范作用，发表讲话、出版书籍、写文章宣传模范人物。如毛泽东撰写的《纪念白求恩》等文章，进一步扩展了无产阶级国际主义的内容，高度赞扬白求恩大夫伟大的国际主义精神，在一定程度上扩大了红色精神的影响力和传承力。

1943 年在《关于领导方法的若干问题》一文中，毛泽东论述了从群众中来、到群众中去的工作方法——相信群众、依靠群众、服务群众。20 世纪 60 年代初期强调要保持克服困难的精神。1963 年，毛泽东题词"向雷锋同志学习"，激励各行各业的群众把有限的生命投入到无限的为人民服务之中。1964 年开展的学习大庆油田经验的群众性运动，大力弘扬了公而忘私、奋发图强精神，激励着全国人民自力更生、勇于奉献。

（二）邓小平关于红色精神的重要论述

改革开放后，红色精神处于进一步发展阶段。市场经济发展迅速，社会氛围变得相对宽松，思想获得大解放，但社会主义道路没有变。党中央从国情出发，坚定选择市场经济发展道路；全力推进物质文明建设的同时，注重精神文明建设，自觉抵制外来文化的渗透和腐蚀；学习和宣传模范人物，开展表彰模范活动，提炼总结典型精神。

1. 发扬艰苦朴素和敢于创新精神

1978 年党的十一届三中全会召开后，中国进入了社会主义建设新时期，思想得到极大解放，环境氛围逐步宽松。邓小平强调中国特色社会主义道路不是一帆风顺的，是一个长期的发展过程，需要发扬奋斗精神，埋头苦干，不能掉以轻心。当时针对房子紧张问题，部分人为满足个人利益，出现一些追求奢侈高级住房现象、违反制度搞特殊化现象，邓小平强调："我们必须恢复和发扬党的艰苦朴素、密切联系群众的优良传统。"① 不能因个人利益而脱离群众，影响政府的公信力。"要教育全党同志发扬大公无私、服从大局、艰苦奋斗、廉洁奉公的精神，坚持共产主义思想和共产主义道德。"② 在社会主义道路进一步拓宽、社会主义现代化建设进一步发展的过程中，共产党人的大无畏精神和接续奋斗精神更加凸显。

不可否认，当时也存在一些见利忘义、贪污腐败等现象，但其并未成为主流；相反，在党、国家、社会和群众等的努力下，中国依然保持着优良传统，彰显着中华儿女身上独有的精神气质。求真务实、艰苦创业、敬业爱岗等精神在当时显得更加浓厚。经过近十年的恢复和发展，中国改变了经济封闭状态，经济方面取得巨大成就，生活水平明显改善。

"干革命、搞建设，都要有一批勇于思考、勇于探索、勇于创新的闯将。"③ 改革开放是一场伟大的革命，对内要做好各项体制改革，对外要扩大经济交往，处理好与别国关系，这就需要弘扬大胆创新、敢闯敢试精神，敢于迈开步子，敢于尝试。邓小平强调科技创新的重要地位，鼓励积极进行科技创造，实施创新驱动发展战略，提升国家核心竞争力。

2.加强精神文明建设和爱国主义教育

随着社会进步，邓小平提出继续发扬民主，将民主与集中、法制、纪律等结合起来，做到物质文明和精神文明两手抓。精神文明建设侧重于党风和社会风气的改善，通过纪律教育、理想信念教育整顿作风，保证党组织的纯洁和统一，通过联系群众实际解决问题，纠正不合理行为，严惩犯罪腐败等行为，改善社会风气；激励广大人民保持共产主义理想，培育"四有"公民，其中"有理想"是前提，有共同的理想信念才有可能促使人民群众团结起来，才有可能实现"四个现代化"；提倡"五讲四美三热爱"，寄托青年人成为有道德、有文化、守纪律的人；弘扬以爱国主义为核心的民族精神和以创新为核心的时代精神。

加强民族爱国宣传教育，通过对军队、人民等灌输爱国思想，激励民族气节，增强战斗力和必胜的信心。"中国的事情要按照中国的情况来办，

① 邓小平.邓小平文选（第二卷）[M].北京：人民出版社，1994：217.
② 邓小平.邓小平文选（第二卷）[M].北京：人民出版社，1994：367.
③ 邓小平.邓小平文选（第二卷）[M].北京：人民出版社，1994：143.

要依靠中国人自己的力量来办。独立自主,自力更生,无论过去、现在和将来,都是我们的立足点。"① 处理外交事务时,始终以国家利益为重,坚持独立原则。

(三)江泽民关于红色精神的重要论述

在建设中国特色社会主义实践中,随着对党的认识更加深化,江泽民提出"三个代表"重要思想,将发展生产力和先进文化与人民群众的利益相结合,对中国共产党发展提出更高要求。在继承以往优良传统的基础上,这一阶段红色精神得以快速发展。

1. 发扬爱国主义精神和埋头苦干优良传统

"发扬爱国主义精神,坚持独立自主、自力更生的方针,是中国革命也是中国社会主义建设取得胜利的一条根本经验。"② 在社会主义建设过程中,坚决捍卫民族尊严、国家利益的爱国者汇聚成一股强大的建设力量,不屈服于外来压力,不怕孤立和封锁。积极创造国际条件和国内条件,继续推进对外开放,加快社会主义现代化建设进程。

"在现阶段,爱国主义主要表现为献身于建设和保卫社会主义现代化事业,献身于促进祖国统一事业。"③ 对外方面,坚决抵制国外敌对势力,保持国家主权独立和完整,维护国家尊严。对内方面,爱国主义者赞同、支持"一国两制"方针,在祖国统一大业方面保持立场统一。爱国主义与社会主义是统一的,最大程度地实现人民民主,让人民当家作主。同时,积极开展爱国卫生运动。江泽民指出,爱国主义并非是狭隘的民族主义,实现中国发展既需要弘扬中华优秀传统文化,也离不开世界文明成果。江泽民指出,面对复杂国际局势和国内建设改革任务,要进一步学习和发扬鲁迅的爱国主义精神、坚韧的战斗精神、博采众长和勇于创新的精神。

在现代化建设初期,由于经济形势严峻,改革和建设任务重,资金更多地用于建设。领导干部应带头继续发扬勤俭建国、埋头苦干优良传统,切实解决好改革、发展和稳定问题,营造崇尚节约的社会风气。军队也要发扬艰苦奋斗精神,体谅国家财政困难情况。同时,因长期的和平环境,

---

① 邓小平.邓小平文选(第三卷)[M].北京:人民出版社,1993:3.

② 江泽民.江泽民文选(第一卷)[M].北京:人民出版社,2006:68.

③ 江泽民.江泽民文选(第一卷)[M].北京:人民出版社,2006:121.

军队也要克服纪律不严、队伍松散等现象，加强军事训练，保持军队优良作风。

2.坚持为人民服务宗旨和弘扬科学精神

江泽民强调，在全党进行唯物史观教育和群众路线教育，深刻认识人民群众在社会历史发展过程中的决定性作用，形成相信群众，以人民利益为重，对人民负责、向人民学习的良好氛围。既要考虑工人群众的情况和利益，又要发挥好知识分子的作用，壮大工农力量。江泽民强调，充分保证人权和民主自由，尊重各民族的权利和利益。坚持党的群众路线，要发挥群众在改革和建设中的积极性和主动性。纠正领导干部脱离群众的不正之风，引导领导干部树立正气。坚持全心全意为人民服务的宗旨，就需要加强党风廉政建设，开展反腐败斗争，切实解决群众的难题和问题。

科技创新越来越成为经济发展和社会发展的重要因素，科学的本质就在于创新。实施科教兴国战略，鼓励进行理论、体制和科技等创新。江泽民在中国科学院第十次院士会议上，强调在全党全社会大力弘扬科学精神和创新精神，鼓励人们掌握科学方法进行现代化建设。落实好科教兴国战略，提高我国的科技水平，瞄准科技前沿，实现重点领域的突破。依靠科技创新实现跨越式发展，鼓励原始性创新实现研发攻关。"要坚持党的基本路线，大力弘扬爱国主义精神、求实创新精神、拼搏奉献精神、团结协作精神。"[1]这四大精神是培养科技人才的保证，将其作为科技界的精神文明建设内容予以发扬。科技人员不仅要爱国、维护国家利益，还要尊重客观规律，积极探索创新，在艰苦的工作中加强团结协作，创造有益成果造福世人。

（四）胡锦涛关于精神弘扬的重要内容

21世纪初，处在世纪之交的重要时期。一方面，改革开放和现代化建设取得显著成就；另一方面，面对国际局势变化，国内改革任务繁重。需要保持清醒头脑，扎实做好改革、发展和稳定等各项工作。为解决我国发展问题，实现又好又快发展，以胡锦涛为总书记的党中央形成科学发展观重大战略思想。强调把科学发展观贯穿于各个方面，第一要义是发展，以经济建设为中心，聚精会神搞建设，推进农业、工业等发展。核心是以人

---

① 江泽民 . 江泽民文选（第一卷）[M]. 北京：人民出版社，2006：436.

为本，从就业、社会保障体系、人民群众权益等方面入手，加强人文关怀，保证民生。基本要求是全面协调可持续，促进资源节约、建设良好生态环境、做好人口计划生育工作，实现资源、环境和人口等方面的协调发展，实现政治、经济、文化和社会等方面协调发展。根本方法是统筹兼顾，处理好各类利益关系，调动群众积极性，实现重大突破。此时，红色精神处于开拓阶段。

1. 发扬艰苦奋斗和服务群众精神

胡锦涛强调，我国已进入全面建设小康社会、加快社会主义现代化建设的新阶段，绝不能因当下所取得的成就骄傲自满，而是应该认识到发展社会主义事业的道路还很长、任务还很重，应始终保持艰苦奋斗传统。胡锦涛强调，在贫困地区进行开发扶贫实验中，领导干部要发扬长期艰苦奋斗、扎实苦干的精神，遇到困难要知难而进，不能动摇，不能做表面文章，这样才能办成实事。并倡导积极发扬井冈山精神，将井冈山精神中的实事求是、敢闯新路，矢志不移、百折不挠，艰苦奋斗、勇于奉献精神用于深化改革开放和社会主义市场经济发展过程中。针对当时存在的拜金主义、奢靡之风、淡化艰苦奋斗优良传统等现象，大力提倡越开放越要保持艰苦奋斗、自强不息、与时俱进和开拓创新精神。

胡锦涛强调，积极发扬雷锋精神，把有限生命投入无限为人民服务中，发扬雷锋钉钉子精神，发扬忠于职守、艰苦奋斗精神，为社会主义现代化建设作出贡献。学习和弘扬焦裕禄精神，密切联系群众，全心全意为人民服务；实事求是，讲真话、办实事；艰苦创业，顽强拼搏；廉洁奉公，勤政为民。继承和发扬长征精神，树立和坚定革命理想信念，服从和维护党的正确领导，永葆艰苦奋斗的政治本色，自觉维护革命队伍团结，密切联系和依靠群众。胡锦涛指出，工作中，大力倡导勤奋好学和学以致用、心系群众和服务人民、真抓实干和务求实效、艰苦奋斗和勤俭节约、顾全大局和令行禁止、发扬民主和团结共事、秉公用权和廉洁从政、生活正派和情趣健康八方面的良好风气。同时，中国共产党在长期执政环境下，应增强忧患意识，坚持和发扬好三大作风，即理论联系实际、密切联系群众、批评和自我批评。

2.弘扬民族精神和时代新精神

以胡锦涛为总书记的党中央也十分重视民族精神问题，在继承传统的基础上不断深挖、研究，赋予新的时代内涵。胡锦涛强调，结合改革开放和社会主义市场经济发展的新实践，积极发扬崇高的革命精神和优良革命传统。"广泛开展理想信念教育……大力弘扬民族精神和时代精神，深入开展爱国主义、集体主义、社会主义教育，丰富人民精神世界，增强人民精神力量。"① 加强社会主义思想道德体系建设，对树立社会主义荣辱观提出明确要求。

随着我国综合国力上升，航天事业、外交工作取得重大进展。在全面建设小康社会过程中，胡锦涛强调，要大力弘扬载人航天精神，向航天人学习热爱祖国、为国争光的坚定信念，勇于攀登、敢于超越的进取意识，科学求实、严肃认真的工作作风，同舟共济、团结协作的大局观念，淡泊名利、默默奉献的崇高品质。2008 年，面对突如其来的汶川特大地震，胡锦涛强调，要在全党全社会大力弘扬万众一心、众志成城，不畏艰险、百折不挠，以人为本、尊重科学的伟大抗震救灾精神。这是爱国主义和集体主义精神在新环境下的新发展和新表现，是宝贵的精神财富，应将其转化为推进科学发展、社会和谐的精神力量。面对世界前所未有的机遇和挑战，胡锦涛强调，大力弘扬团结、友谊、和平的奥林匹克精神，加强世界各地交流，建设和平繁荣世界。弘扬上海世博会精神——"弘扬为国争光的爱国精神，全心为民的服务精神，团结协作的团队精神，严谨科学的实干精神，追求卓越的创新精神，爱岗敬业的奉献精神……"② 将其作为社会主义精神文明建设的重要内容予以宣传。

（五）习近平关于红色基因的重要论述

党的十八大以来，习近平总书记非常注重传承红色基因，曾去多地考察，多次提到传承红色基因，形成关于红色基因的一系列重要论述。这是习近平关于其理论阐释和途径创新的逻辑起点，也是大学生传承红色基因首先需要明确的基本内容。在这个继往开来、承上启下的时代，红色基因

---

① 胡锦涛.胡锦涛文选（第三卷）[M].北京：人民出版社，2016：638.

② 胡锦涛.胡锦涛文选（第三卷）[M].北京：人民出版社，2016：471.

时刻启示我们：我们从哪里来，到哪里去。红色基因在新时代的发展要求下，在原有内容的基础上被赋予了新的时代内涵。此时，红色基因处于创新发展阶段，在全国上下致力于营造一种积极向上的红色氛围。这为推进红色基因代代相传树立了一面鲜明旗帜，为新时代做好红色基因传承工作提供了基本遵循，为加强新时代大学生传承红色基因指明了方向。

1. 缘由明晰：红色基因是宝贵精神财富

红色基因之所以得到广泛关注和传承根本就在于它是宝贵的精神财富，是世界文明史中的精髓部分，能让人在其中受到无声教育、洗涤思想、净化心灵。红色基因的作用之大、影响之深，需要我们发扬光大、继承发展。

首先，传承红色基因是时代发展所需。新时代社会环境、人文环境发生巨大变化，但不变的是其中孕育的时代精神。在新环境下，更需要将这种精神财富发扬光大，实现其存在的意义。2013 年 11 月 25 日习近平在山东考察时强调，沂蒙精神与延安精神、井冈山精神、西柏坡精神一样，是党和国家的宝贵精神财富，要不断结合新的时代条件发扬光大。红色基因是一种永不过时的、随时代不断发展的精神因子，是塑造个体、充盈群体的内核，需要根据时代变化加以弘扬和传承。

其次，红色基因是指导个人、组织、社会前进发展的精神保证。"井冈山精神和苏区精神是我们党的宝贵精神财富，要永远铭记、世代传承，教育引导广大党员、干部在思想上正本清源、固根守魂，始终保持共产党人政治本色。"[①] 可见，红色基因是历史发展进程的精神指引；是共产党克服无数困难、实现领导地位和执政地位的重要保证；是共产党员保持清明廉政、为民谋利初心的坚定支撑。只有认识到红色基因的伟大之处，才能发挥红色基因的伟大作用。只有不忘过去，不忘传承红色基因，才能更好走向将来，善于继承才能更好地创新。

最后，红色基因是推动中华民族从站起来、富起来到强起来的重要因素，是保证社会主义事业后继有人的珍贵秘籍，是推动实现中国特色社会主义共同理想和共产主义远大理想的根本动力。在加快推进社会主义现代化建设进程中，少不了红色基因的精神鼓励。有了红色基因，我们就干劲大、

---

① 习近平. 参加十二届全国人大三次会议江西代表团审议时的讲话 [N]. 人民日报，2015-03-07.

信心足。只有传承红色基因，才能保证红色血脉代代流淌、红色江山永不改色。

2.目标明确：实现红色基因代代相传

红色基因是过去延续到现在的优良传统，现在需要传承，将来更需要传承。红色基因是中华文明的组成部分，是一个绵延不断的、源远流长的精神成果。红色基因的目标在于传承，包括军队、党员、学生、群众等各行各业间的传承。

首先，红色基因是从军队中诞生，在革命、建设等过程中实现的。传承红色基因是中华民族发展的一致目标和共同愿望。传承红色基因是打造强大军队的基础，是壮大国家未来希望的前提。2014年4月29日，习近平参观新疆军区红色史馆，叮嘱部队领导，要把红色基因融入官兵血脉，让红色基因代代相传。军队是维护国家安全的一道防线，"我们要传承好人民军队的红色基因，努力培养有灵魂、有本事、有血性、有品德的新时代革命军人，永葆人民军队性质、宗旨、本色。要继承和弘扬我们党和人民军队的光荣传统和历史经验……"[①]。军队是红色基因的发源地和诞生地，是最初形成和凝练红色基因内涵的开端。军队实力是代表一个国家国防力量和国际话语权的重要因素，一支充满精神力量的军队是不可战胜的军队。面对复杂局势，势必要求在军队内实现红色基因传承，打造实力强、精神强的超级武装力量。青少年是国家的未来、民族的希望，是中华民族未来发展的中坚力量。红色基因是把大学生培养成国之栋梁的精神来源，大学生应该从前辈手中接过红色基因接力棒，继续传承给自己的后代，不断增强爱国情、报国志。只有接续更替、系统推进，才会源源不断地为国家、民族发展注入活力。

其次，红色基因传承目标是现实的。红色基因符合人类共同价值追求，是具有价值性的。它强调现实性和实践性，其传承具有一定的外显性和可操作性。树立了传承红色基因这个目标，就会产生动力和信心，将其分解成一个个小目标，督促自己从一言一行中践行传承理念。同时，需要时常反思，总结经验，全力以赴向好的方向前进。这个目标是可实现的，经过

---

① 习近平在江苏徐州市考察时强调：深入学习贯彻党的十九大精神 紧扣新时代要求推动改革发展 [N]. 人民日报，2017-12-14.

世世代代发展、学习和实践，最终会达到传承的目的。

最后，红色基因传承目标是长远的。将红色基因传承作为行动的指引，行动就会有方向、有力量。这个目标是涉及每个人的，不是暂时的、一次性的，不能用短浅目光看待红色基因传承这件事，应该用长远眼光看待。红色基因是民族的，也是世界的；是民族文明成果的延续和民族精神面貌的展现；也是中华民族为世界文明增添色彩的重要部分。红色基因传承既凸显了中华民族的精神魅力，也增强了中华民族在世界的影响力。

3. 价值凸显：实现一切进步的精神源泉

习近平自身就出生于、成长于一个具有浓厚红色家风的环境，所以对红色基因的认识和感触至深，并用实际行动告知我们红色基因的魅力和价值，告知我们传承红色基因在任何时候都不能松劲。

首先，红色基因是一切进步的精神源泉。"革命理想高于天，不怕牺牲、排除万难去争取胜利……有了这样的精神，没有什么克服不了的困难。我们完全由信心有决心有恒心实现中华民族伟大复兴的中国梦。"①红色基因是我们信心的源泉，能够壮大民族力量，凝聚起实现中国梦的伟大力量。红色基因在鼓励、引导我们投入现代化建设方面具有不可替代的作用。目前，改革进入攻坚期、深水区，面对新风险新挑战，面对艰巨任务、难啃的骨头，红色基因可以让我们振奋精神、居安思危，时刻保持警醒。

其次，一个民族需要英雄，同样，一个民族也需要共同的价值共识，而红色基因就是我们中华民族的价值取向。它具有鲜明的精神价值、导向价值和教育价值，会让人在情绪上受到感染，产生心理认同感和趋同感；只有在思想认知上得到提升和升华，并转化为模仿行为，才能不断进取，进一步向道德理想、社会规范靠近。传承红色基因是引导一切社会行为规范的典例，为民族凝聚、社会和谐、国家兴盛提供道德滋养，进一步推动中国特色社会主义事业不断走向新阶段，取得新胜利。

最后，有了红色基因的指导和引领才不会迷失方向和道路。社会主义发展是历史的必然结果，同样，红色基因赓续于血脉、蕴藏于心灵、作用于精神，不仅深藏着社会主义建设取得成功的精神密码，更积蓄着推进事

---

① 习近平在宁夏考察时强调：解放思想真抓实干奋力前进 确保与全国同步建成全面小康社会 [N]. 人民日报，2016-07-21.

业向前发展的深层动力。有了红色基因，就有了克服前进道路上障碍的勇气。要敢于坚定立场，旗帜鲜明地讲政治，自觉拒绝腐朽文化、错误言论的影响，坚定走中国特色社会主义道路，不动摇、不偏离、不变道。在中国共产党的领导下，一定会攻坚克难，一路奋进，实现辉煌。新时代下我们必须始终立足新时代推进中国特色社会主义的具体实践，传承好红色基因。

4.方法创新：利用一切有益红色教育的方法

习近平每到一块红色土地，总是嘱托和殷切期望保护好红色遗迹、传承好红色基因，为红色老区发扬好红色基因传统、学校做好红色基因教育工作等提供了新思路和新方向。要深入挖掘习近平总书记关于红色基因传承的重要论述，从中总结和凝练促进红色基因传承的方法，拓宽红色基因传承渠道，增强传承实效。

首先，发挥红色资源优势，利用红色资源进行红色教育。2013年2月4日，习近平在兰州军区视察时，强调要发扬红色资源优势，深入进行党史军史和优良传统教育，把红色基因一代代传下去。我国有着广大的红色地区，分布着丰富的红色遗迹、红色资源，这些都是历史遗产，都是前辈留下来的财富，都是活生生的教育资源。应该挖掘这些红色资源背后的故事，发挥其中蕴藏丰厚的教育价值；组织常态化瞻仰、学习、缅怀活动，促使学生在浓厚的红色氛围中真实感受红色教育的魅力和说服力，从而滋养心灵、提升精神境界。

其次，发挥红色老区的天然优势，勉励红军后代、革命烈士家属讲好红色故事、做好红色基因的传承和传播，引导人们坚定跟党走。"我们永远不要忘记老区，永远不要忘记老区人民……""……经常听取他们的意见和建议，请他们言传身教，确保革命传统和优良作风薪火相传。"① 老区英模是红色历史的亲历者，身上流淌着红色血脉，是对红色基因感触最深的群体。他们对如何传承好红色基因具有最直接、最信服的建议对策，是红色基因传承最具说服力的模范榜样，对学生具有强大的导向作用。"新中国是无数革命先烈用鲜血和生命铸就的……我们要讲好党的故事，讲好

---

① 全军政治工作会议在古田召开 习近平出席会议并发表重要讲话强调：发挥政治工作对强军兴军的生命线作用 为实现党在新形势下的强军目标而奋斗 [N]. 人民日报，2014-11-02.

红军的故事，讲好西路军的故事，把红色基因传承好。"①老区人民是红色基因的重要创造者和实际践行者，讲好历史故事和历史事件，让学生对红色基因形成完整认知和科学认识。

再次，抓好教育这个主渠道，做好红色基因理论灌输和情感培育。"革命传统教育要从娃娃抓起，既注重知识灌输，又加强情感培育，使红色基因渗进血液、浸入心扉，引导广大青少年树立正确的世界观、人生观、价值观。"②开展红色基因传承主题教育活动，让大学生学思践悟行，鼓励学生坚守初心，勇担使命。"开展主题教育，要让广大党员、干部在接受红色教育中守初心、担使命，把革命先烈为之奋斗、为之牺牲的伟大事业奋力推向前进。"③

最后，讲解"四史"，注重发挥英雄榜样作用。"希望你们多了解中国革命、建设、改革的历史知识，多向英雄模范人物学习，热爱党、热爱祖国、热爱人民，用实际行动把红色基因一代代传下去。"④坚持史论结合，通过讲故事、讲道理，解答学生的疑惑，用真实史料说服、打动学生，坚定学生的历史定力、战略定力。通过缅怀活动，深切感悟精神的伟大，激发内心向英雄靠齐的热情。"……我们要向革命先烈表示崇高的敬意，我们永远怀念他们、牢记他们，传承好他们的红色基因。"⑤营造崇敬英雄、尊崇英雄的良好氛围，唤起学生心底对英雄的崇拜，做新时代的"追星族"。

四、中华优秀传统文化为红色基因传承提供滋养沃土

红色基因不是外来物，而是熔铸在中华优秀传统文化当中的，是历史智慧在时代发展下的新表现。中华文化体现着中华民族世代形成的美好品

① 习近平在甘肃考察时强调：坚定信心开拓创新真抓实干 团结一心开创富民兴陇新局面 [N]. 人民日报，2019-08-23.
② 习近平在安徽调研时强调：全面落实"十三五"规划纲要 加强改革创新开创发展新局面 [N]. 人民日报，2016-04-28.
③ 习近平在河南考察时强调：坚定信心埋头苦干奋勇争先 谱写新时代中原更加出彩的绚丽篇章 [N]. 人民日报，2019-09-19.
④ 习近平给陕西照金北梁红军小学学生的回信 [N]. 人民日报，2018-06-01.
⑤ 习近平春节前夕赴江西看望慰问广大干部群众：祝全国各族人民健康快乐吉祥 祝改革发展人民生活蒸蒸日上 [N]. 人民日报，2016-02-04.

德和优良传统，成为中华民族的文化基因。其中，家国情怀、人文精神、伦理道德等成为中华文化的重要组成部分，影响着民族发展过程和民族品格。中华优秀传统文化是红色基因的"根"，为我们当下红色基因发展提供了滋养沃土。高校有必要从中华优秀传统文化中挖掘文化精髓，在促使新时代大学生获得更高水平的道德指引和实践指向的同时，推动红色基因和优良传统不断赓续。

（一）家国同构的独特情怀

传统社会实行家国同构模式，家是国的缩影。《礼记·大学》中有："物格而后知至，知至而后意诚，意诚而后心正，心正而后身修，身修而后家齐，家齐而后国治，国治而后天下平。"儒家提倡先明确个人目标，来使个人保持清醒、是非分明，在处事中做到真诚，随之修养得以提高，能够把家庭经营好，进而一定会把国家治理好，维护天下太平。在本质上看，前后是相联系的，只有前者的"因"才会有后者的"果"。可以说，家和国是统一的。

从家的方面来说，是以家庭或氏族为单位，形成集体认同、一贯遵循的精神品质和道德素养。在长期的延续、传承过程中，形成一种默认的、隐形的、家庭特有的风尚习气，本质上是一种家风。这种家风往往会通过立家规、定家法、写家书等行为来维持、传承和延续。传统上人们遵从宗法观念，讲究人伦关系和家庭伦理道德。面对父母，注重孝道传统，提倡孝敬、赡养双亲。中国历史上曾出现很多关于"孝文化"的诗词、名言、典故等，如"百善孝为先""父母在，不远游""谁言寸草心，报得三春晖""羔羊跪乳，乌鸦反哺""二十四孝图"等；面对兄友，做到"兄道友，弟道恭"——哥哥要对弟弟怀有友爱之心，弟弟要对兄长恭敬、敬重；做到"长者先，幼者后"——作为晚辈要礼让前辈，要敬老爱老；面对师长，要尊敬和爱戴老师，古有"程门立雪""春蚕到死丝方尽，蜡炬成灰泪始干"，现有"为学莫重于尊师"，"教师是人类灵魂的工程师"等描述。这些良好的道德风尚熏陶着每一个人，植根在老一辈无产阶级革命家和中国共产党人的人生观和价值观中。

从国的方面来说，倡导建功立业、精忠报国，勇于为国尽忠、为国捐躯。可以说，国是家的扩展，将家庭个人的归属感、责任感和荣誉感扩展至集体和祖国，就形成对祖国的认同之感和热爱之情，并愿意为祖国的繁荣发展而奋斗、贡献力量。传统社会中，有诸葛亮"鞠躬尽瘁，死而后已"的伟大精神，勤恳竭力，献出全部精力以求无悔；有曹植"捐躯赴国难，视死忽如归"的爱国决心，为国家正义奔赴国难，视死如归的崇高精神；有陆游"位卑未敢忘忧国"的强烈责任感，揭示了人民与国家的唇齿关系和血肉关系。这些浓厚的爱国之情孕育着随时代变迁的爱国新内容：有周恩来的"为中华崛起而读书"，从小就有振兴中华的远大志向和胸怀；有邓小平的"我是中国人民的儿子……"，始终本着人民公仆的原则，甘愿为人民服务。优秀传统文化中的爱国精神涵养着革命先烈和中国共产党人的为国、爱国情怀，由此形成了中华民族强大的凝聚力和浓重的爱国情感。

从世界的方面来说，将认知范围扩大到对整个自然和人类社会，就会产生对世界的认知，由于民族特点和传统文化的差异而形成独特不一的世界观。如倡导"协和万邦"，即处理公事要去除个人偏好，将统一的好恶用于天下，进而追求邦族和世界的和谐；儒家倡导"大道之行，天下为公"，向往实现"大道"，在共有的天下实现人与人之间和睦、诚信的理想社会；孔子讲"四海之内皆兄弟也"，对人恭敬有礼，天下的人都和兄弟一般；顾炎武认为"天下兴亡，匹夫有责"，维护天下兴盛是我们每个人义不容辞的责任；费孝通怀有"美美与共、天下大同"的美好心愿，通过欣赏个人创造的美、包容欣赏他人创造的美，将这些"美"合在一起，实现大同的"美"。

中华优秀传统文化中的"孝道""忠君""大同"思想涵养着中华儿女的精神品质。如今倡导的家国情怀、爱国主义精神、共同体意识等既与中华优秀传统文化密切相关，又是对这些优良传统的超越与发展。

（二）民为邦本的人本意识

经过长期发展，传统社会中逐渐形成了关心人、重视人、尊重人的精神文化——把人放在重要位置，表现出对人的尊严和追求的维护，肯定人的价值和地位。

孟子提出"民贵君轻"思想，强调人民的地位和重要性，因此提出"得民心者得天下"的说法，肯定人民群众的力量之大，认为人民群众是统治者能否取得天下的关键。我国古代的历代统治者在吸取经验的基础上，励精图治，采取了一系列重民、安民、富民、利民的政策和措施，例如减轻农民的赋税劳役、发展商业经济、兴修水利等措施，以此获得人民的拥护和支持，在贯彻富民等思想的实践过程中形成了治国安邦的道理和经验。

孔子提出"君民如舟水"："舟非水不行，水入舟则没；君非民不治，民犯上则倾。"意思是船离开了水就无法行走，水进入船内船就会沉没；君主没有民众的支持就无法治理国家，如果民众以下犯上就会导致国亡。实则强调君主与民众之间关系既相互离不开，又相互制约，告诫君主治理国家要对民实行仁政，对民仁爱，以此取得民众的支持，进而可以更好地治理国家。荀子在继承孔子"君民思想"基础上，将其加以发展，形成"君者，舟也；庶人者，水也。水则载舟，水则覆舟"的"君舟民水"思想，认为君主是为人民做事的，否则人民可以推翻君主；告诫君主要仁民爱民，不要违背为民服务的天命。

春秋时期，管仲辅佐齐桓公期间，提出"凡治国之道，必先富民"，即但凡想要治理好国家，首先要使农民富裕起来，这样才能更好地实现统治。战国时期，孙膑深谙兵家之法，认为"天地之间，莫贵于人"，在用兵打仗方面，把人放在最重要的位置。汉代司马迁主张"治国之道，富民为始"——治理国家之道首先是让民众富裕起来，顺应民众求富的愿望，实现百姓安居乐业、国家有序治理。明代谢榛提出"从来治国者，宁不忘渔樵"——历来治国者，不应该也不能忘记普通百姓和下层人民，要重视人民，关心民众疾苦。清朝黄宗羲认为"天下之治乱，不在一姓之兴亡，而在万民之忧乐"，天下是否安定，不在于君主"一家之法"，而在于万民，强调要坚持天下为主、君为客的原则，以天下万民的忧乐为本。

古代社会的民本思想强调民众的力量无穷，深刻揭示了重视民众、尊重民意是治理国家、实现长期统治必不可少的条件，这也为之后社会稳定发展、巩固民族团结奠定了基础。当下的人民情怀、以人为本、坚持以人民为中心等内容都是民本思想随时代发展的结晶，是中国共产党成长、走向壮大的基本经验，有助于增强中华儿女的文化认同和民族自豪感。

（三）修身律己的道德要求

中国古代社会追求君子之道、君子之德，注重个人通过提高内在道德修养、培养礼仪礼节，成为道德高尚、品格优良的正人君子，以此满足个人发展、社会稳定要求。人在一定的社会关系中，扮演着不同的角色，与人相处中注重修身正己，使个人的思想、观念、情感和行为等处于最优状态。因此，传统社会在个人精神境界、道德素质养成等方面具有详细而明确的内容。

古人看重礼节，追求崇高气节，知其心、养其性。孟子有"穷则独善其身，达则兼济天下"的善性——穷困时不失德义，得志时不失善性，无论穷困还是富裕，都不应失去君子该有的道德修养。曾子有"吾日三省吾身"，多次检查和反省自身，经过知不足而改之和长期修炼来保持心灵的平衡和精神上的独立。司马迁赞美孔子"高山仰止，景行行止"，即高尚的品德如巍峨的高山让人仰慕，光明正大的行为使人遵循，表现出对美好品德和行为的仰慕和尊崇之情。

古人严格要求自己自觉遵守道德规范，恪守道德，要求凡事做到慎独；坚持"仁义礼智信"原则来处理人与人之间的关系，始终追求做人的道德准则，实现仁义和精神追求。"仁"即仁爱之心，有换位思考、推己及人的能力，有同理心和同情心，做到"己所不欲，勿施于人"；与人为善、择善而从，严于律己、宽以待人。"义"即崇尚真善美，谦虚好学，尊重知识，做到尊贤；注重人与人之间的情义；讲求正直、正义，拥有"富贵不能淫、贫贱不能移、威武不能屈"的浩然正气。"礼"即做事有序、得体，讲究礼仪和礼节，怀有恭敬之心，保持端庄之态。"智"即知识渊博、无所不晓，分得清是非曲直、真假邪正；思维清晰，逻辑缜密。"信"即诚信，言必行、行必果——说到做到，行动有结果，让人信服。荀子提出"君子养心莫善于诚"——君子陶冶性情、提高修养，最好就是对人对事诚心诚意；做到"一言九鼎"——说话有分量、起作用，否则就会导致"人无信不立"——不讲信用就不能在世上立足。

个人品性方面要修身养性，厚德载物，培养"温良恭俭让"的优良品质。"温"即温和、适度，待人得体，切忌性情暴躁、鲁莽，让人不敢接近和交往；做事要适度、学会控制，切忌走极端。"良"即寻求治国的良人和善人，追寻有内在价值的人。"恭"即恭敬、讲礼貌，按规矩来行礼、办事，不可越界。"俭"即表里如一，可以清晰看到两面，现今多使用节俭之意。"让"即怀有谦让之心，推让贤人。

中华优秀传统文化与红色基因两者之间紧密相关。中华优秀传统文化中蕴含着红色基因的本质内容,红色基因内容源自、植根于中优秀传统文化。正是中华优秀传统文化中的精华部分成为中国人民历来保持的高贵品质和宝贵精神,成为中华民族独特的精神标识。党的十九大报告指出,中国共产党从成立开始,不但引领了中国先进文化发展,还是我国传统优秀文化很好的继承者和发扬者。红色文化便是中国传统优秀文化注入马克思主义后发生的完美蝶变,它以中华优秀传统文化为"体",以马克思主义为"魂",开放包容地对待外来文化,在中国革命、建设、改革开放各个历史时期的思想文化领域发挥着引领和主导作用,成为中国社会主义现代化建设的精神动力。

第三章 新时代大学生红色文化精神
教育的重大意义

　　红色文化精神主要源于马克思主义的指导思想和共产主义的崇高理想，它已经深深印在了人们的脑海之中，成为人们精神文化生活的重要依托。红色文化精神不仅有着丰富的内涵，还具有独特的价值功能。大学生红色文化精神教育因红色文化这一特殊的载体而具有鲜明的特征，它具有重要的精神价值和物质价值，这种价值是在长期的德育实践活动中形成、发展并实现的，极大地促进了大学生个体价值的实现和社会的文明与进步。深入开展丰富多彩的大学生红色文化精神教育，对于坚定大学生的理想信念，培育社会主义核心价值观，对于继续高举中国特色社会主义伟大旗帜、同心共圆中华民族伟大复兴中国梦，对于坚定不移地改革开放、扎实推进中国特色社会主义伟大事业，都将产生重大而深远的影响，都具有重要的意义。

　　本章从红色文化的形成入手，梳理了红色文化的发展历程；探讨了红色文化的政治价值和经济价值，重点阐述了红色文化的教育价值；在此基础上，从构筑中国特色社会主义文化软实力、丰富高校思想政治教育资源、促进大学生成长成才等三个层面详细论述了新时代大学生红色文化精神教育的重大意义。

一、红色文化的形成与发展

（一）红色文化形成的实践基础和建构主体

　　在列宁看来，红色文化不是"空中楼阁"，不是凭空产生的。红色文化自身的发展历程，符合历史发展的客观规律，既源于理论的指导，又基于实践的检验。红色文化是中国人民对世界共产主义运动作出的卓越贡献。

毛泽东认为，马克思理论的产生，主要源于马克思和恩格斯两位革命导师"他们亲自参加了当时的阶级斗争和科学实验的实践"①。两位革命导师既是全世界以无产阶级为代表的劳动人民的精神领袖，更是国际共产主义运动的开创者和国际工人运动的领导者。红色文化的形成方式既与马克思主义理论保持高度一致，也有其自身的实践基础与主体建构。

1. 新民主主义革命——实践基点

自鸦片战争以来，中国被卷入西方列强瓜分世界狂潮引发的漩涡之中，昏庸的清廷已经毫无招架之力，仍然有少数先进分子试图通过学习西方先进技术以期"自强、求富"，实现"自救"。戊戌变法、洋务运动等一系列运动失败的原因，归根结底在于封建落后思想的束缚，无法触动"三座大山"的根基。尽管辛亥革命将数千年的中国帝制终结，但在一定程度上而言，这次由资产阶级领导的革命是不彻底的。阿芙乐尔号主炮的怒吼，揭开了十月革命的序幕；十月革命的胜利，为遥远的东方古国送来了希望的曙光。新民主主义革命是由无产阶级先锋队——中国共产党集中统一领导的，高度觉醒了的人民群众为革命主体力量，任务是反对并推翻中国人民身上的"三座大山"，同时也是时间跨度最广、地域范围最宽、影响最为深远、目标最为彻底的一次革命。中国共产党领导人民走上了新民主主义革命道路。中国共产党的诞生，既是历史发展的必然趋势，又是中国人民的自觉选择。实践和事实雄辩地证明，新民主主义革命是中华民族走向伟大复兴必由之路的开端。

新民主主义革命以五四运动作为历史的起点和实践的基点，经历了诸多波澜壮阔的历史事件，以中华人民共和国的成立为终点。新民主主义文化在战火硝烟的实践和洗礼之中实现了其自身的丰富与发展。红色文化源于新民主主义文化，即"所谓中华民族的新文化"②。新文化作为一种客观存在，必然与已经存在的旧文化在一些方面针锋相对，随着新民主主义革命的开展，建立在半殖民地半封建社会基础之上的，为其政治、经济和阶级服务的、既有的旧文化已经无法适应时代的发展。因此，旧文化被新文

---

① 毛泽东选集（第一卷）[M]. 北京：人民出版社，1991：287.
② 毛泽东选集（第二卷）[M]. 北京：人民出版社，1991：665.

化所取代，既是新文化发展的应有之义，也是历史发展的必然结果。毛泽东指出：向着胜利目标前进的中国人民参与革命的具体实践，是"已经复兴了并正在复兴着伟大的中国人民的文化"①的最主要动因。因此，基于历史唯物主义视角进行考察，新民主主义革命为红色文化提供了实践基点。

2. 人民群众——主体力量

人民群众是红色文化的创造者，同时也是红色文化的承载者。恩格斯在《英国工人阶级状况》中就已经高度肯定和赞扬了以无产阶级为代表的人民群众，认为其具有自己的利益和原则，拥有独立的世界观，是推动国家向前发展的强大力量。无产阶级的产生与中国的近代化历程紧密相连。与唯心主义奉行并宣扬的英雄史观不同，彼时，现代工业的无产阶级已有二百余万人，作为新的生产力的代表，五四运动中无产阶级通过组织罢工强有力地支援了学生爱国运动。中国工人运动的斗争形式已由经济斗争上升为政治斗争，中国工人阶级作为无产阶级的杰出代表，以独立的姿态和自信的面貌，作为近代中国决定国家前途和民族命运的重要力量之一，参与革命斗争并推动历史向前发展。无产阶级是人民群众的中坚力量，而人民群众作为红色文化的主体，在中国共产党的发展过程中起到了坚实的阶级基础的重要作用。五四运动既是新民主主义革命的开端，亦是红色文化的源泉。由这一运动升华而来的五四精神，成为红色文化的发端。五四运动中面对着大资产阶级、买办阶级和封建势力的联合恫吓和暴力打压，爱国工人在这一过程中始终表现出不怕牺牲、敢于斗争的行为和气节，标志着中国无产阶级自身意识的觉醒。毛泽东高度赞扬这一阶级在中国近现代革命斗争中的重要领导作用，指出"工业无产阶级人数虽不多，却是中国新的生产力的代表者"②。无产阶级的不断壮大为红色文化的发展提供了广泛而坚定的人民群众基础。

3. 党的百年历程——发展动因

对于世界上任何一个政党而言，倘若缺乏系统的、科学的理论指导，就无法在政党内部和成员之间形成共同的政治理想和坚定的政治信仰。中

---

① 毛泽东选集（第四卷）[M]. 北京：人民出版社，1991：1516.

② 毛泽东选集（第一卷）[M]. 北京：人民出版社，1991：8.

国共产党自诞生以来，以马克思主义为理论指南开展实践活动，为马克思主义赋予了中国元素，形成了红色文化。党团结群众、依赖群众，不断进行自身建设领域的改进和加强。党内民主是党的生命，这是中国共产党成立百年的经验总结。各地区的共产党组织成立之后，中国共产党人开始系统研究并强化马克思主义的宣传力度，以思想舆论阵地依托，同社会上各种反马克思主义思潮开展理论斗争，着力澄清社会上的非马克思主义思想，为人民群众接触到真正意义上的先进思想提供了可能性和现实性，捍卫了马克思主义的真理属性，从而使有觉悟和有志向的人接触到真正的马克思主义。党主动融入各行各业的工人群体，在工人中进行理论宣传和活动组织工作，开始尝试工人运动的探索与实践。在我国波澜壮阔的发展历程中，中国共产党始终是红色文化的擎旗手，旗帜就是前进的方向。中国共产党掌握着马克思主义这个锐利的思想武器，为中国人民实现解放照亮前路、指明方向。

1921 年中国共产党诞生，处于幼年的中国共产党仍然面临诸多考验，首先是如何掌握马克思主义本质的考验；其次是如何将马克思主义在中国进行运用的考验；再次是如何认识中国历史状况和社会现实状况；最后是如何领导中国革命走向最终胜利。如何应对这些考验的关键在于党，在于党如何通过自身的建设实现发展壮大。大革命时期是党自身建设和发展的重要时期，提出了关于自身建设方面的民主集中制原则，首次将"党的建设"突出并加以强调。关于新民主主义革命胜利的现实原因，毛泽东指出，"三大法宝"之一的党的建设——这是革命走向胜利的根本层面上的制度保障，并且将党的建设划分为三个阶段和不同的任务。尽管未知的革命道路布满荆棘，但中国共产党义无反顾地作为无产阶级的先锋队冲锋在前，高擎红旗带领中国人民取得一个又一个胜利。中国共产党以马克思主义理论为思想武器，结合实际国情进行马克思主义中国化，在实践中总结经验、吸取教训，创造性地实现马克思主义的成功运用。党的建设是政治建设、制度建设、思想建设和文化建设四个维度的有机整合，其中文化建设作为党的建设的重要环节，更应体现出党的阶级属性和前进方向。中国共产党诞生在近代社会文化转型的时代背景下，在其领导中国人民开展革命、建设和改革的历程中始终高度重视自身建设和文化建设，在实践中将文化建设不断推向新的高度，一以贯之地坚持探索文化在社会主义革命、建设和改革开放中发挥何种作用以及怎样发挥作用，为红色文化创造了良好的氛围和政治生态，为红色文化的发展提供了动因。

（二）红色文化的发展历程

1. 新民主主义革命时期

在新民主主义革命时期，红色文化的核心表现为：不惧强敌，骁勇善战的革命英雄主义精神。"历史从哪里开始，精神就从哪里产生。"[1]文化的产生和发展亦是如此。红色文化源于近代中国历史上的重大事件——五四运动，这是一场以学生、工人阶层为主要力量的反对帝国主义和封建主义的爱国运动，从客观上推动了马克思主义在我国的传播，工人阶级也在此次爱国运动中第一次以独立的精神姿态登上了历史舞台。工人阶级"是近代中国最进步的阶级，做了革命运动的领导力量"[2]。

俄国十月革命的胜利从理论和实践双重层面直接跨越了社会发展阶段的"卡夫丁峡谷"，将封建帝制的俄国改变为苏维埃制度的俄国，证明了马克思主义的正确性和无产阶级掌握革命理论建立社会主义国家的可行性，为原本寄希望于学习西方资产阶级民主制度进而改良的各种尝试均遭失败的近代中国提供了一种新的革命道路。马克思主义理论亦是中国共产党一以贯之的指导思想。中国共产党的成立，在人类历史、共产主义运动史和社会主义发展史上注定是一个产生深远影响的重要事件，中国革命在历史的发展中自此具有了坚定的领导力量和科学的指导思想。虽然在具体的实践过程中，党的领导是在实践中处于不断检验、不断校验、不断发展的动态过程，但从中国近现代历史发展的总体趋势而言，事实以无可辩驳的正确性印证了党的核心、正确领导地位。相较于当时中国社会存在的其他政治力量或政治联合体，尽管党在成立初期的政治力量相对比较弱小，但正因为"星星之火，可以燎原"，新民主主义革命的星火已经在神州大地上呈现出欣欣向荣的燎原之势，红色文化也由此开始形成。

大革命失败的挫折教训，使幼年的中国共产党认清了国民党反动派的

① 齐彪，邢济萍.中国共产党精神及其谱系探析 [J].前线，2020（11）：5.
② 毛泽东选集（第一卷）[M].北京：人民出版社，1991：8.

真实面目，开始武装反抗国民党反动统治。革命根据地在国民党反动派的"围剿"和共产国际的错误指挥下接连遭受损失，红军被迫进行战略转移——长征。"伟大的长征铸就伟大的长征精神"①，长征精神正是以爱国主义为核心的民族精神的最高体现，无论时代背景如何变化，我们都应当践行长征精神，为崇高的理想信念而矢志奋斗，发扬新时代的长征精神，踏实走好新长征的每一步。

红军长征胜利结束后，中国共产党在以延安为中心的陕北地区建立了稳固的红色政权根据地。在延安的十三年中，党与根据地人民同甘苦共患难，克服陕北地区贫困落后的自然条件和国民党反动派的军事威胁和物资封锁不利因素，从人民领袖到普通一兵，因地制宜地开展了轰轰烈烈的大生产运动，满足了陕甘宁革命边区的物资需求，锤炼了革命军民克服困难、自力更生的乐观主义精神，与光明的中国革命前景相统一，"是党的优良传统和宝贵财富，是党的性质和宗旨的集中体现"②。革命根据地军民、党外人士和国际友人共同见证了延安精神的诞生、发展。延安精神是这一时期中国共产党人精神的风向标。延安精神既是红船精神和长征精神的传承，又是抗战精神的起点，在新民主主义革命时期的红色文化中起到重要的承前启后作用。

九一八事变爆发后，日本侵略者掀起全面侵华战争的狂潮，在面临亡国危险的紧要关头，共产党人摒弃国民党反动派制造白色恐怖的前嫌，一切从大局出发，高声疾呼，发表《为抗日救国告全体同胞书》，呼吁全民族团结起来、国民党反动派停止内战、全体爱国人民共赴国难一致抗日。中国共产党基于民族大义的正确抗战主张获得了包括海外侨胞在内的全体爱国人民的一致认可，历经十四年艰苦卓绝的抗日战争，英勇无畏、视死如归的中国军民在付出 3500 余万人的巨大牺牲代价之后，最终取得了抗日战争的完全胜利，牵制住日本法西斯向海外派遣的绝大多数侵略力量，独自构筑起世界反法西斯战争的东方主战场，有效迟滞了日本帝国主义对亚洲其他国家的疯狂侵略。在伟大的抗日战争中产生的抗战精神，是"中国人民弥足珍贵的精神财富，将永远激励中国人民克服一切艰难险阻、为实

---

① 王刚，李懋君. 长征精神 [M]. 北京：中共党史出版社，2017：27.

② 张金锁. 延安精神 [M]. 北京：中共党史出版社，2017：181.

现中华民族伟大复兴而奋斗"①。抗日战争的最终胜利和抗战精神形成的核心在于中国共产党，既源于对日作战中"中国共产党的中流砥柱作用"②，又源于中国共产党对进步文化工作的领导作用。

全民族抗战开始后，大后方的进步文化工作也开展得有声有色。在中国共产党的组织领导下，文化界的爱国人士提出了文化工作应当围绕"抗战、团结、民主"的创作目标，客观上促进了红色文化的发展。中国共产党通过创办教育机构和文化社团，使马克思主义、毛泽东思想在广大抗日根据地的军民之中得到广泛传播，客观上推动了马克思主义在抗战时期获得更加广泛的群众基础。面向人民群众反映抗战史实的红色小说、诗歌、戏剧、散文、歌曲、绘画作品等大量涌现。抗日战争时期，中华儿女的国家意识和民族意识取得了空前的统一，民族性也深深内嵌入了红色文化之中。

2. 社会主义建设时期

在社会主义建设时期，红色文化的核心表现为：为国争光、为民族争气的爱国主义精神，舍生忘死、向死而生的民族血性。

社会主义建设时期，党和国家面临的主要任务是着力肃清封建制度的残余，实现从新民主主义到社会主义的过渡，在文化层面上，就是要实现社会主义文化的创设、丰富和发展。

新中国成立后，美国纠集了 16 个资本主义国家，出于"决不允许第二个社会主义国家在亚洲出现"、借机绞杀我国新生人民政权的共同政治目的，组成所谓"联合国军"并出兵干涉朝鲜内政，将战火烧到了中朝边境。美军战机入侵我国领空，轰炸我国边境城市造成大量人员伤亡，严重威胁到新中国的国家安全。党中央和毛泽东同志作出中国人民志愿军出国作战重大决策，英雄的中国人民志愿军在武器装备与敌人相差甚远、双方力量极其悬殊的条件下，"首战两水洞、激战云山城、会战清川江、鏖战长津湖"③，历经五次战役，歼灭敌人大量有生力量，痛击敌人的嚣张气焰，彻

---

① 习近平. 在纪念中国人民抗日战争暨世界反法西斯战争胜利 75 周年座谈会上的讲话 [M]. 北京：人民出版社，2020：8.

② 李佑新. 抗战精神 [M]. 北京：中共党史出版社，2017：5.

③ 习近平. 在纪念中国人民志愿军抗美援朝出国作战 70 周年大会上的讲话 [M]. 北京：人民出版社，2020：4.

底挫败了美国政府操纵朝鲜半岛局势的阴谋，打出了新中国的国威、人民军队的军威。对于敌人，他们是冷酷无情的"钢铁战士"；对于人民，他们是奉献一切的"最可爱的人"。在三千里锦绣河山之间，全体志愿军指战员用实际行动共同锻造出伟大的抗美援朝精神。抗美援朝战争的胜利，为新中国的和平发展赢得了稳定的国际环境，使新中国跃升为维护地区和国际秩序和平的重要力量。

"三大改造"的顺利完成，标志着我国进入了社会主义初级阶段。然而国际局势风云变幻，美帝国主义对我国进行核威胁、核讹诈，以钱学森为代表的科研人员放弃在国外的优越条件，毅然回国参与研制工作，克服种种不利因素的影响，在荒凉的西北戈壁"干惊天动地事，做隐姓埋名人"[①]，取得了国防和科技尖端领域的伟大成就，为国家赢得较长的和平发展时期的同时也极大提高了我国的国际地位，在提振我国军工水平、实现国家安全保障的过程中产生了"两弹一星"精神。时至今日，这一精神仍然激励着中国军工、航天领域的科研人员不断向前，实现自我超越。

20 世纪 50 年代中期，百废待兴的新中国开始集中力量进行重工业体系的建设工作，原料和燃料的缺乏成为制约发展的瓶颈，西方资本主义国家妄图通过石油禁运扼杀共和国的工业。党中央和当时的石油部决定开展石油大会战，胸怀报国信念的石油工人群体，成功开采大庆这一世界级特大油田，并在以后的石油勘探开采工作中继续发扬大庆精神，使我国石油供应基本实现了自给自足，为我国建设完整的工业体系奠定了坚实稳固的原料基础。大庆精神是我国工人阶级优良品质和坚定意志的集中展现和生动诠释，在社会主义建设的火红年代，这一精神激励着工人阶级不断前进，在社会主义建设的各个领域和各个行业贡献出自己的力量。

中华民族在历史长河中积淀出的一项传统美德是乐于助人，在社会主义建设时期雷锋同志将对党和人民极高的热忱转化为具体行动，将这一传统美德升华，在实践中形成了雷锋精神。这一精神是在雷锋同志短暂而又伟大的一生中，在践行全方位的服务意识的基础上产生的。雷锋作为一名意志坚定的共产主义战士，始终对马列主义和毛泽东思想具有坚定的信仰，

① 大型文献专题片《我们走在大路上》创作组. 我们走在大路上 [M]. 北京：人民出版社，2019：81.

对人民群众怀有热切深刻的阶级感情，对人生目标和价值实现具有清醒正确的认识，正因如此，他才能够从普通一兵成长为全民族敬仰学习的楷模。伟大出自平凡，正是因为在全社会中有千千万万个雷锋，我国社会主义事业才能取得今天的成就。雷锋精神是当今社会志愿者精神的雏形，志愿者就是一个个"活雷锋"。

20世纪60年代，中原腹地的林县人民深受缺水问题的困扰，水资源短缺进一步限制了当地的发展。为了彻底改变长期以来缺水的状况，当地领导班子毅然决定广泛发动人民群众，用十年左右的时间凭借着双手和简单的劳动工具开凿出被誉为人工天河的"红旗渠"。时至今日，红旗渠的给水灌溉功能依然正常运转，并且生态旅游价值也愈发凸显。自力更生、艰苦创业、团结协作、无私奉献的红旗渠精神，是人民群众愚公移山般坚定意志的生动展现，也是我党密切联系群众，一切从实际出发优良作风的集中展示。

2019年，中共中央宣传部遴选出"庆祝中华人民共和国成立70周年优秀歌曲100首"，其中于社会主义建设时期创作的歌曲数量高达29首，其中绝大部分在当代仍然广为传唱，在一定程度上反映出红色文化经久不衰的艺术魅力和精神价值。歌曲是一个时代中人民群众内心最为真实的情感表达，一首红色歌曲，就是一段波澜壮阔的生动历史。社会主义建设时期涌现出众多反映红色文化的文艺作品，无论是在质量上还是数量上均达到较高水准，其中许多作品至今在人民群众之中仍然广为流传，既彰显出红色文化经久不衰的时代魅力，更凸显出新中国和中华民族的文化创造能力和水平。这些真正反映人民群众投身革命与建设实践的文化作品之所以总能够得到广大人民群众的认同、喜爱，经久不衰并成为红色经典，原因在于其触动了民族的灵魂与人民的神经，直达人民群众内心深处，激发了强烈的情绪共鸣感和民族自豪感。

3.改革开放新时期

改革开放新时期，时代主题围绕着经济建设全面开展，红色文化的发展在面对不断涌入的外来文化时难免稍逊一筹，但是从总体上来看，红色文化并没有完全销声匿迹，而是更多地表现为一种在和平发展时期催人奋进的精神力量。

改革开放初期，为维护边境安全，我国发起对越自卫反击战。在这次战役中，各参战部队表现出不怕牺牲、勇往直前的战斗精神，实现了对革命先烈精神的传承弘扬，战斗英雄和战斗集体身上表现出的英雄气概，构成了这一时期红色文化的精神内核，特别是涌现出众多的相关主题文学文艺作品，丰富了这一时期的红色文化体系，为中国人民的精神世界带来了充沛的营养，成为激励人心的重要精神力量。

1998 年夏季，罕见的特大洪水是 20 世纪末中华民族面临的一次巨大考验。在堤坝渗水的危急时刻，人民子弟兵毅然决然跳入洪水之中以血肉之躯筑起阻拦洪水的屏障，再一次生动展现了军民鱼水情。这场抗击洪水的战役，向全世界展现出中国共产党、人民军队和中国人民的"一方有难、八方支援"的坚毅品格和良好风貌，丰富了民族精神和时代精神的内涵。

2008 年"5·12"汶川大地震发生后，以人民军队、医务工作者、志愿者为代表的各种救援力量不顾余震危险挺进震区，人民军队再次展现出和平时期抢险救灾先锋的重要作用。事实证明，没有什么灾难能够压垮英勇顽强的中国人民，中国人民有信心在坚韧品格的引导下克服任何艰难险阻，向着既定目标继续前进。抗震救灾精神已经成为红色文化在这一时期的重要元素之一。

4. 社会主义新时代

2020 新年伊始，新型冠状病毒肺炎在华中爆发并向全国范围蔓延，广大医务工作者放弃和家人团聚，面对未知的风险和缺乏参考治疗方案的不利条件，主动请缨、不计报酬，驰援疫情重点地区，各行各业坚守岗位确保物资正常周转、有序开展，共同筑起一道人民防线，彰显出我国社会主义制度的优越性，展现出中华民族团结一心、众志成城的精神面貌，是红色文化在新时代的发展。

2020 年习近平在陕西考察时深入浅出地阐述了"西迁精神"的具体内涵。新中国成立初期的交大西迁，是党和国家领导人对于我国高等教育事业和国家纵深层次发展的长远规划，交大人由黄浦江畔迁建关中腹地，助推并提升长时间以来我国内陆地区教育事业的发展水平。"西迁精神"体现出我国高等教育工作者学以致用、矢志报国的家国情怀，克服困难、艰苦奋斗的研学品格，服从大局、献身使命的高尚德行。"西迁精神"在我国高等教育蓬勃发展的今天具有重要的精神导向和价值导向作用，有力回答了如何从各个方面"办好人民满意的教育"这一高等教育面临的现实课题，是对于现时状态下高等教育实现更高层次发展的积极启示。

《中华人民共和国英雄烈士保护法》、"革命文物保护利用工程"等一系列法律法规的出台将红色文化的保护上升到法律层面，填补了长期以来红色文化缺乏法律制度作为支撑的空白，为红色文化的保护传承工作提供了有力的法制保障，对打击处理污名化红色文化的不法分子提供了有效的法律依据。全国范围内开展革命遗址的普查备案工作对各种形式的红色文化的保护更加全面，对红色资源的开发日趋深入。革命老区的红色文化旅游成为我国文旅产业的一个新兴增长点，通过红色之旅重温革命历史唤起整个民族的精神记忆，实现了提升经济效益和红色文化传承的双赢。

党的十八大以来，习近平率先垂范，频频参观红色纪念场馆，追忆一个个感人至深的红色故事，显示出党和国家领导人对于红色文化的高度崇敬和重视。领袖的行为对于人民群众起到了模范表率作用，能够更好引领人民参观红色纪念场馆，接受红色文化教育。2021 年 3 月 30 日，习近平对革命文物保护工作作出重要指示，强调："加强革命文物保护利用，弘扬革命文化，传承红色基因，是全党全社会的共同责任。"[1] 习近平的讲话彰显出党和国家领导人对于保护革命文物和弘扬红色文化的高度重视，凸显出中国共产党人对于保护革命文物和弘扬红色文化的责任担当，是做好新时代背景下革命文物保护工作的根本遵循。革命文物的独一无二、不可复制和客观存在等特征使其具有印证历史的功能。

二、红色文化的价值

在人类社会演进的历史进程中，文化既是社会化大生产高度发展的物化的思想结晶，又是中华民族赖以自强自立的精神支柱。经历了革命战争年代炮火洗礼和鲜血浇灌的红色文化是一种先进的文化，是当今中国特色社会主义不断前进的主心骨、精气神、发动机。所谓价值，是指事物本身

---

① 习近平对革命文物工作作出重要指示强调：切实把革命文物保护好管理好运用好 激发广大干部群众的精神力量 [N]. 光明日报，2021-03-31.

所蕴含的一种内在有用性，这种客体有用性或者主体价值性是在其进入人类世界之后所产生的一种社会属性。红色文化的价值问题，就是指红色文化这种客体文化相对于红色文化主体的意义存在问题，总的来说就是指红色文化自身所蕴含着的、对社会全面进步和健康发展的积极促进作用。具体来说，又可以从政治价值、经济价值、文化价值、思想价值等方面做深入探讨。

（一）红色文化的政治价值

"政治文化"这一概念是由美国著名的政治学家加布里埃尔·A. 阿尔蒙德（G.A.Almond）首先提出。所谓政治文化，是指处在特定历史时期，由特定历史环境和历史条件所塑造的，有着系统的组织结构、健全的规章制度、特定政治目标的政治共同体所形成的政治理念和共同认可遵循的社会价值观念。作为一种政治现象的政治文化，属于人们主观意识的范畴，是处在特定历史阶段的政治共同体对特定历史条件下的政治历史、政治现实和政治实践的主观能动反映，是政治共同体集体隐性内在的行为模式。它集中体现了组织成员对自身所属政治团体政治文化的心理认同和情感支持。它又是第二性的：因为客观的政治实践对政治文化的生成和发展起着决定和导向作用，所以，特定历史时期的政治实践是第一性的，二者统一于马克思的历史辩证法。政治文化是在特定的历史时期所形成的一整套系统性、逻辑性的政治态度、政治信仰、政治理念以及政治情感，这种态度、理念、信仰、情感又赋予了特定历史阶段的政治历程以严肃的秩序和伟大的意义，这一整套的系统性和逻辑性使得在特定的政治系统中居于主导地位的政治行动有了存在的基本前提和规则假设。

红色文化是一种政治文化，其政治价值在红色文化价值体系中居于主导地位。红色文化是中国共产党革命生活的历史积淀，伴随着中国共产党的成长，其价值内涵不断丰富。红色文化的形成昭示了中国特色社会主义建设的历史必然性，是指导新民主主义革命走向胜利和社会主义现代化建设取得成功的重要法宝。红色文化是具有中国特色社会主义先进文化的源头，红色文化传承的宝贵思想内涵和精神指向具有重大的政治价值。红色文化是个人政治行为有效性和可控性的调控指南，极大地丰富了当今中国人民的政治情感，昂扬了中国人民的精神风貌。红色文化为作为政治共同体的集体提供了赖以存在和发展的政治理念和系统性架构，有力地保证了政治体系的各种体制和组织的连贯运作，深刻地影响了当今中国社会的政治格局。①它集中反映了作为执政党的中国共产党的政治理念、政治思想和政治作风，是中国共产党政治文化形态最集中的体现，是巩固中国共产党意识形态领域执政地位的伟大政治工程。红色文化的政治价值具体表现为传播政治理念和政治信仰、规范政治行为、培养造就政治人才、和谐稳定政治关系、推动政治发展等作用。

（二）红色文化的经济价值

对于红色文化资源有无经济价值，即能否产生促进一国经济的不断增长、社会的和谐稳定、满足人民群众不断增长的物质和精神需求的效应，存在一些争议。持否定观点的学者认为红色文化资源的生产领域主要是精神性生产，不可能产生物质价值；或者认为红色文化资源仅仅是通过对政治上的上层建筑的反作用进而对生产力产生影响，因此，红色文化资源的作用并不是真正意义或者是直接意义上的作用。持肯定观点的学者认为红色文化资源的经济价值并不是指其自身所蕴含的价值形态，而是指在社会主义市场经济条件下红色文化资源经济价值的衍生形态。从以上两种不同观点可以看出，对于红色文化资源经济价值的争议焦点主要是作用方式上的分歧，而并不否认红色文化资源具有经济价值的潜在品质。

红色文化资源经济价值的生产、分配、交换、消费、供给和投资等方面的内容，淋漓尽致地体现在社会主义市场经济社会生产运动的基本规律之中，并同它们共同构成了红色文化资源经济价值的经济学理论。在对社会生产运动的过程进行分析时，马克思曾指出："生产制造出适合需要的对象；分配依照社会规律把它们分配；交换依照个人需要把已经分配的东西再分配；最后，在消费中，产品脱离这种社会运动，直接变成个人需要的对象和仆役，供个人享受而满足个人需要。因而，生产表现为起点，消费表现为终点，分配和交换表现为中间环节……"②根据马克思提出的这一

---

① ［美］罗纳德·H. 奇尔科特. 比较政治学理论新范式的探索 [M]. 北京：社会科学文献出版社，1998：240.

② 中共中央马克思恩格斯列宁斯大林著作编译局编译. 马克思恩格斯选集（第二卷）[M]. 北京：人民出版社，1995：7.

基本理论不难发现，红色文化资源的生产和消费同社会生产运动的原理高度契合，红色文化资源的生产对红色文化资源的消费具有决定作用，为消费红色文化资源的消费者提供消费对象，反过来，对红色文化资源的消费又支持了红色文化资源生产的不断发展，是红色文化资源生产进一步向广度和深度持续拓展的原动力。红色文化资源的生产是指红色文化产品与红色文化商品的系统形成过程，是有关红色文化精神纯粹性物态化的创作过程，经历了原创性红色文化生产和物态化红色文化生产两个阶段。第一阶段的原创性红色文化生产包括两种类型。第一种类型是指革命领袖、广大投身于革命的积极参与者在红色文化的革命实践过程中所留下的革命印迹，例如，红色革命纪念地以及革命战争年代使用过的物品和各种证件，等等。第二种类型是指红色文化军事家、理论家根据当时的革命实践形势，进行的创造性的精神生产活动和革命斗争活动，具体表现为对当时的革命实践活动进行的策略性的整体指导、经验性的教训总结，从而产生的一系列的革命理论和生产理论。这是整个红色文化资源生产的前形态，也是红色文化资源生产的核心环节，它从根本上决定着红色文化资源经济价值的存在、发展和总体走向。创造性地运用社会化生产工具将第一阶段第二种类型的原创性红色文化产品进行加工、制作，进入流通领域。在等价有偿的市场交易原则基础上，用于交换的红色文化商品是第二阶段的红色文化资源的生产方式。作为一种文化商品，它具有极强的社会主义市场经济的功利属性和客观色彩，它的生产规律受社会化商品生产规律的制约，社会主义市场经济的价值规律从根本上规定着红色文化资源经济价值高低的整体趋势。原创性红色文化资源生产起初仅仅是用于革命传统和思想道德教育层面，后来随着社会实践的深入发展，人们物质层面的消费需求得到了前所未有的极大满足，这在很大程度上推动了人们的消费形态向更高层次的文化消费层面转化。原创性红色文化资源生产的红色文化产品，除了极少数的某些革命文物进入市场进行交易之外，处在这个阶段的红色文化产品仅仅是具备了市场经济价值得以实现的前形态，它还不是目的性的、专门用于交换的纯粹商品，其经济价值的最终实现必须经历物态化的中间环节并作用于不同主体之间的等价有偿交换。只有真正地经历了这个过程，红色文化资源才完整地具备了经济生产上的价值意义。从第一阶段的原创性红色文化生产到第二阶段的物态化红色文化的递进，标志着红色文化生产由单一的思想政治教育模式向社会主义市场经营模式的转变，不断地推动着红色文化资源的市场化进程，从而产生了新型的红色文化资源产业型经济。

对红色文化产品和商品的个性化消费彰显着我国当前社会不断发展的文明性时代特征，是中国特色社会主义社会发展的动力源泉之一。它是我国人民群众为了满足日益增长的精神需要，采用不同的方式享受红色文化消费品精神品质的内在过程；它是红色文化资源生产经济价值市场化的体现；它是红色文化资源商品化运动的价值变现方式；它是我国红色文化资源社会化生产过程中不可缺少的重要环节之一。当前我国人民群众对红色文化的消费主要呈现出如下两个特点：第一，红色文化消费的精神性。消费是指人为了实现其自身的发展，积极主动地同外在的自然界和人类社会所进行的一种物质交换过程。按照主体和客体这种分类方式，红色文化消费是指作为红色文化主体的消费群体，对作为红色文化客体的红色文化消费品和红色文化性劳务的占有以及使用方式，这种消费过程不得不借助于一定的物质媒介，如红色旅游纪念地、现代化的视听设备等。但是这个过程消费的具体内容则是精神性的，那些外在的物质产品是红色文化精神纯粹性的物质载体，是人们借以实现红色文化精神性消费的手段，通过这些手段的运用人们可以获得知识的丰富、榜样的力量、思想的启迪以及精神的升华。人的发展不仅仅要关注"野蛮其体魄"，同时更要强调"文明其精神"，对红色文化产品和商品的消费有助于全国人民群众精气神的极大提升，保持积极健康的精神状态。由此可见，红色文化消费与普通的物质消费相比较，极大的精神性消费的特点是非常突出的。第二，红色文化消费对人的灵魂的塑造性。红色文化消费是精神性消费的一种形式，它能够坚定人们的信念，树立远大的理想，提高人们的思想道德素质和科学文化水平，完善人们的人格，从而促进社会主义精神文明建设的深入发展。和精神性消费相对应的物质性消费，主要是用于弥补人体生理机能的损耗以及身体所需能量的再供给，物质消费品的价值随着消费过程的终结而得以实现。而精神性消费则不同，其自身的价值不会随着消费过程的终结而立刻给予显性的体现，这中间可能会有很长的一段时间间隔。这种精神性消费对人的灵魂的塑造，对人们的世界观、人生观、价值观产生了深远的影响，并在很大程度上保证了社会生产力在更高的水平上被源源不断地生产出来。由此可见，红色文化的精神性消费对我国社会主义精神文明建设具有重要意义。

人类社会是由特定历史阶段所产生的经济、政治和文化三种文明形态相互作用而产生的有机整体。根据"经济基础决定上层建筑"的基本观点，经济是这三种文明形态中起决定作用的因素，政治是经济的集中体现并保证经济的健康运行，文化作为上层建筑的一种重要存在，积极主动地给予经济和政治以巨大的影响，并全面反映一定的经济和政治。文化是世界经济健康运行的前提条件，文化是世界经济运作的重要方式，文化是世界经济井然有序的内在保障。文化与经济"合则两利，分则两伤"。红色文化是中国特色社会主义经济持续健康发展的重要组成部分。对于红色文化的经济价值，从本质上我们可以将其解读为：实事求是、与时俱进、创造性地将马克思主义基本原理所蕴含的科学的世界观、方法论内化为人们的思想道德修养和科学文化素质，并将这种理念作为其内在的行为准则，不断增强人们对世界的认识能力和改造能力，以期最大程度地调动行为主体的积极性、主动性和创造性，从而为我国社会主义市场经济的健康运行提供不竭的精神动力和智力支持，促进其又好又快地稳定发展。

（三）红色文化的教育价值

社会主义核心价值体系在我国诸多价值体系中居于核心和主导地位，发挥着其他价值体系不可替代的导向作用，是我国社会主义初级阶段价值体系的活的灵魂，决定着整个社会价值体系的价值原则和发展走向。社会主义核心价值体系的价值指向和红色文化的精神内涵承自一脉。红色文化作为一种在革命文化的土壤中生长同时又超越了革命文化内涵的新文化形态，是中国人民在中国共产党的领导下不断进行实践文化变革运动的产物，生动地呈现了中国在中国共产党领导下不同层面、不同维度、不同视角的新特点，是我国社会主义先进文化的有机组成部分。红色文化作为一种先进的文化，不仅弘扬了社会主义的道德理性和精神文明，同时也折射出了革命先辈们的崇高理想和爱国情感，并及时地回应了当今时代的精神期盼。伴随着社会文化的多元并存和快速转型，红色文化以其源远流长的深厚内涵对广大青少年社会主义核心价值观的形成具有积极的影响作用。

1. 理想信念的导向作用

人的灵魂必不可少的组成部分包括理想信念、意志和欲望。理想信念是支撑人的灵魂的精神支柱，是思想道德观念的根基。理想信念是人类区别于动物的一种特殊的存在方式，是人类面临生存和发展等一系列现实问题时的精神抉择，是人们在客观实践中形成的具有现实概率性的、对未来的不懈追求和无限憧憬，是人们的世界观、人生观、价值观在人生美好愿景上的集中展现，是人生价值得以实现的基本前提和逻辑起点。理想信念对人的行为模式具有导向、维持和激励作用，人只有以理想信念为基本前提和根本出发点，才能在现实自我的必然性、不完美性和有限性中不断超越与沟通无限可能的未来世界，从而提升实践中生活质量和自我生命的自在性，趋向于人生终极价值的实现。

社会主义市场经济的全球化不可避免地带来了多元文化的价值冲突、利益格局的复杂化以及人们的生活方式普遍世俗化，部分人民群众尤其是广大青少年的理想信念呈现出物质化和庸俗化的特点，有的甚至漠视理想信念。邓小平同志曾指出："我们一定要经常教育我们的人民，尤其是我们的青少年，要有理想。为什么我们过去能在非常困难的条件下奋斗出来，战胜千难万险使革命胜利呢？就是因为我们有理想，有马克思主义信念，有共产主义信念。"[1]理想信念在很大程度上决定着广大青少年的前进方向，同时也是其积极投身于中国特色社会主义现代化建设的强大精神动力。大学时期是广大青年理想信念形成的关键时期，全面深化的市场化竞争压力和错综复杂的利益关系格局，使广大青年的想法更加切合实际。他们往往更愿意将自己的价值取向和目光投向具体的现实关怀而不是道德的说教和抽象理论的侃侃而谈，他们视野开阔，价值观念更加趋向于多元化；他们思维敏捷，关注自我，寻求自我认同的自主意识往往也更加强烈，有着极为迫切的成才愿望；他们的做事风格注重实际效果，蔑视形式主义，力求方法简单、实用可行。近些年来，青少年违法犯罪案件较之以往有所上升，其根本原因就在于部分青少年理想信念的错位和缺失，没有把为人民服务、为社会创造财富、为国家奉献价值同自己的人生奋斗目标相结合，反而在

---

① 邓小平. 邓小平文选（第三卷）[M]. 北京：人民出版社，1993：110.

很大程度上基于对个人主义和自由主义的片面理解纠缠于个人利益、个人私情之中。更为严重的是，西方高度发达的物质文明和文化产品凭借其靓丽的外衣和引领时尚潮流前沿的优势地位，极大地迎合了在市场经济条件下某些青少年唯物至上的价值取向，使他们对西方世界公民的生活方式产生了无限的向往，并爱屋及乌地将这种物质文明表层夹杂的价值观念错误地当成自己追求的终极价值目标，最终形成了一股轻视马列信仰、共产主义理想和民族精神的潜流。如果任由这种状况持续恶化下去而得不到及时纠正，将有可能使我国的青少年丧失崇高的理想信念。实践证明，对时尚潮流和高度发达的物质文明的追求并非必然排斥红色文化所蕴含的崇高理想信念和精神内涵，也不会让红色文化理想信念的教化功能丧失原有的生命和意义，问题的关键就在于广大青少年如何由表及里、如何去伪存真、如何以一种透过现象看本质的敏锐洞察力分析西方高度发达的物质文明背后真正隐藏的价值观本质，并能够历史地、理性地结合我国当下的具体国情和发展阶段作出客观的评判。我们不得不承认的一点就是，"西方国家正在打一场没有硝烟的第三次世界大战"[1]，所谓没有硝烟的战争就是对社会主义国家的"和平演变"。一个国家、一个民族如果丧失了其赖以生存的昂扬的民族精神，就会失去凝聚力和生命力。因此，加强广大人民群众，尤其是广大青少年的理想信念教育不仅很重要，而且很迫切。

红色文化既有特定历史阶段的特定内涵，又有与时俱进的价值传承和强大的现实生命力。如何使人民群众，尤其是广大青少年很好地理解和接纳革命先辈的思想主张和行为方式，必须对红色文化资源所蕴含的深厚价值内涵进行有意识的提炼，最终创造出符合广大青少年认知规律和认知需求的红色文化产品。红色文化深入骨髓的内在理想信念是红色精神的有力表征，意味着理想价值的情愫追求。它的价值不仅仅关注表层的知识性和经济性，真正的主张在于其先进性、革命性和导向性。红色文化集中体现了中华民族优良的民族传统，是中国共产党在风云变幻的革命战争年代形成的宝贵精神财富。它折射出中国共产党崇高的理想信念，即以马克思列宁主义为指导，以共产主义理想为奋斗目标，最终促使自主、公平、公正、

---

① 邓小平.邓小平文选（第三卷）[M].北京：人民出版社，1993：344.

平等的价值观念在中国的逐步生长和确立。中国共产党自 20 世纪 20 年代成立之日到社会主义建设时期经受住了各种考验，坚定了共产主义理想，坚持了正确的革命导向，就是因为有着崇高的理想信念。在人们的思想观念受到部分冲击的当下，为了引导广大青少年树立中国特色社会主义理想信念，引导广大青少年树立正确的世界观、人生观、价值观，从而使广大青少年能够自觉地树立马克思主义信仰，发挥红色文化对理想信念的教化作用意义重大。特别是在多元社会思潮相互激荡、社会主义运动在国际上暂时处于低潮期的现实历史条件下，深入学习和理解红色文化、战争年代马克思主义革命者的英勇事迹等，有助于广大青少年树立崇高的共产主义理想信念，使他们成为合格的社会主义事业建设者和接班人。

2. 思想道德的教化功能

先进文化的发展进步并不会直接促进人类思想道德水平的提升，但是先进文化是道德进步的直接动力。一个人、一个团体、一个民族、一个国家的道德修养程度以及道德自觉性与其所接受的文化知识种类和性质有着密不可分的内在联系。马克思主义认为，思想道德不是超历史、超现实的、不切实际的抽象存在，思想道德从本质上而言是一种历史现象，是一种社会意识形态。道德是人们在社会交往过程中形成的与人为善的精神境界和思想规范。爱因斯坦曾经把道德描述为"一切人类价值的基础"和"人世间罕见的无形力量"。红色文化是中国特色社会主义先进文化的重要组成部分，是社会主义道德文化形态的鲜明表征，是一套系统的道德规范和行为准则。红色文化所孕育的中国特色社会主义道德观，产生于中国共产党带领广大人民群众认识世界、改造世界的革命实践过程和理性思辨过程之中，建立在人类文化知识科学发展的基础之上，最终在马克思主义的科学信仰中升华。全心全意为人民谋福祉、集体主义、爱国主义是中国特色社会主义核心道德观。当代青少年要想在社会主义现代化建设的历史实践中有所作为，就必须将个人的价值追求同国家和人民的需要结合起来。

一是有利于增强思想政治教育的实效性。文化的生命力和战斗力在很大程度上取决于对客观实践提出问题的关注和回应。建设社会主义现代化的过程中所遇到的各种实际问题，就是红色文化传承的着眼点和出发点。在教育被普遍制度化的今天，对广大青少年的德育工作不同程度地存在着德育目标高端化、完美化，德育内容知识化、说教化，德育形式机械化、僵硬化的倾向；用高位阶、贵族化的道德标准苛求广大青少年，过分强调"理想"和"超越"，脱离广大青少年的生活实际，不仅难以被广大青少年所接受，还会产生逆反心理。现在的青少年们思维敏捷、思想活跃，采用硬性的灌输式教育，忽略知识性和趣味性的有机结合，不可避免地会导致广大青少年对思想政治教育产生厌倦情绪。除此而外，一个很重要的原因就是马克思主义思想政治教育者的素质参差不齐，例如有的教师"西化"气息较浓，还有的甚至是"全盘西化"，本本、主观地站在西方资本主义国家的立场来审视马克思主义理论，忽视了我国的基本国情，生搬硬套、误传误导；有的教师把教学当作养家糊口的谋生手段，缺乏对马克思基本原理、基本观点深入、系统的研究和反思，以至于鹦鹉学舌，这些都严重影响了思想政治教育的感召力和吸引力。因此，我们要以广大青少年的认知规律为出发点，依托红色文化的特点和育人品质，注重广大青少年的切身体验和感悟，切实加强红色文化德育功能的实效性。利用红色文化资源内涵的丰厚性和表现形式的多样性，理论渗透和实践教育相结合，可以有效地弥补广大青少年思想政治教育内容枯燥、形式生硬的不足。社会环境是思想道德教育的现实前提，通过参观红色基地、演绎红色经典、服务革命老区等各种实践体验式的红色文化教育活动，能够使广大青少年切身体会到红色文化深刻的思想内涵和高尚的道德情操，使他们在潜移默化中受到感染，在情不自禁中接受熏陶。

二是有利于树立正确的世界观、人生观、价值观，塑造健康的人格。广大青少年树立正确的世界观、人生观、价值观，离不开红色文化这一难得的精神财富。在当前的转型时期，多元文化和多元价值观不断激荡和交融，广大青少年在道德发展、自我定位、价值取向方面处于一定的两难境地。随着社会主义市场经济体制的逐步建立和完善，"无能是一种罪过"等偏激的竞争意识使广大青少年前所未有地关注自身素质和能力提高。但是由于拜金主义、享乐主义、自由主义等西方思潮的影响和广大青少年断章取义的错误理解，使他们中的一些人在追求自我价值实现的过程中，迷失信仰、急功近利、社会责任感淡化，这一切不得不引起我们的警惕。英国的教育家约翰·洛克（J.Locke）曾说过："没有什么东西能像榜样这样温和而又深刻地打动人心。"① 应既深入挖掘红色文化历史人物中的英雄领袖在重大历史事件中的重要作用，又通过普通群众的先进事迹揭示人民是历史的创造者的真谛，使历史实践更加鲜活和丰满。红色文化精神教育就是通过榜样的力量吸引人、感化人、塑造人，这些不仅有利于广大青少年了解历史、熟悉历史，同样还会让受教育者见贤思齐，思想上受到震撼，情感受到感染，最终逐渐地形成正确的世界观、人生观和价值观。

三是有利于激发强烈的爱国情感。广大青少年大都出生在条件相对优越的改革攻坚期，或者是改革开放所取得的丰硕成果正在普遍惠及广大人民群众的历史时期，他们没有经历过历史和政治上的大动荡，也没有经历过经济条件上的起伏不定，对于艰苦奋斗的过往生活感受不深、考虑不多。同时，在对广大青少年的教育中，传统教育严重弱化、甚至缺位，部分青少年对中华民族的优良传统和革命传统知之甚少，对革命先辈的艰难历程麻木不仁，对来之不易的幸福生活熟视无睹，还有很多人甚至已经淡忘了我们的革命先辈。"人类的情感是追求真理的强大动力，没有人的情感，就没有也不可能有人对真理的追求。"② 情感已经名副其实地成为人们外在行为的调控机制。具有积极向上的健康情感，不仅是事业成功的必要条件，也是人们能够健康成长的重要前提。有了健康的情感，才能够不断增强人们对高度发达的物质文明和精神文明提出的新的现实要求。情感是促使人们发现真理、认识真理、追求真理，并按照真理自觉规范自己行为的内在动力。积极健康的情感离不开先进文化的熏陶。红色文化是中国特色社会主义先进文化的有机组成部分，具有体验性和教化性相统一的特质，能够使人们的情感得到陶冶，精神得到升华。红色文化精神教育不仅仅能够使广大青少年不盲目迷恋物质享受，继续保持勤俭节约的生活作风，而且能够凸显革命仁人志士在物资极度匮乏、环境极其艰苦的情况下迎难而上、锐意进取、为实现社会主义新中国建立的伟大梦想而努力奋斗的爱国情怀。红色文化资源所蕴含的丰厚的革命精神和厚重的历史文化内涵就是要最大程度地激发广大青少年的爱国热情，始终铭记和我们血脉相连的革命先烈，

---

① [英] 约翰·洛克. 教育漫话 [M]. 傅任敢译. 北京：人民教育出版社，1985：84.

② 刘向信等. 高校育人新机制探索：情感、激励、嫁接三结合 [M]. 北京：人民出版社，2008：218.

在其远大志向的确立过程中传承中华儿女生生不息的传统美德、价值理念和爱国情怀。

3. 创新素质的锻造功能

黑格尔曾指出："时代精神是每一个时代特有的精神特质，是一种超越了个人的共同的集体意志。"[①] 随着改革开放的全面系统深化，我国逐渐形成了实事求是、与时俱进、勇于创新的时代精神。任何一个时代的任何国家要想获得持续的发展进步，本国的国民必须具备一定的改革创新精神。红色文化的核心内涵之一就是改革创新的时代精神。中国共产党立足于中国革命的具体现实，在马克思主义中国化的历史进程中不断地改革创新，取得了一系列令人瞩目的丰硕成果：开创历史先河，明确提出走以农村包围城市的道路，最终取得了抗日战争和解放战争的胜利；团结一切可以团结的国内力量，建立了普遍的抗日民族统一战线，最终实现了中华民族的彻底解放。红色文化是以马克思主义理论为指导的中国特色社会主义先进文化，其所蕴含的创新理念、创新精神对人的创新能力、创新素质的培养、提升具有不可替代的重要作用。

红色文化的教育功能与受教育者之间的关系，在本质上是一种文化转换关系，通过红色文化的教育功能全面展现和提升受教育者的人性本质，促使受教育者能够更加自由的选择、确认、实现自身的价值理想，它在很大程度上影响和维系着社会历史的实践活动，是社会持续发展和个人不断进步的动力源泉，对人类文明的发展具有极大的促进作用。红色文化教育功能的深层意蕴是尽可能地促进自然主义和人道主义的协调一致，并使人类不断超越自我的本质特征最终能够实现。

三、新时代大学生红色文化精神教育的重大意义

红色文化精神有着丰富的内涵和独特的魅力，是中国共产党带领广大人民群众进行革命、建设、改革发展的精神面貌的真实写照。红色文化精神的传承就是要旗帜鲜明地巩固和捍卫马克思主义的指导思想地位，树立广大人民群众对马克思主义的信仰，坚定共产主义的理想信念。同时，通

---

① ［德］黑格尔. 哲学史讲演录（第1卷）[M]. 北京：商务印书馆，1997：374.

过红色文化精神的传承提升社会主义先进文化的吸引力和竞争力，构筑中国特色社会主义文化软实力，增强马克思主义的国际话语权，抵制西方意识形态的渗透，促进马克思主义中国化、时代化、大众化。新时代大学生红色文化精神教育对构筑中国特色社会主义文化软实力、促进经济社会发展、丰富高校思想政治教育资源和促进大学生成长成才，具有不可替代的重大意义。红色文化是常学常新的生动课堂，以红色文化精神培育担当民族复兴大任的时代新人，是引导大学生胸怀家国天下，勇担时代责任，砥砺道德品格的重要基础。

（一）是构筑中国特色社会主义文化软实力的精神维系点

红色文化精神的传承夯实了我国主流意识形态的文化底蕴，对构筑中国特色社会主义文化软实力具有深刻的现实意义。随着中西方意识形态领域斗争的尖锐化、复杂化，我国主流意识形态认同面临着巨大的挑战。世界各国文化软实力的博弈日益凸显，社会思潮、价值追求日益多元。红色文化精神的传承能够起到激扬浊清、正本清源的作用，树立积极向上的价值导向，增强社会主义先进文化的吸引力和向心力，抵御西方腐朽思想文化的渗透和侵蚀。同时，红色文化精神的传承能够让世界人民充分了解中国的优秀历史文化传统，认识到中国特色社会主义文化的文明性、先进性和世界性，从而加深对社会主义价值观念、精神思想的认同。

1. 有助于抵御西方意识形态的渗透侵蚀

意识形态渗透是西方敌对势力妄图颠覆社会主义国家，谋得世界霸权的惯用手段。江泽民同志指出："从十月革命以来，西方国家就一直不遗余力地对社会主义国家发动各种攻势，其中很重要的就是进行意识形态渗透。"[①] 在经济全球化、政治多极化、信息高速化的国际背景下，随着我国综合国力的增强，西方国家把中国的崛起视为对其自身利益的威胁，对我国意识形态的渗透不断加剧。西方国家打着"普世价值"的旗号，大肆鼓吹西方的"自由、民主、人权"，极力输出具有商业性、娱乐性、消费性、流行性等西方价值观念的"大众文化"。这些虚假幻象背后暗含着西方的价值观和思想文化，表面上是意识形态的淡化，其实质是意识形态的渗透。

---

① 江泽民. 江泽民文选（第三卷）[M]. 北京：人民出版社，2006：83.

这些经过包装、粉饰的价值观念的输出，试图吸引大众的眼球，获得广大人民对西方文化生活、政治制度的追求和崇拜，进一步改变人民大众的政治信仰和道路选择，蒙蔽人民群众的理性认知和判断。红色精神的传承能够建构起人民群众对社会主义的情感认知，增强社会主义先进文化的吸引力和凝聚力。通过红色文化精神的洗礼、红色经典的净化，能够树立人民群众的民族自尊心和自信心，激发对中国特色社会主义道路、制度、理论上的自豪感和优越感，增强对我国主流意识形态的认同，揭露西方意识形态渗透的目的，坚决抵制一切有损党和中国特色社会主义的言论蛊惑。

党的十八大报告指出："文化是民族的血脉，是人民的精神家园。全面建成小康社会，实现中华民族伟大复兴，必须推动社会主义文化大发展大繁荣，兴起社会主义文化建设新高潮，提高国家文化软实力，发挥文化引领风尚、教育人民、服务社会、推动发展的作用。"[1]抵制西方意识形态渗透的根本在于繁荣社会文化，提升社会主义先进文化的软实力，强化我国主流意识形态的精神根基。红色文化精神的传承可以营造良好的红色经典文化氛围，将人们的思想和行为纳入主流意识形态认同之中，发挥文化意识形态吐故纳新的作用。红色文化精神是中国共产党和人民群众发展成长的鲜明印记，记录着中国共产党思想政治教育发展的历史，反映了中国共产党不同时期加强主流意识形态建设的经验。红色文化精神的传承能够引起人民群众内心深处对党的理论政策、对社会主义先进文化的共鸣，从而整合多元价值追求，增强主流意识形态的灵活性和包容性，使人民群众的思想意识、价值观念与主流意识形态相趋同。

红色文化精神的传承是对西方意识形态侵蚀渗透的有效回应，有助于疏导非主流意识形态。红色文化精神以无可辩驳的历史事实和思想力量证明了社会主义的优越性和中国特色社会主义文化的先进性。这种民族的、科学的、大众的文化精神力量唤醒了中国人民，团结了各个阶层，从而推翻了压迫人民群众的"三座大山"，实现了国家民族的解放和独立；打破了帝国主义的包围和封锁，使社会主义建设不断飞跃；走上了改革开放的新路子，突破了社会主义的发展模式，开创了中国特色社会主义的大好局面。

---

① 胡锦涛.坚定不移沿着中国特色社会主义道路前进 为全面建成小康社会而奋斗——在中国共产党第十八次全国代表大会上的报告 [M].北京：人民出版社，2012：30.

不论意识形态的斗争如何严峻、文化软实力的竞争如何激烈，只要我们有"咬定青山不放松"的意志和毅力，一如既往地传承、弘扬红色文化精神，让人民群众辨明是非、辨清方向，我们对西方意识形态的渗透和侵蚀就会有"任尔东西南北风"的定力，牢筑主流意识形态的防线，把握意识形态的主导权，让人民群众认清西方意识形态渗透的态势和真面目，自觉维护主流意识形态的安全。

2.有助于培育践行社会主义核心价值观

随着世界各国之间文化交流的日益频繁，各种社会思潮竞相激荡，纷呈多样的思想文化交织碰撞。培育践行社会主义核心价值观对当前提升中国文化软实力，引领多元化的思想文化，建设文化强国有着重要的现实意义。发展中国特色社会主义先进文化必须大力弘扬红色文化精神，发挥红色精神唱响主旋律、传递正能量的作用。习近平指出："一个国家的文化软实力，从根本上说，取决于其核心价值观的生命力、凝聚力、感召力。"[1]培育践行社会主义核心价值观，关键在于让人民群众接受、认同社会主义核心价值。红色文化精神的传承有助于大力宣扬社会主义的核心价值，引领社会主义先进文化建设，促进社会主义核心价值观的大众化。红色文化精神所追求的价值观念与社会主义核心价值观具有高度的同一性，它所蕴含的丰富内涵具有广泛的教化意义，是促进人民精神发展的丰厚养料，是培育践行社会主义核心价值观的动力之源。红色文化精神的传承能够加深人民群众对社会主义核心价值的体验和认同，促使广大人民群众把社会主义核心价值观从感性认识上升到理性认识，真正实现内化于心、外化于行；在领悟红色文化精神的基础上，从国家、社会、个人的层面把握社会主义核心价值观，使之成为人生发展的价值指南，细化为学习生活工作的价值准则和行为规范。

当前，全面深化改革进入了攻坚区和深水区，社会结构的多样化和利益诉求的复杂化使得社会矛盾、社会问题易发、多发。培育践行社会主义核心价值观对于化解社会矛盾，整合利益诉求有着重要的作用。这种调节社会心态的作用的实现必须扩大载体，调整社会认识和价值认知。通过红色精神的传承能够拓展培育践行社会主义核心价值观的平台和载体，实现

① 习近平.习近平谈治国理政（第一卷）[M].北京：外文出版社，2014：163.

历史与现实、理论与实践相结合，达到借史鉴今的效果。培育践行社会主义核心价值观，应培植或激活人们内心的红色文化基因，让人们缅怀历史、重温经典，以红色精神的传承作为切入点广泛开展爱国主义教育，积极开展社会主义核心价值观的学习、宣讲、实践活动。发挥红色文化精神在培育践行社会主义核心价值观中的思想渗透、精神向导作用，使社会主义核心价值观的培育践行更加生动具体，更具有实效。

马克思曾说："理论只要说服人，就能掌握群众；而理论只要彻底，就能说服人。所谓彻底，就是抓住事物的根本。"① 社会主义核心价值观要实现强根固本、凝魂聚气的作用，必须要让人信服，即在人生观、价值观上给人们科学的指导，抓住当代人的价值追求和精神需求，解决人民群众的精神困惑和思想迷茫。从社会文明进步的角度来看，社会主义核心价值观是人民群众的价值之基，也是中国文化软实力建设的核心要素，对于推进文化的创新发展具有主导作用。培育践行社会主义核心价值观靠行政命令、教育学习很容易停留于表面，流于形式，关键还是要入脑、入心，运用到社会文明的发展实践之中。"要在爱国主义和社会主义旗帜下，倡导一切有利于民族团结、祖国统一、人心凝聚的思想和精神，倡导一切有利于国家富强、社会进步、人民幸福的思想和精神……"② 红色文化精神的传承发展是社会主义文明的体现，是社会主义精神文明建设的重要一环，也是社会主义核心价值观深入人心的现实依托。人民群众能够在红色精神的传承中受到熏陶感染，不仅把红色文化精神的丰富发展融入培育践行社会主义核心价值观之中，而且把培育践行社会主义核心价值观作为红色文化精神传承的重要责任和义务，致力于提高国民素质，丰富人民生活，推动社会文明进步。

3. 有助于提升社会主义先进文化的创造力

红色文化精神是在吸收、优化中国优秀传统文化和马克思主义理论的基础上，与中国实践相结合而应运而生的精神文化。它集中体现了中国共

① 中共中央马克思恩格斯列宁斯大林著作编译局编译. 马克思恩格斯选集（第一卷）[M]. 北京：人民出版社，1995：9.
② 本书编写组编. 胡锦涛《牢固树立社会主义荣辱观》学习读本 [M]. 北京：人民出版社，2006：69.

产党和广大人民群众的政治理想和精神气节，反映了人民群众勇于创新，富于创造的智慧。德国著名历史学家克劳塞维茨曾说过，历史最能证明精神因素的价值和它们的惊人的作用。红色文化精神内在的奋发向上、百折不挠的精神特质是任何文化精神都无法替代的。正是这种精神因素的激励和影响，使中华民族在时代发展的进程中展现出了强大的创造力，不仅推动了社会的发展进步，还创造了灿烂辉煌的历史文化。红色文化精神的传承在社会主义先进文化建设中起到了精神主导、教化育人、发展创新的软实力作用。党的十八大报告指出："建设社会主义文化强国，关键是增强全民族文化创造活力。"① 增强社会主义先进文化的创造力必须大力宣扬红色经典、红色文化精神为主的社会主义主流文化，抵制低俗、庸俗、媚俗的文化风气，营造良好的文化发展环境，提高人民群众的思想道德素质，树立人民群众的文化自觉，赋予广大人民更多的文化创造自主权。

红色文化精神象征着人民群众火一般的创造热情，它为党和人民指明了前进的方向，让人民群众看到了光明和希望。红色文化精神的传承就是要充分尊重人民群众的首创精神，调动人民群众的积极性和创造性，使人民群众既丰富了精神文化生活，又为社会主义先进文化建设建言献策、贡献力量。列宁曾说："没有革命的理论也就不可能有革命的运动……"② 提升我国的文化创造力必须传承红色文化精神，创新文化理论。中国共产党高度重视思想文化的宣传工作，尤其是在革命时期，党充分运用了红色文化精神和红色资源的宣传教化意义，提高了人民群众对党、对社会主义的认识，铸就了广大人民英勇顽强、敢于牺牲、艰苦奋斗、无私奉献的精神情怀。创新文化理论必须依托红色文化精神，继承红色文化精神所倡导的发动群众、依靠群众的优良传统，使人民群众成为中国特色社会主义文化繁荣发展的主体，让社会主义文化成为广大群众共建共享的先进文化；进一步解放文化生产力，让社会主义先进文化的创造力充分涌流、竞相迸发。红色精神的传承创新从历史的角度记录了党和人民群众追求真理的历程，

---

① 胡锦涛. 坚定不移沿着中国特色社会主义道路前进　为全面建成小康社会而奋斗——在中国共产党第十八次全国代表大会上的报告 [M]. 北京：人民出版社，2012：31.

② 中共中央马克思恩格斯列宁斯大林著作编译局编译. 列宁全集(第二卷)[M].北京：人民出版社，1959：296.

从中证明了群众的创造最生动、人民的演绎最鲜活，人民群众的文化创造力得到了证实和认可。我们应一如既往地鼓励群众的创造创新，支持群众的自主创造和自我革新，开展特色鲜明、形式多样的群众性文化活动，实现以文育民、以文乐民、以文富民。

红色文化精神是党和人民用鲜血和汗水培育出来的勤劳智慧的结晶。这种崇高的精神反映了中国人民崇高的理想追求，凝聚着广大人民群众的意志和意愿，对提升民族的创造力、竞争力起着精神支撑和推动的作用。江泽民同志指出："伟大的事业需要并将产生崇高的精神，崇高的精神支撑和推动着伟大的事业。"[1]红色文化精神的传承能够让我们保持推陈出新、自主创新的战斗力，任凭西方流行文化、时髦文化如何冲击，红色精神始终以独特的魅力转化为社会主义先进文化的创造力和吸引力。只有把红色文化精神的传承发展作为社会主义先进文化建设的重要任务，并纳入国民教育和社会主义精神文明建设之中，才能让广大人民增强先进文化的体验和认同，从而保持昂扬向上的精神状态，完善社会主义先进文化的话语表达和实践。

（二）是高校思想政治教育重要的教育资源

1. 为加强大学生思想政治教育提供重要教育资源

在长期的革命斗争实践中，党的思想政治工作发挥了巨大的政治优势，成为克服困难、战胜敌人的一大法宝。革命理论宣传教育、革命理想信念教育、革命纪律教育、群众路线教育、统一战线教育、肃贪反腐教育，特别是军队思想政治工作和青少年学生思想政治教育所取得的巨大成就，都真实地再现了党的思想政治工作所取得的丰硕成果。开发红色文化精神教育资源，对加强和改进大学生思想政治工作，具有不可替代的教育价值和现实意义。红色文化凝结着革命先辈的先进思想、高尚品德、献身精神、优良作风，红色历史故事、红色艺术文化、红色物态文化、革命人物的英雄壮举，都展现出特有的红色魅力，都能够为加强和改进当代大学生思想政治教育提供丰富鲜活的素材，为开展体验式、情景式、感悟式实践教学，为加强爱国主义教育基地建设提供了厚重的教育教学内容，从而进一步增

---

① 江泽民．江泽民文选（第三卷）[M]．北京：人民出版社，2006：196．

强思想政治教育的生动性、感染性和实效性，提升教育教学质量。"对他们进行革命传统教育、民族传统，只有这样，才能使他们对资产阶级思想的腐蚀具有较强的免疫力，成为国家未来的栋梁之才。"①

2. 有利于丰富大学生思想政治教育内容

红色文化精神蕴含着丰富的红色文化精神教育资源，是中国共产党带领亿万中华儿女革命奋斗历程的真实写照，是深受革命精神、民族精神浸染的中华文化。虽然我们现处在深化改革开放的新时代，人民的生活条件、思想观念、处事方式已经发生了很大的变化，距离新民主主义革命已较久远，但是，红色文化仍然是我们实现中华民族伟大复兴的强大精神力量，是高校开展理想信念教育、爱国主义教育、社会主义核心价值观教育的宝贵精神财富。红色文化遗迹、遗址遍布祖国大地，红色资源在革命老区更是富集。红色资源富集区所展示出来的一件件珍贵的文物，一张张生动的老照片，一首首脍炙人口的红色歌曲，一个个感人至深的历史故事，一部部爱国主义教育影片，正以其独特的魅力感染激励着我们，让我们更加深入地了解了中国新民主主义革命的历史、了解了中国国情，更加敬仰英勇斗争的革命先烈，更加体会到今天的幸福生活来之不易。红色资源是高校开展青年大学生思想政治教育的重要资源，极大地丰富了思想政治教育的内涵。高校要深入挖掘所在地区丰富的红色资源，同时，要深入研究如何将红色资源转化为教育资源，以丰富其教育内容，增强教育的实效性和针对性。

3. 有利于改进大学生思想政治教育工作方法

当前，高校思想政治教育工作方法存在着诸多与时代发展、教育对象、教育环境、教育介体等不相适应的地方。以红色文化精神教育为抓手，积极创新教育的方式方法，这对进一步加强和改进大学生思想政治教育具有积极的促进作用。新的历史时期，需要我们拓宽红色文化精神教育的新渠道，一方面重点要抓好红色文化精神与学校相关课程的有机结合，将精神资源融入大学的日常教学之中，充分发挥学校教育的主阵地作用；另一方面，要开展好家庭教育和社会教育，特别要重视家风的作用，认识到"父母是孩子最好的老师"。面对众多的社会问题，我们要引导家庭加大教育

---

① 中共中央文献研究室编．十三大以来重要文献选编（中）[M]．北京：人民出版社，1991：981.

的力度和频度，把红色文化教育纳入家庭教育的范畴，针对不同的状况，结合大学生的个性特点，培养青年大学生坚定信念、吃苦耐劳、艰苦奋斗、谦虚文明的良好品质。社会教育是学校教育和家庭教育的重要补充，现代大学生的成长已不完全局限于学校和家庭，社会是其成长的大舞台。广大学生要积极投身各种社会实践，在实际中经风雨、长知识、增才干。社会教育形式可以更加多样，载体可以更加丰富，如革命烈士纪念馆、博物馆、图书馆、文化站、战争遗址遗物等，都是很好的传播载体，其教育前景十分广阔，是进行红色文化精神教育的一个重要组成部分。开展社会教育，要善于把优良的革命传统和精神理念融入公民教育之中，充分发挥社会"转化器"的作用——对大学生进行家庭教育、学校教育的同时，积极开展生动、活泼、健康向上、内涵丰富的社会教育。我们要深刻意识到，良好的道德品质形成与发展，是学校、家庭、社会教育有机融合、共同作用的结果。我们要善于利用红色文化精神内涵的丰富性和表现形式的多样性，结合各地独特的地域文化，开展学校、家庭、社会教育，进一步丰富红色文化精神教育形式，创新教育路径，充分运用"潜移默化法""比较学习法""红色旅游体验法""实践锻炼法"和"红色文化现代传播法"等教育方法，营造浓厚的红色文化精神教育氛围，提升教育实效，从而改进红色文化精神教育乃至整个思想政治教育工作的方法。

（三）是大学生成长成才的精神动力

1. 有利于培养大学生的民族精神与时代精神

红色文化是中国共产党人继承和弘扬中华优秀传统文化和积极吸纳人类先进文明——马克思主义的产物。红色文化既承载了以爱国主义为核心，团结奋斗、爱好和平、勤劳勇敢、自强不息的伟大民族精神，又承载了以改革创新为核心，解放思想、实事求是、敢创新路、追求真理的时代精神。

学习红色文化可以培育大学生的爱国主义情操，加强对本民族历史文化的认同。大学生在学习红色文化时，会从无数共产党员和中华儿女把国家和民族利益摆在第一位，在民族独立、国家崛起的道路上誓死不做亡国奴的英勇事迹中深受启发，把热爱党、热爱祖国、热爱国家的灿烂历史和大好河山与实现中华民族伟大复兴中国梦的时代责任紧密结合起来。习近平在纪念红军长征胜利 80 周年大会上指出："伟大长征精神，是中国共产党人及其领导的人民军队革命风范的生动反映，是中华民族自强不息的民族品格的集中展示，是以爱国主义为核心的民族精神的最高体现。"①爱国主义是高校思想政治教育的重要内容，而红色文化本身就是一种典型的爱国主义文化，它蕴含着丰富的爱国主义精神和大量典型的爱国主义事例。高校在红色文化育人过程中，要灵活运用红色文化中体现爱国主义精神的革命人物、革命事件以及革命遗址、纪念馆、烈士陵园等爱国主义教育基地等红色资源，弥补说教式的爱国主义教育方式所带来的不足，可以避免大学生产生枯燥、反感情绪，有效引导大学生树立爱国主义意识，继承革命先烈遗志，增强社会责任感和历史使命感，深化对中华民族的认同感和归属感，为实现中华民族伟大复兴贡献自己的力量。

学习红色文化有利于培育大学生的创新精神，提高创新意识。红色文化是以马克思主义为指导的先进文化，蕴含着丰富的改革创新精神，这有助于增强大学生的创新意识和创造胆识，在遵循客观规律基础上不因循守旧、不墨守成规、不迷信教条，一切从实际出发，实事求是，从实践中获得真理。中国共产党结合中国革命具体实际，在不同阶段、不同历史时期勇于变革、勇于创新，取得了一系列丰硕成果。土地革命时期，毛泽东提出"工农武装割据"的战略思想突破了"城市中心论"在党内的束缚；在对中国革命进程正反两个方面实践经验的科学总结基础上提出了"马克思主义中国化"这个科学命题；新中国建立后，中国共产党遵循历史发展的客观规律，创造性地提出了过渡时期总路线；中国共产党人又以极大的勇气和智慧突破"苏联模式"的束缚，大胆创新，不照搬照抄，不搞教条化，不惧任何干扰，即便走过弯路，遇到挫折，也能拨乱反正，实现了马克思主义中国化的第二次飞跃。高校肩负着为社会输送具有创新思维、创业能力的人才的光荣使命。创新精神是红色文化精神的重要内容和宝贵财富，因而高校在红色文化精神教育过程中，就是要运用红色文化精神中体现创新理念的大量史实教育大学生，注重创新意识的培养，探索创新教育模式，提供各种实习、实践、创业的平台和机会，在鼓励大学生创业过程中提供制度和资金的保障，使其发挥主观能动性，培养出社会需要的创新型人才。

---

① 习近平. 在纪念红军长征胜利80周年大会上的讲话 [N]. 人民日报，2016–10–21.

大学生在学习红色文化的过程中应体会共产党人敢闯新路的精神，突破因循守旧、照抄照搬的惰性束缚，在学习工作中大胆求新，摆脱封闭性、复制性思维，培养开放性、批判性思维。

2.有利于培育大学生的社会主义核心价值观

红色文化精神是中国共产党领导广大人民群众，在反对帝国主义、封建主义和官僚资本主义斗争历程中、在昂首迈入社会主义新中国的伟大历史征程中，所形成的革命斗争文化形态。它具有社会主义特质和革命传统本质，是一种一直被我国人民所推崇、所认可的先进文化，是社会主义先进文化的根基所在。红色文化是我党英勇奋斗的革命史、斗争史和英雄史的浓缩，是生动丰富的革命教育教材，是推进社会主义核心价值观教育的重要载体。因此，深入挖掘红色文化精神的当代教育价值，对保护和开发红色文化资源、传承红色文化精神、培育红色文化产业、教育和激励青年大学生一代，都具有重大而深远的历史意义。"包括长征在内的中国革命史，是我们党领导全国各族人民为争取民族独立、人民解放长期英勇奋斗的真实记录，是坚持马克思主义基本原理同中国革命具体实践相结合、推进理论创新的生动教材，是中国共产党人光荣革命传统和中华民族伟大民族精神的集中反映。"①

社会主义核心价值体系是以爱国主义为核心的民族精神、以改革开放为核心的时代精神、社会主义荣辱观等丰富内容的集成，而红色文化精神所倡导的共产主义、爱国主义、集体主义精神等内容，正是中国特色社会主义核心价值体系的题中应有之义。红色文化精神蕴含着中国特色社会主义共同理想，它把人民的利益、中华民族解放的根本利益放在最主要的地位。红色文化精神"浓缩了把中国人民和中华民族的根本利益看得高于一切，坚定革命理想和信念，坚信正义事业必然胜利的精神；为了救国救民，不怕任何艰难险阻，不惜付出一切牺牲的精神；坚持独立自主、实事求是、一切从实际出发的精神；顾全大局、严守纪律、紧密团结的精神；紧紧依靠人民群众、同人民群众生死相依、患难与共、艰苦奋斗的精神。这些都是中华民族百折不挠、自强不息的民族精神的最高体现，是保证革命和建

---

① 人民日报社评论部.任仲平十年精选[M].北京：人民出版社，2016：312.

设事业从胜利走向胜利的强大精神力量，是中国共产党人政治本色的集中体现和崇高境界，是中国特色社会主义所具有的本质要求"①。红色文化精神集中反映了人民群众的共同期待，集中体现了中国特色社会主义文化的核心价值。我们开展红色文化精神教育、充分发挥红色文化资源的作用，对于加强当代大学生的社会主义核心价值观教育，深入推进思想政治教育改革创新，具有不可替代的重要作用。

3. 有利于帮助大学生树立坚定的理想信念

"理想信念是主体对客体持久稳定的确信心态和价值认同，是价值意识活动的调节中枢和最高主宰，是世界观、人生观、价值观、和事业观的最高统摄，是选择精神追求的最高准则。"②人无精神则不立，国无精神则不强。理想信念是一个人的精神依靠，同时也是一个国家、一个民族、一个政党的精神脊梁。习近平在党的十九大报告中指出："要把坚定理想信念作为党的思想建设的首要任务，教育引导全党牢记党的宗旨，挺起共产党人的精神脊梁，解决好世界观、人生观、价值观这个'总开关'问题，自觉做共产主义远大理想和中国特色社会主义共同理想的坚定信仰者和忠实实践者。"③

理想信念对当代大学生极为重要。没有理想信念，大学生精神上就会缺"钙"。作为社会主义事业的接班人，当代大学生必须要有坚定不移的理想信念，才能确立自己实现人生价值的方向。邓小平指出："我们一定要经常教育我们的人民，尤其是我们的青年，要有理想。为什么我们过去能在非常困难的情况下奋斗出来，战胜千难万险使革命胜利呢？就是因为我们有理想，有马克思主义信念，有共产主义信念。"④红色政权之所以能建立，是因为共产党人拥有坚定的对马克思主义的信仰、对共产主义的信念。革命先烈、革命事件、革命精神所包含的坚定理想信念是新时期高校加强大学生理想信念教育的重要素材。《关于加强和改进新形势下高校思想政

---

① 李康平. 江西红色资源开发与教育研究 [M]. 北京：中国社会科学出版社，2011：245.

② 马静. 红色文化教育理论与实践研究 [M]. 天津：南开大学出版社，2015：77.

③ 习近平. 决胜全面建成小康社会 夺取新时代中国特色社会主义伟大胜利——在中国共产党第十九次全国代表大会上的报告 [N]. 人民日报，2017-10-28.

④ 邓小平. 邓小平文选（第三卷）[M]. 北京：人民出版社，1993：110.

治工作的意见》中指出："坚持社会主义办学方向，扎根中国大地办大学，以立德树人为根本，以理想信念教育为核心。"①理想信念是支撑高校大学生灵魂和精神的支柱，理想信念决定着当代大学生前进的方向，是激励大学生积极投身社会主义现代化建设的强大精神动力。

红色文化是大学生理想信念教育的优质资源。共产主义理想是红色文化的灵魂和精髓，红色文化蕴含着对马克思主义的信仰，对社会主义和共产主义的信念，体现了共产党人打破旧社会，建立新社会的目标追求。"砍头不要紧，只要主义真。""敌人只能砍下我们的头颅，决不能动摇我们的信仰！"中国共产党从成立的那天起，就把实现民族独立、人民解放作为自己崇高的理想和奋斗目标。正是因为有了坚定的革命理想信念，无数革命先烈毅然决然地抛头颅、洒热血，牺牲自我，换取革命的胜利。新民主主义革命时期，在极为艰难困苦的条件下，中国共产党之所以能够经受一次次挫折失败而又一次次奋起直追，归根结底是因为我们党有远大理想和崇高追求。无论是在抗日战争时期，还是在国内解放战争过程中，坚定不移的共产主义理想信念，鼓舞了一代又一代人艰苦奋斗、自强不息，战胜艰难险阻，克服重重困难，取得最终的胜利。用革命精神对大学生进行理想信念教育，可以使学生在知识学习中，在革命纪念馆等红色文化场所的参观游览中，接受革命烈士坚定理想信念的熏陶和教育。

红色文化精神对大学生的理想信念教育意义体现在两方面：一是红色文化中涌现出的英雄人物、先进事迹是引导大学生坚定共产主义远大理想、加强马克思主义信仰教育的重要载体，是树立中国特色社会主义共同理想的天然教材；二是对共产主义的信念、马克思主义的信仰和对中国特色社会主义共同理想的信心是建立在充分认识理解人类历史发展规律的基础上的。红色文化科学地揭示了马克思主义与中国革命实践相结合的历史规律性和必然性。学习红色文化，梳理中国近现代史，有利于大学生深入理解中国革命、建设和改革实践之路，理解红色革命道路与中国特色社会主义道路之间前后承继的关系，从而有利于培养大学生坚定走中国特色社会主义道路的信念。

---

① 中共中央 国务院印发《关于加强和改进新形势下高校思想政治工作的意见》[N]. 人民日报，2017—02—28

大学生是中国特色社会主义事业的接班人，弘扬红色文化精神有利于大学生坚定理想信念，树立远大志向，自觉把个人理想与共同理想结合起来，提升中国特色社会主义事业必胜的信念。当共产主义远大理想和中国特色社会主义共同理想成为大学生的共同意识和追求目标时，这种强大的理想信念会把大学生群体紧密团结起来，凝聚精神和力量，激励他们发愤图强，在新时代中国特色社会主义事业中树立为人民服务、为社会主义服务的信念，用自己的青春梦点亮中华民族伟大复兴中国梦。

4. 加强大学生集体主义观教育

集体主义价值观的培养，有助于大学生正确处理个人利益和集体利益之间的关系，提高团结协作能力、增强责任意识。土地革命时期，针对党内一些农民和小资产阶级出身的党员出现的自由主义倾向，毛泽东强调要加强无产阶级集体主义教育，他在《反对自由主义》中指出："我们要用马克思主义的积极精神，克服消极的自由主义。一个共产党员，应该是襟怀坦白，忠实，积极，以革命利益为第一生命，以个人利益服从革命利益；……关心党和群众比关心个人为重，关心他人比关心自己为重。这样才算得一个共产党员。"[①] 中国共产党始终把国家利益、人民利益放在首位，提倡个人利益服从集体利益，局部利益服从集体利益。反对个人主义、利己主义。大学生学习红色文化，就是要学习共产党人舍小家、为大家、浴血奋战、奉献牺牲，以整体利益为重的大局观和不惜牺牲个人利益的集体主义精神。"集体主义是坚持把集体利益放在优先位置，同时又是个人利益和集体利益的有机统一。"[②] 高校在红色文化精神教育过程中要引导大学生正确理解集体主义价值观。集体主义从来不否定个人利益，提倡集体要保障个人正当利益，促进个人利益的实现，但集体主义与提倡"以个人为中心，个人利益第一位，国家、集体利益第二位"的个人主义是根本对立的。

在市场经济条件下，效率优先、追求利益与无私奉献、利他主义发生了冲突，集体主义价值观受到市场经济的侵蚀和弱化，出现了个人主义在大学生群体中悄然盛行，利己主义思想有所抬头的趋势。大学生的价值观

① 毛泽东选集（第二卷）[M]. 北京：人民出版社，1991：660.
② 马静. 红色文化教育理论与实践研究 [M]. 天津：南开大学出版社，2015：111.

受到急功近利、目标短浅的影响，出现只重视个人利益，却忽视集体利益，变得冷漠与麻木的消极现象。加强红色文化教育，就是要继承和发扬红色文化精神中蕴含的集体主义精神，并赋予其新的时代内涵，充分运用革命历史故事、英雄人物事迹等，加强集体主义教育，抵制个人主义的滋生蔓延，培养大学生的集体主义观念，促进大学生的全面发展。高校大学生要树立集体主义价值观，要正确处理国家、集体和个人利益之间的关系，在集体中实现个人价值，在个人价值的实现中提升集体价值。时代在改变，但集体主义的价值内涵永不过时。

5. 有利于大学生个体道德素质的提升

红色文化精神是在中国革命中产生的道德实践的精华，学习红色文化精神有助于大学生树立正确的道德观念。利用蕴含丰富道德内容的红色文化教育大学生，对大学生提升思想道德品行，塑造高尚的道德品格具有重要意义。大学生在学习红色文化精神时要深刻领悟道德规范在革命历史时期的重要作用：革命队伍的管理是依靠道德行为准则来约束的，全心全意为人民服务是整个道德行为准则的核心，形成了以廉洁自律、遵章守纪、艰苦奋斗、诚实守信等为代表的道德规范。毛泽东将"毫无自私自利之心的精神"作为革命理想人格的标准，认为只要有这点精神，"就是一个高尚的人，一个纯粹的人，一个有道德的人，一个脱离了低级趣味的人，一个有益于人民的人"①。在实践中，毛泽东非常重视党员同志的模范、榜样、示范作用，亲自为张思德、白求恩、刘胡兰、雷锋等人的英雄事迹撰文、题词，号召人民群众向他们学习。

（1）有利于大学生培养艰苦奋斗的优良作风。艰苦奋斗的精神是中国共产党领导广大人民取得革命胜利和建设成果的重要法宝，一直是党和人民军队的优良作风，大学生可以从学习红色文化的过程中感受革命先烈的人格魅力。"艰难困苦，玉汝于成"，越是困难时期，党就越是展现出艰苦奋斗、自强不息的精神。为了打破敌人对井冈山根据地的封锁，朱德亲自带领战士挑粮上山，"朱德的扁担"成为历史佳话。美国记者埃德加·斯诺在延安期间，看到毛泽东穿着打了补丁的衣服，彭德怀把缴获的降落

---

① 毛泽东选集（第二卷）[M]. 北京：人民出版社，1991：660.

伞布做成背心,林伯渠用绳子绑着断了支架的眼镜,他把这些从共产党人身上看到的精神称为"东方魔力",在《西行漫记》中比作"兴国之光"。毛泽东曾告诫全党:"务必使同志们继续地保持谦虚、谨慎、不骄不躁的作风,务必使同志们继续地保持艰苦奋斗的作风。"①邓小平曾强调:"艰苦奋斗是我们的传统,艰苦朴素的教育今后要抓紧,一直要抓六十至七十年。我们的国家越发展,越要抓艰苦创业。提倡艰苦创业精神,也有助于克服腐败等现象。"②

当前我国的经济水平和人民的物质生活水平都有了显著的提高,中国已成为世界第二大经济体,在此情况下,一些大学生把挥霍浪费视为大方,把勤俭节约当做吝啬,生活中贪图享乐,盲目攀比,认为艰苦奋斗的时代一去不复返,因此提倡艰苦奋斗是有现实针对性的。加强红色文化精神教育,就是要引导大学生正确把握艰苦奋斗的时代内涵,艰苦奋斗的精神无论何时都不能丢。今天提倡艰苦奋斗并不是要求大学生刻意地节衣缩食、否定对美好生活的追求,而是要牢记艰苦朴素的生活作风是一个人价值取向的反映,安于清贫,克服贪欲,才能正确对待物质利益关系,不至于利欲熏心,蒙蔽了心智。当代大学生要以勤俭为荣、浪费为耻,以勤俭务实、艰苦奋斗的精神作风投入到中国特色社会主义事业的建设中去。

(2)有利于大学生树立诚实守信、纪律严明的道德品质。革命时期党和军队以身作则,以信守诺言、严守纪律的实际行动取信于民,赢得了广大人民群众的拥护的历史事实是解决一些大学生诚信意识淡薄,生活作风散漫问题的生动教材。针对早期党的军队中官兵纪律松弛、作风不正的状况,毛泽东在完成三湾改编后,对部队进行纪律教育时宣布了"三大纪律六项注意"。毛泽东深知没有纪律的军队,是得不到人民群众拥护和支持的,而失信于民的军队必然走向失败的道路,最终被历史抛弃。工农红军实行"三大纪律六项注意"后,面貌焕然一新。当时在老百姓中流传着一首歌谣:"红军纪律真严明,行动听命令;爱护老百姓,到处受欢迎;遇事问群众,买卖讲公平;群众的利益,不损半毫分。"因此,大学生在接受红色文化教育的同时,要牢牢铭记党和人民军队正是用铁的纪律统一了全党全军的意

---

① 毛泽东选集(第四卷)[M]. 北京:人民出版社,1991:1438-1439.
② 邓小平. 邓小平文选(第三卷)[M]. 北京:人民出版社,1993:306.

志,用严格的道德操守规范了军队的行动,从而取信于民,才使红军队伍不断发展壮大,最终夺取革命的胜利。红色文化中革命队伍的先进事迹能教育、引导大学生必须发扬诚实守信的传统美德,提升自我诚信意识和水平,增强纪律约束感,克服纪律观念淡漠的不良作风。

大学生要学习革命先辈艰苦奋斗的高风亮节、信守诺言、严守纪律的工作作风和全心全意为人民服务的道德品格,加强对自身法纪观念的培养。学生党员要更加严格遵守政治纪律,自觉维护党中央权威,无论是革命传统道德,还是党章党规等纪律条例,都要内化于心、外化于行,知行合一。高校加强红色文化精神教育,就是要把革命道德品质融入社会主义核心价值观教育过程中,引导大学生自觉遵守社会公德、职业道德、家庭美德,并使之内化为学生的精神追求,外化为学生的自觉行动。

习近平在党的十九大报告中指出:"必须推进马克思主义中国化时代化大众化,建设具有强大凝聚力和引领力的社会主义意识形态,使全体人民在理想信念、价值理念、道德观念上紧紧团结在一起。"① 大学生红色文化精神教育就是要充分发挥红色文化的意识形态价值,培养大学生坚定理想信念,坚信价值理念,坚守道德观念。约翰·洛克在《教育漫话》中指出:"没有什么能像革命英雄那样,具有时代榜样的魅力,这样有吸引力和感召力,深刻地震撼着无数人们的心灵,使他们振奋前行。"② 榜样的力量是无穷的。红色文化是以中华优秀传统文化为根脉,以马克思主义为指导的先进文化,是经过革命战争时期的实践检验,符合社会主义主流意识形态的科学文化,也是一种榜样文化。高校在红色文化精神教育过程中,要充分发挥革命英雄的榜样示范和引导作用,利用好红色文化这一真实的、接地气的文化资源,以榜样的力量鼓舞大学生树立正确的世界观、人生观、价值观,增强文化自信,抵御西方意识形态对大学生渗透,提高对西方各种错误思潮的"免疫力"。高校要更加重视发挥红色文化精神的教育作用,更加重视发挥革命精神在新的历史条件下的精神动力作用,并不断赋予其新的时代内涵,更加紧密地将革命精神与当前的奋斗目标结合起来,使其成为推动青年大学生健康成长成才的强大精神动力。

---

① 习近平.决胜全面建成小康社会 夺取新时代中国特色社会主义伟大胜利——在中国共产党第十九次全国代表大会上的报告[N].人民日报,2017-10-28.

② [英]约翰·洛克.教育漫话[M].傅任敢译.北京:人民教育出版社,1986:84.

第四章 新时代大学生红色文化精神
教育的现实审视

高校运用红色文化开展育人实践，本质上是一种政治观念、价值理念和道德法律意识等主流意识形态在大学生群体中的传授。它的目的是通过情理交融的理论教育和可观可感的实践教学，使新时代大学生了解和理性思考党领导人民进行革命、建设以及改革的历史实践，激发他们拥护党、爱国家和人民、爱社会主义的情感。从纵向的历史时间轴来看，新时代大学生红色文化精神教育取得了一定的成效，既传承和弘扬了红色文化精神，又促进了大学生个人素质的全面提高，增强了红色文化在高校育人中的话语权。但同时，高校在利用红色文化育人的过程中，仍然存在着利用主体、利用主题和利用方式等方面的问题，这些都制约了新时代大学生红色文化精神教育的深入推进。

一、新时代大学生红色文化精神教育取得的成效

（一）大学生对红色文化认同感提升

大学生的红色文化认同，是指新时代大学生对党领导人民开展革命和实践过程中形成的物质和精神财富的肯定性认识，对红色文化形成的归属感和心理认同，并在生活方式、行为范式、价值观念取向以及思维情感等方面表现出鲜明的红色特征。大学生是社会主义现代化建设得以赓续的生力军，红色文化精神教育成效的丰硕与否取决于大学生内心对红色文化认同度的高低。大学生对红色文化的认同度越高，越有利于红色文化育人实践的开展。大学生的红色文化的认同感提升体现在以下几个方面：第一，对红色文化认知度提高且怀有朴素情感。进行理性思考的前提，必须先占

有大量的感性素材。通过社会层面对红色文化开展的宏观宣传，以及部分小、中、大学各级学校对教育客体一以贯之的红色文化教育，使不少大学生对红色文化有了基础的感性认知。尽管不同学科背景的大学生对不同形态的红色文化各有认知侧重点，如具有文学、历史学、哲学等学科背景的同学侧重于认知红色文献和红色典故，艺术类专业的大学生对红色歌曲、舞蹈以及话剧等更有兴趣，工科背景的大学生更倾向于开展红色主题的校内外实践，但无论是哪种认知方式，都增加了红色文化在大学生心中的分量。就他们心中对红色文化怀有的朴素情感来说，通过红色文化精神教育实践的开展，新时代大学生对红色文化的本质、特征和价值有了更加清楚的认知，并以红色文化中的先进事例和感人事迹为刺激，帮助养成良好的道德品质和行为习惯，增强爱党爱国意识，培育热爱劳动的观念等。第二，对红色文化精神教育评价积极。近年来，由部分高校独立编纂和自主刊印的红色文化教育教材相继问世，提高了红色文化精神教育的科学性和规律性；此外，高校积极与文物管理部门合作，积极利用红色文化开拓爱国主义教育基地，提供了爱国主义教育的理想场所；通过红色文化网站的建设，让红色文化变得时髦起来，大学生能够通过新媒体接触和了解红色文化；红色文化产品的开发、红色品牌栏目的问世，使红色文化精神教育具备了浓厚的时代化和大众化气息。在如此教育环境的熏陶下，大学生对红色文化精神教育由陌生到了解，再到完全接受、积极配合和提供育人反馈，极大助力了红色文化精神教育实践的开展。第三，大学生的个体思想道德素质得到了提升。从整体上看，新时代大学生爱党爱国、服务人民、奉献社会、胸怀宽广、志向远大，对实现"两个一百年"目标和实现中华民族的伟大复兴充满了信心，有着极强的组织能力、学习能力和融入社会的能力。新时代大学生在国际和国内重大事件面前，接受了锻炼，经受了考验，这些与认同、内化红色文化是分不开的。例如，在2020年抗击"新冠"肺炎疫情的斗争中，许多大学生在抗疫精神的鼓舞下，积极投入社区服务等志愿工作之中，表现出了大无畏的奉献精神、舍己为公的集体主义精神，团结拼搏的优良品格等，是凝练抗疫精神的重要组成部分。

（二）部分高校红色文化育人氛围渐显浓郁

浓郁的高校红色文化氛围主要体现在：课堂教学、校园文化和传播力度这三个层面。第一，红色文化进教材、进课堂、进头脑的"三进"工作稳步推进。校本教材是指学校充分开发和利用区域范围内的优质教学资源，以学校为本位，由学校根据大学生心理成长的实际需求开发出来的与国家、地方课程相对应的课程。目前，关于红色文化的校本教材越来越丰富，部分高校积极利用红色校本教材育人，取得了良好的效果。此外，由于物质形态红色文化的原生性，出于保护因素的考虑，它们无法直接进入大学课堂，不少高校利用播放纪录片、影片等生动活泼的课堂教学方法，体现了红色文化的真实性和感染力。部分高校教师积极创新红色文化的呈现形式，如创作红色歌曲、红色美术作品，将红色文化融入课件的制作过程，将红色育人素材适时融入课堂的理论教学之中等，强化了大学生对红色文化的认同感。部分高校结合区域内红色文化的分布优势，在课堂上开展红色主题的讨论活动，他们以红色文化的开发、保护和利用为主题深入探讨，加深彼此间对红色文化的认知与认同。第二，红色文化以更加积极的姿态活跃于校园文化的建设过程之中。校园文化作为思想政治教育隐性教育的重要组成部分，对大学生成长成才发挥着春风化雨、润物无声的作用。为了推动高校的校园文化建设，将红色文化融入校园文化建设，推动爱国主义教育、理想信念教育和革命传统教育的深入开展。一是要把红色文化与校园人文自然环境建设相结合，打造校园内的红色雕塑、建筑、道路、文化长廊等物质载体；二是结合国家和校园范围内的重大仪式、重大节日庆典，开展红色主题校园文化活动，如在建党节和国庆时举办红歌会和征文大赛等；三是充分发挥学生社团的作用，在社团开展的活动中渗透红色基因。如邀请健在的革命前辈或英雄模范人物开展专题报告、举办红色文化精神主题理论研讨会等。第三，高校红色文化的传播氛围更显浓郁。红色文化精神教育需要相应的载体作为依托，无论是课堂上的理论教学，还是课后的实践教学，以及校园文化活动都是重要的载体。与此同时，我们注意到宣传媒体也是传播红色文化的重要载体。一是新媒体与传统媒体并举。不少高校在积极开展红色网站、微博、微信公众号和抖音平台的建设的同时，重视发挥传统媒体如校报、广播电台等的作用。如北京大学创办"红旗在线"、南开大学创办"觉悟"网站的同时，在校报中也开设相关专栏，刊发和广播红色主题的文章。二是以红色文化为依托，加大了对红色文化的研究力度。近年来，部分具有红色文化精神教育传统的高校相继成立了"红色文化"研究中心，如江西师范大学成立的"红色资源开发与教育研究中心"、井冈山大学成立的"井冈山精神研究中心"、赣南师范大学成立的"中央苏区研究中心"等。这些研究中心的成立，一方面研究和宣传了党的革命文化和历史，促进了红色文化的薪火相传，另一方面也烘托了校园红色文化建设的氛围。

（三）红色文化精神教育的空间得到拓展

精神形态的红色文化主要指中国共产党领导全国人民在革命、建设和改革时期求索和追寻的政治信仰、理论知识、价值取向和道德观念等。它们是党保持执政地位和开展思想建设的智慧源泉。红色文化话语是以党领导人民开展的革命和建设作为叙述对象，既彰显了红色历史的内涵和真实性，也包含着意识形态的建构性。精神形态的红色文化其最大的价值在于德育，但它本身并不能开口说话，必须要通过话语载体的介入，才能将其强大的精神力量传授给受众。红色文化曾经一度在高校的话语空间中"失语"，原因是多方面的。国际上，西方国家的核心价值观披上了"普世价值"的外衣，四处兜售、推销，极力扩大其在社会主义国家中的影响力；世界范围内暂时处于低潮的社会主义运动让无产阶级意识形态的话语缺乏吸引力和凝聚力，导致人民群众对自身话语的生命力、科学性产生怀疑等。从国内看，市场经济的趋利性、物质导向等特点对红色文化的传承产生了拒斥效应；一些大案、要案、窝案曝光在人民群众面前，在一定程度上也剥削了人民群众对党执政的认同和党自身的形象，削弱了红色文化的话语力。只要育人主体对红色文化的话语内容结合时代主题的变迁予以创造性的转化，便可以让情理交融的红色文化话语拥有更多的听众。就话语内容来说，新时代中国特色社会主义，是需要谋求发展和继续提高生产力以满足人民群众对美好生活向往的社会主义。以往的革命话语需要被缅怀和铭记的同时，因其不能反映当今时代的特征和现实生活而逐渐淡出意识形态话语的中心，大学生对革命话语的认同感逐渐弱化。育人主体只有结合社会发展的主题，重点突出生产力话语、发展话语、人性话语这些与大学生的学习、生活紧密相关的内容，才能易于被大学生接受。就话语方式来说，育人主体注重推动话语叙事风格的时尚化，以情感话语去弥补政治话语的不足，也增强了红色文化话语的感染力。

二、新时代大学生红色文化精神教育存在的问题及原因分析

红色文化精神教育实践的开展，对于改善大学生的思想道德素质和提高红色文化的传承度发挥了重大作用，取得了较为丰硕的成果。我们同时也要清醒地认识到，高校红色文化精神教育的成效与社会的需求、大学生身心成长的需要之间，仍然存在一定的差距。问题的出现催生了改革的动力，我们应该正视红色文化精神教育过程中真实存在的问题，以之为准绳，深入分析导致问题产生的原因，为今后红色文化精神教育实践的开展提供有益的借鉴和参考。

（一）新时代大学生红色文化精神教育存在的问题

1. 主体问题

从哲学上讲，主体是处于一定社会关系中从事实践和认识活动的人，是实践活动和认识活动的承担者。对于大学生红色文化精神教育来说，开展这项实践活动的主体包括教育者和受教育者。长期以来，由于缺乏必要的顶层设计，高校对于红色文化精神教育存在着认识不清晰、重视度不够等问题。部分高校教师片面地认为红色文化只是为了完成意识形态建设的任务，开发和利用红色文化也只是党在宣传层面的宏观布局，革命英雄事迹和革命精神已经脱离了时代发展主题，对学生的教育意义不大。更有历史断代主义的追崇者认为，在新媒体背景下，红色文化已经过时了，没有必要过多重视。对于学生群体来讲，部分学生只关注专业课程知识的获得，轻视红色文化精神教育的重要性，只因红色文化很难在大学生将来的就业过程中直接创造出物质财富。随着市场经济的不断深入，部分大学生成了个人主义与享乐主义的忠实粉丝，过分追逐个人利益，轻视思想道德层面的建设。具体看来，高校利用红色文化育人过程中存在的主体问题体现在以下两个方面。

（1）对红色文化的认知呈现表层化的趋势

认知的表层化按照严重程度可以分为"完全不认知"和"只认知表象、不知内涵"两种情况。部分高校教师和学生对红色文化兴趣冷淡，只是迫

于完成教学任务和修学分的需要，开展形式主义色彩浓厚的育人实践，在育人过程中绝口不提红色文化的内涵、价值，或者公然丑化、戏说红色文化，贬低红色文化的光辉形象。对于只认知表象而不知内涵的师生群体，他们只知道一种或者几种形态的红色文化，并且能够说出这些红色文化的具体名称，但他们不理解不同时期党在完成不同历史任务的背景下产生的红色文化的寓意、功能和价值。例如，他们听说过遵义会议，但是不清楚：遵义会议是在红军第五次反"围剿"失败和长征早期严重受挫的背景下，为了纠正王明、博古、李德等人的"左"倾错误而召开的，确定了毛泽东领导地位的，挽救了党、人民军队和中国革命的一次重要会议。

（2）将红色精神融入行为实践的力度有待增强

理论只有与实践相结合，才能散发出耀眼的光芒。对于大学生红色文化精神教育来说，无论是教育主体还是客体，都不能够仅仅满足于对红色文化经院式的理论学习，更应该在日常的学习、工作和生活过程中去践行红色精神、红色优良传统，将良好的精神风貌和思想品德素质以实践的方式展现出来，助力红色文化的传承与弘扬。但在开展红色文化精神教育的过程中，育人主客体只是主观上接收了红色文化的相关信息，却没有在日常的学习、工作和生活中将红色文化中蕴含的红色精神以及红色优良传统外化到具体的行为之中，知行合一的力度有待增强。

2. 主题问题

新时代背景下，党领导人民群众在深化改革、开展社会主义现代化建设过程中创造了"新"红色文化，因其诞生的场域、时间与大学生成长的步调趋于接近，和大学生同龄，更容易被大学生接受。高校教师在开展红色文化精神教育过程中，应该结合大学生内心世界成长的需要，从大学生的学习和生活实际出发，紧密结合国际国内社会发展过程中出现的热点问题和重大事件，尤其是要把从国内热点事件中凝练出来的红色精神如抗疫精神、大国工匠精神等以恰当的方式适时融入育人过程中，让大学生的思想道德素质更加趋于社会所需要的水平，但是部分高校教师在红色文化精神教育的过程中，缺乏对意识形态教育的敏感性，不具备终身学习的意识，没有遵循大学生心理成长的规律和内在诉求，导致对红色文化精神教育的主题把握不到位，削弱了育人的成效。育人主体对红色文化利用主题把握不到位主要体现在以下两方面。

（1）利用的主题过旧，片面运用以暴力革命为主题的红色文化

共和国的江山是无数革命先烈抛头颅、洒热血换来的，旧社会旧制度是革命先烈以坚定的理想信念凝聚而成的力量带领人民群众推翻的。我们要讲革命历史，否则会成为历史虚无主义的附庸；我们也要铭记和时常缅怀革命历史，否则会成为不爱国、不爱党势力的一员。"共和国是红色的，不能淡化这个颜色。"[1]在和平氛围浓郁的社会背景下讲红色的革命历史和传统，目的是让我们化悲痛为力量，用实际行动为实现中华民族的伟大复兴不断奋斗。不可否认，改革开放以前，红色文化精神教育主题表现出鲜明的革命性，且体现着极强的典范性、权威性和强制性，是体现党执政合法性和凝聚大学生群体力量的重要途径，发挥着信仰塑造和价值引导的功能。在新时代背景下，社会发展主题早已由"革命"转向了"发展""建设生产力"等范畴，仅将红色文化精神教育片面地看成对暴力革命思想的灌输，是不可取的。一方面因为"暴力革命"相关内容的历史久远性、意识形态性强等特点会拉开与大学生的心理差距，引起他们抵触的情绪；另一方面也脱离了结合社会发展的主题开展育人实践的目的。

（2）利用的主题过远，应适度调整共产主义理想主题的呈现比重

"党的一大通过的纲领，表明中国共产党从建党开始就旗帜鲜明地把实现社会主义、共产主义作为自己的奋斗目标。"[2]党的二大诞生了党的最低纲领和最高纲领。最高纲领规定："中国共产党是中国无产阶级政党。他的目的是要组织无产阶级，用阶级斗争的手段，建立劳农专政的政治，铲除私有财产制度，渐次达到一个共产主义的社会。"[3]实现共产主义社会，一直是共产党人心中共同的梦想。为了实现这个共同的梦想，无数共产党人顽强拼搏、英勇奋斗、舍己为公，为实现共产主义献出了宝贵的生命。改革开放的伟大创举，解放了社会主义的生产力，提高了人民的生活水平，

① 张立，金新亮，等．红色基因——传承机制变迁与当代建构 [M]．北京：人民出版社，2020：1.

② 张士义，王祖强，沈传宝．从一大到十九大——中国共产党全国代表大会史 [M]．北京：东方出版社，2018：15-16.

③ 张士义，王祖强，沈传宝．从一大到十九大——中国共产党全国代表大会史 [M]．北京：东方出版社，2018：32.

市场经济的深入推进使得私有制经济得到了较大的增长，随之也产生了为私有制辩护的理论，个人主义、拜金主义等思想趁虚而入。市场经济条件下追逐个人的正当利益是正常的，也符合马克思主义的要求。正如马克思所言："群众对这样或者那样的目的究竟'关怀'到什么程度，这些目的'唤起了'群众多少'热情'。'思想'一旦离开'利益'，就一定会使自己出丑。"①面临社会转型后的思想文化多元化、人民群众利益诉求的多样化等实际情况，我们有必要对大学生强调共产主义，既是出于维护意识形态建设的需要，也是为了在纷繁复杂的社会思潮中为党的最高纲领正本清源，但若在红色文化精神教育的过程中只突出强调"共产主义"的概念，又恐难以取得应有的成效。一则共产主义的目标过于宏大，大学生现有的思维意识和道德素质水平难以触及它的"边角"，会产生相应的陌生感；二则面对升学或就业困难等方面的压力，大学生忙于追逐物质利益，对共产主义了解得自然也就少了。这也是部分新时代大学生在谈论共产主义时会略显迷茫的原因所在。需要指出的是，并非在这样的时代背景下，我们就不讲共产主义了。党坚不可摧的执政地位决定了共产主义初级阶段的社会主义教育要长久地进行下去。对于高校教师来说，只是应尽量避免在红色文化精神教育的过程中片面地只讲共产主义，同时也要结合社会上的热点问题和重大事件将共产主义的目标、内涵等范畴融入其中，既观照了现实，满足了大学生的身心成长需求，又提高了他们认知红色文化的兴趣，间接地传播了共产主义思想。

（3）利用的主题过于单薄，缺乏对生产力主题、发展主题、美好生活主题、劳动主题、人性主题等的诠释

"关注人的发展是思想政治教育的根本，人的自由全面发展是思想政治教育的终极目的。"②习近平在党的十九大报告中指出："要全面贯彻党的教育方针，落实立德树人根本任务，发展素质教育，推进教育公平，培

---

① 中共中央马克思恩格斯列宁斯大林著作编译局编译. 马克思恩格斯全集（第2卷）[M]. 北京：人民出版社，1957：103.

② 陈万柏，张耀灿. 思想政治教育学原理 [M]. 北京：高等教育出版社，2007：73.

养德智体美全面发展的社会主义建设者和接班人。"①之所以要对新时代大学生开展主题丰富多彩的红色文化精神教育，主要是由以下两个层面决定的：一是红色文化精神教育要符合大学生内心世界成长的需要。新时代的大学生逻辑思维能力越来越强，政治社会化的程度越来越高，参与社会管理的意愿愈发强烈，自我意识基本也达到了较为成熟的水平。以往单一主题的红色文化精神教育已经不能满足他们内心世界快速成长的需要，这就要求育人主体要充分挖掘"新"红色文化的不同内涵，在不同时机利用好不同主题的红色文化，同时也要利用好红色文化的物质载体，采用情理交融的教育手段开展育人实践。主题单一的红色文化精神教育，只会让大学生的思想成长"营养失衡"，更谈不上全面发展。二是红色文化精神教育一定要符合社会发展的主题。根据历史唯物主义的观点，一定阶段的社会意识能够反映出当时的社会存在并对社会存在起到促进或者阻碍的作用。红色文化精神教育作为社会意识层面的一项工作，必然要服从并服务于新时代党和国家的奋斗目标。时至今日，全国脱贫攻坚的目标任务已经完成，但"两个一百年"奋斗目标和中华民族伟大复兴的实现，依然是全国各族人民共同的奋斗指向。对于新时代的大学生来说，开展以生产力、发展、劳动等为主题的红色文化精神教育，既是激励他们以更加优秀的姿态投身于社会主义现代化建设的浪潮之中，也是向他们明确社会发展主题和趋势的重要途径。

3. 教育方式问题

思想政治教育方法"就是教育者和受教育者在思想政治教育过程中所采用的思想方法和工作方法，或者说，是教育者和受教育者为了达到一定的教育目的所采用的手段和方式"②。红色文化精神教育内在地从属于高校思想政治教育的大系统，在育人方式上也应该与育人的目标、内容、对象和环境相适应，并且要随着社会的发展进步，适时改变其育人的方式。需要提出的是，根据唯物辩证法中事物之间普遍联系的基本原理，红色文化精神教育方式方法的创新，并不意味着对原有方式方法的放弃，它们之间

---

① 习近平.决胜全面建成小康社会 夺取新时代中国特色社会主义伟大胜利——在中国共产党第十九次全国代表大会上的报告 [N].人民日报，2017-10-28.

② 郑永廷主编.思想政治教育方法论 [M].北京：高等教育出版社，2010：3.

既相互区分又相辅相成，不应该被割裂开来。总的来说，红色文化精神教育过程中存在的方式问题，主要体现在以下三个方面。

（1）高校红色文化精神教育的实践途径碎片化且未形成合力

碎片化的育人实践途径主要体现在育人主体忽视了理论教学和实践教学融合的重要性，要么重视理论教学，轻视实践养成；要么只强调实践体悟，轻视理论灌输的重要性，未能结合利用两种育人主要途径的优势以形成合力。此外，部分高校教师开展红色文化理论教学和实践教学的理念滞后，没有遵循思想政治教育"内化—外化—内化"的深层次规律和大学生身心成长的基本诉求，导致育人成效式微。

红色文化理论教学法，又称理论灌输法或者理论学习法，是育人主客体有目的、有计划地开展红色文化理论的学习、培训和教育，帮助育人客体树立正确世界观、人生观、价值观的重要方法。理论教育法是红色文化精神教育的前置方法，也是最常用、最基本的方法。作为个体的人，都具备相对独立的、超验性的社会意识，我们也称之为"主观能动性"。人的主观能动性就决定了人对理论、思想、精神的需要和追求，满足这些需求最简单的途径和方式，就是理论教学。大学阶段是大学生思想、心智、价值观趋于成熟和稳定的关键期，也是理论最易"灌输"的时期，理论教育是必要的。但在开展红色文化理论教学的过程中，部分高校教师没有完整准确地理解红色文化的内涵，在教学过程中断章取义，照本宣科式地开展徒有其表的理论教育，非但难以帮助大学生形成正确的思想和科学的认知，反而导致了学生思维上的紊乱。部分育人主体没有结合社会发展过程中的重大事件和热点问题以及大学生身心成长的实际开展教育，只是空讲道理，死背概念，教条主义在理论教学中体现得淋漓尽致。另一种常用的育人方法是实践教学法。育人主体通过组织、引导大学生积极参加实践活动，在实践过程中不断提高思想觉悟和认识能力，在改造或者认知客观世界的同时改造自身的主观世界。大学生在课堂上接触到的关于红色文化的知识，必须要投入到实践过程中加以体悟，才能够形成内心的稳定认知和外在的行为范式。对于部分高校教师来说，开展实践教学总是陷入形式主义的藩篱。如参观红色圣地时带着学生们走过场，秀自拍，后续没有任何的心得感想的交流互动；开展以劳动为主题的实践教育时，善于发号施令，不以身为范，导致了大学生的抵触心理。

理论与实践相结合，才能散发出耀眼的光芒。理论上的认知加上实践上的体悟，是保障育人成效的基本途径。这就要求红色文化精神教育主体在摒弃固有的关于理论与实践教学缺陷的基础上，积极融合两种育人方式，双管齐下，才能达到改造大学生内心世界的目的。

（2）育人主体忽视发挥新媒体的优势功能

新媒体为红色文化精神教育实践的开展提供了极大的便利。一则新媒体助力红色文化精神教育突破时空的限制。对于传统课堂教学的"三中心"论——"教师""教材""教案"为中心或是"三固定"论——"固定的空间""固定的教师""固定的学生"来说，新媒体背景下的育人实践实现了育人客体在任何时刻、任何地点自由学习的愿景；二则新媒体助力红色文化资源育人更加智慧化（smart）、个性化（personality）。新媒体背景下，育人主体可以依托众多平台，如微博、微信公众号、知乎、抖音等，将各种各样的红色文化资源融入大学生的日常学习和生活之中。育人主体可以利用新媒体信息传递和反馈的便捷性，在互联网上搜索应情应景的红色文化内容，展示出来并提倡学生积极反馈，交流互动。这样既可以辅助加深大学生对课堂教学传授的知识的记忆，打破课堂理论教学欠缺趣味性的局限，又提高了红色文化的"出场"频率，促进了红色文化的弘扬。此外，新媒体也增加了大学生开展红色文化自我教育的便捷性。现如今，互联网上发布了越来越多的与红色文化相关的视频或者专题报道，也不乏国内部分高校把本校的精品红色文化课程录制成视频上传到学校官网，学生可以通过互联网下载感兴趣和关注的红色文化相关内容，自我学习、自我研究、自我感悟、自我启发。即便新媒体为红色文化开辟了广袤的育人空间，仍然有部分教师，尤其是年长教师认为新媒体冲击了教师的教育主体地位，热衷于沿袭传统的照本宣科式的课堂理论灌输，对新媒体认同度低，融入新媒体困难。部分教师课堂上只念PPT，课后不回复消息，不与学生展开学习上的交流互动，对红色文化宣传教育的网络平台不闻不问，放弃网络育人阵地，削弱了育人成效。

（3）红色文化精神教育过程中的话语方式问题明显

感觉是个体内在的一种心理现象，如果需要他人认知你的感觉，那就必须要把这种感觉用凝练的语言将其描述出来，这种描述我们可以称之为话语。话语是教育的重要范畴之一，教师怎么说直接决定学生听得进多少。对于红色文化来说，因其意识形态性较强、涉及历史久远等客观事实，容易在大学生心中产生抵触情绪，高校教师以何种话语方式来拉近两者之间的距离，是思想政治教育需要研究和解决的前沿问题。从宏观的层面来看，红色文化精神教育的话语主体、话语理念和内容、话语方式都分别存在不同程度上的问题。主要表现在以下几个方面：一是红色文化精神教育话语方式表现出极强的官方宏大叙事性。部分育人主体在开展红色文化精神教育时，采用宏大叙事的话语，表现出信息垄断、层级垂直分布、自说自话的倾向，育人主体陶醉在以自我为中心的、权威性宣讲的世界中，自我封闭。在新时代受众多元化的现代语境中，宏大叙事常被认为避重就轻、垄断权威，话语缺乏说服力和感染力，可信度大打折扣。当前，话语受众完全会依据人情常态对话语进行解读，如果话语主体完全忽视大学生的个人体验和感受，不用接地气的言说方式去传播红色文化的内涵，收效甚微。二是红色文化精神教育话语方式存在着普遍的灌输式话语。"灌输"原则并不等于"灌输"方法，不能把"灌输"简单地理解为填鸭式教育。当前，不少高校教师在开展红色文化精神教育时采取简单粗暴的强制性"灌输"，不分对象、内容和场合，采用"命令""硬塞"等方式讲授红色文化。灌输式话语完全忽视了教育客体的主观能动性，只注重话语主体的价值，脱离话语受众的生存体验和心理需求，过于强调抽象的道德伦理和政治要求，话语生硬、死板，容易引发大学生的厌倦心理。三是红色文化精神教育话语方式中理性话语过多，情感话语缺失。"理性意义的语言在于陈述事实，情感意义的语言意在表达价值。"[①]任何事实的陈述都以表达相当的价值为目的，价值的表达也需要以相应的事实为基础，两者是辩证统一的关系。在红色文化精神教育过程中，本应将理性话语和情感话语相结合，先以情感话语"打头阵"，再用理性话语"打扫战场"；在教育过程中先诉诸情感，当引发育人客体情感共鸣时，再推以理性，引发育人客体的深刻思考，从而形成内心稳定的、系统的观点。部分高校教师在教育过程中高估了大

---

① [英]杰弗里·N.利奇.语义学[M].李瑞华译.上海：上海外语教育出版社，1987：73.

学生的心理接受能力，只会晓之以理，不懂动之以情，频繁开展政治说教，缺乏人情味儿，没有亲和力，弱化了教育话语的功效。

（二）新时代大学生红色文化精神教育存在问题的原因分析

红色文化精神教育实践本身就是运动着的，在其运动过程中产生的矛盾和问题只是具体的外部表现形式，而导致这些问题产生的原因是多维的。总的来看，导致新时代大学生红色文化精神教育成效不高的原因可以分为宏观原因和微观原因两个方面。

1.宏观原因

宏观因素是影响红色文化精神教育成效的外部因素，主要体现在社会大环境中的政治、经济、文化、科技等层面。改革开放是全方位的开放。随着改革开放事业的深入推进，形式多样的西方社会思潮不断涌入国内。由此，大学生便面临着西方多元思潮、社会主义核心价值观、中华传统文化等多种文化理念的思维冲突与交锋，一方面民主法治、公平正义、竞争拼搏、政治参与等意识得到增强；另一方面也倾向于个人主义、享乐主义、拜金主义的生活方式，爱国主义、集体主义和社会主义等思想意识还不够浓厚，这些都给新时代思想政治教育工作带来了新的挑战。我们不能忽视社会大环境中的负面影响，要引导大学生认知并积极抵御西方腐朽思想和传统文化中的封建思想。

（1）国外不良思潮对红色文化精神教育成效的解构

"社会思潮是在社会变革时代，在社会心理演化的基础上，由一定思想理论引领的，反映特定社会阶级或阶层诉求的，反映社会历史走向的，影响面较广的思想观念或倾向。"[①] 社会思潮作为一种精神力量，对现实具有强大的导向作用。大学生是祖国的未来和民族的希望，对于思想观念处于成熟和稳定关键期的大学生群体来说，早已成为西方思潮的谄媚对象。改革开放是把双刃剑，有利也有弊：利在于国家抓住了社会发展的契机，在科技、管理、环保等多方面积极与西方发达国家交流经验，共同应对如气候变暖、防核扩散、反恐和强权主义等问题，在国际舞台上扮演着越来越重要的角色；弊在于全方位的开放加剧了以美国为首的西方资本主义国

---

① 王静.当代西方社会思潮对大学生价值观的影响及对策研究[D].石家庄:河北师范大学,2014:8.

118

家对社会主义国家的意识形态输出和"西化""分化"的图谋，让国家在与之进行意识形态的博弈中处于被迫"防御"的地位。毛泽东在《关于正确处理人民内部矛盾》文中提出了"百花齐放，百家争鸣"的文化方针，目的在于以自由争论的形式去促进艺术和科学的发展，也为高校奠定了自由、民主的教育环境。但与此同时，高校自由的学术氛围也为国外不良思潮的传播提供了契机。对于高校大部分的教师群体来说，他们社会主义立场坚定、"四个意识"稳固，积极应对不良思潮的挑战，对社会主义的真理越辩越明。但对于大学生群体来讲，他们思想意识不够成熟、辨别能力不强，难以抵挡"普世价值"的糖衣炮弹，容易丢失意识形态的阵地。此外，西方国家在宣传"普世价值"的同时，经常利用中国在改革开放和社会发展过程中出现的问题和困难，如环保问题、法治问题、基层社会治理问题以及官员贪腐等，大肆渲染，添油加醋，挑拨民族关系和干群关系，丑化党执政的形象，为他们兜售不良社会思潮提供便利。从实质上看，红色文化精神教育就是浓厚的爱国主义感和社会主义荣誉感教育。西方不良思潮在高校中的传播就是瓦解大学生对社会主义核心价值观的认同，削弱他们的爱国主义思想，解构红色文化精神教育的成效。高校教师在开展红色文化精神教育的过程中，要加强爱国主义、社会主义教育，引导新时代大学生在吸收和借鉴国外先进思想文化成果的同时，保持清醒的头脑，抵制不良社会思潮的渗透和侵蚀，增强自身应对各种思想考验的能力。

（2）市场经济价值观念对红色文化精神教育成效的冲击

价值观念的激烈冲突与深刻变革，是当代人类文明进程的突出表现，是社会变革的必然产物。党的十四大确定了建设社会主义市场经济的目标，对中国社会发展的变迁以及文化价值观念的变革产生了巨大的影响。在这场价值观念的变革中，拥护计划经济体制的人表现出愤怒、不平、不解和痛心；同时也有不少人民群众表现出困惑、迷茫、浮躁。根据历史唯物主义中社会存在决定社会意识的观点，经济基础和生活范式的变革，必然会引起价值观念的变化与冲突。从本质上看，人类社会的发展进步也是在文明的冲突中演进的。正如社会主义市场经济和改革开放的不断深化，新时代的人民群众主体意识、效率意识、创新意识以及民主法治意识等都得到了强化，但同时市场经济的趋物导向让盲目攀比、投机取巧、唯利是图、拜金主义等不良社会现象也有所抬头。人民群众在两种价值观念的"角力"中变得迷茫和困顿。当今，我们处于改革开放的深水区，利益格局变动和社会结构的调整带来了多元化的利益诉求和价值取向。在消费理念、就业理念等层面，大学生也表现出了较强的独立性、差异性和多变性。这样的社会背景下，大学生容易被拜金主义、享乐主义、利己主义、自由主义等不良社会思潮影响，注重个人价值、忽视国家利益，追求物质获取、逃避社会责任，崇尚个性解放、无视规章制度等现象时有发生。部分大学生在处理个人、集体与国家之间的关系，树立何种世界观、人生观和价值观时，经常茫然失措。开展红色文化精神教育，就是引导学生要积极继承红色的优良传统，做到艰苦奋斗、迎难而上、勤劳勇敢、廉洁自律、团结互助等。而市场经济价值观念导致大学生主体意识觉醒，个性因素增强，个人价值与利益需要的凸显，使得大学生在日常的学习和生活中充斥着一定的竞争或者"敌对"关系，也影响着他们日常生活中的行为范式。这些都对红色文化精神教育成效造成了一定的冲击。

（3）传统文化中的封建思想对红色文化精神教育成效的抵牾

审视中华传统文化应带着辩证的学术视野。中华传统文化有两大组成部分。一是中华优秀传统文化，它是凝聚着中华民族自强不息的精神追求和历久弥新的精神财富，是发展社会主义先进文化的深厚基础，是建设中华民族共有精神家园的重要支撑，也是社会主义核心价值观和红色文化的源泉。二是传统文化中形成于古代社会的封建思想，它仍然是现当代人民群众解放思想和社会主义现代文明建构过程中的极大阻碍。中国封建社会的历史源远流长，从春秋战国绵延至辛亥革命。几千年的封建社会中形成和演进的封建思想，并不会随着封建制度的消亡而彻底覆灭，这是缘于社会意识具有相对独立性的特点。尽管社会存在决定着社会意识，但社会意识相对独立性的特点，能够使其表现出强大的反作用力。百足之虫，死而不僵。作为社会意识的各种封建思想和封建思维方式并不会随着封建体制一起消亡，几千年的封建残余是不可能靠一次或几次革命就能够完全肃清的。封建思想对红色文化内涵的抵牾主要体现在：红色文化精神教育大学生迎难而上、百折不回，封建思想却"引领"大家故步自封、甘于现状；红色文化精神教育大学生开拓创新、勇攀新峰，封建思想却"告诫"大家墨守成规、因循守旧；红色文化精神教育大学生追求民主法治、崇尚科学，封建思想却"教育"大家"三纲五常"、迷信天命；等等。在思想政治教育推崇全社会合力育人的背景下，封建思想对红色文化精神教育的成效造成了一定的冲击。

（4）新媒体中的不良言论对红色文化精神教育成效的削弱

网络和新媒体是一把双刃剑，对教育实践的开展利弊交加。这里笔者主要是把新媒体宏观地上升到社会环境的高度，论述其对红色文化精神教育的消极影响。新时代是一个信息大爆炸的时代，各种网络信息和新媒体终端映入人民群众的眼帘，可谓"乱花渐欲迷人眼"。就信息技术来说，它已经成为推动全球经济合作和发展的重要推动力。红色文化精神教育实践的开展，与社会环境是密切联系在一起的。当前，随着全面深化改革的不断推进，信息技术市场的对外开放程度愈来愈高，以美国为首的西方发达资本主义国家试图挤占我国的信息市场，为我们利用新媒体开展意识形态教育带来了巨大的挑战，主要体现在三个方面：一是党和国家对新媒体的掌控及舆论的引导力有待提高。新媒体传播自由和便捷的特点让大学生拥有了信息传播的自主权，大家可以在新媒体上自由探讨、发表言论，点赞转发，等等。虽然国家在网络上开始推行实名制，同学们要对自己的相关言论负责，但国家人口基数大，网络监管体系还不很完善，也给某些图谋不轨的反党反社会主义分子散播反动言论提供了可乘之机，大学生容易被新媒体上的不良言论影响，思想受到荼毒。这对国家的舆情把控能力和网络监管能力提出了新的要求。二是以美国为首的西方发达资本主义国家充分利用其信息技术的优势，推行以"普世价值"为典型的文化渗透。美国总是以"救世主"的身份自居，打着人权的幌子到处干涉别国内政。同时，美国也是最早开始大范围运用和在民众中普及互联网的国家。美国借助网络信息传输的便捷性，向世界各国尤其是社会主义国家兜售其所谓的"普世价值"，大力推销西方社会的生活方式、消费模式以及意识形态，力图打造出更多的"信徒"。青年大学生总是善于带着一种好奇的心态去看待事物，在主观辨别能力还没有完全形成的同时，容易被西方价值观念所渗透，理应引起社会和高校的警惕。三是高校运用新媒体传播红色文化的能力还有待提升。由于国家的信息技术水平还有很大的上升空间，对许多先进的传播方式和理念还有待时间来消化，开展新媒体红色文化精神教育的有效办法还不多，加上泛娱乐化的网络环境和一些明显违背社会主义意识形态的错误言论在新媒体上的频繁出现，这些都影响了高校利用新媒体开展红色文化精神教育的成效。

总的来说，多元化的互联网信息中充斥着不少与红色文化相对立的、异质性的不良言论，这些不良言论与红色文化相斥，无法形成相互理解的范式。红色文化中蕴含的爱国主义、集体主义思想，在这个反传统、反权威、崇尚个性自由的后现代化社会中，面临着较大的"生存压力"。

2. 微观原因

（1）方法技术原因

哲学上的方法"就是人们在认识世界和改造世界的过程中，为达到预期目的所采用的手段或方式"[1]。列宁在《哲学笔记》中指出："在探索的认识中，方法也就是工具，是在主体方面的某个手段，主体方面通过这个手段和客体相联系……"[2] 也就是说，方法是主体和客体之间建立联系的桥梁，也是主体认知客体的中介。没有了方法，认知客体便也无从谈起。对于红色文化资源育人来说，剖析育人方法中存在的问题，并在未来的实践过程中有针对性地改正，能够助推育人成效的提高。总的来看，红色文化精神教育的方式方法问题，主要体现在没有做到理论教育与实践教学的相统一、理性引导和情绪感染的相统一、理想塑造和现实关怀的相统一等。

①过于注重理论灌输，缺乏体验、感悟式的实践教育方法

"灌输"的方法，在任何理论教育刚刚开始的时候都是容易收到成效的，因为人不可能不学而会，知识也不会自己飞进教育客体的头脑中。但早期"灌输"的意义在于帮助教育客体在头脑中形成对所学理论的一种感性认知，这为教育客体后续的理性认知奠定了必要的基础。由于传统的教育观念在大部分高校教师的头脑中占主导地位，教师们也惯性地把大学生当成纯粹被动的受教育者，也习惯在教育全程采用自上而下、由外到内的单向度的灌输式理论教育，无视大学生的心理诉求。大学生处于自我意识和价

---

① 郑永廷 . 思想政治教育方法论 [M]. 北京：高等教育出版社，2010：2.

② 中共中央马克思恩格斯列宁斯大林著作编译局编译 . 列宁全集（第五十五卷）[M]. 北京：人民出版社，2017：189.

值观念趋于成熟的过程中，他们渴望独立，也希望得到他人的赞美和表扬，一种强烈的追求自我价值的欲望在心理弥漫开来。灌输教育，往往片面地从教师的主观态度出发，缺乏对大学生内心世界的把握，完全忽视他们在教育过程中的主体性地位，而大学生迫于教师的权威往往不敢发声，只能被动接受。灌输式的理论教学，是一种经院式的教学模式，从理论到理论，从思维到思维，不依赖各项实践活动的开展。久而久之，学生疲于应对，甚至连被"灌输"而来的、对理论所形成的表层认知都会遗忘，产生倦怠的心理。理论与实践相结合的魅力就在于，理论在实践过程中得到了审视，实践的过程中又会提炼出新的理论观点。课堂上的理论教育让大学生掌握的只是感性的知识，只能用思维去"想象"，而实践教学就是把大学生放置在与理论教学主题密切相关的实践场景中，通过亲力亲为的动手操作，或是耳濡目染的场景观察等，在实践场景中唤醒停留在脑海中的感性认知，增加他们对理论知识的认同，并以实践的方式将认同的理论知识外化出来。如果高校教师片面侧重理论灌输，忽视实践教学过程中的体验与感悟，便割裂了知与行之间的有机统一，也不利于理论知识由感性认知向理性认同的转变。

②榜样教育没有做到理想和现实的统一，脱离大学生的生活实际，欠缺可效仿性

榜样教育法是指"通过具有典型、榜样意义的人或事（正面的、先进的抑或反面的、落后的人或事）的示范引导、警示警诫作用，教育人们提高思想认识、规范自身行为的方法"[1]。榜样教育，无论是在血雨腥风的革命战争年代还是热火朝天的社会主义建设时期，都激发了广大人民群众劳动创造的积极性，促进了社会进步与发展。对于红色文化精神教育来说，开展榜样教育一定要实事求是，选择榜样时一定要紧贴社会热点问题和大学生的生活实际，以利于走进大学生的内心，被他们所接受。但这一点恰恰是部分高校教师所忽略的。榜样教育贵在真实。榜样的选取，既要能够突出主旋律色彩，又要兼顾大学生的现实生活状况，做到理想性与现实性的统一，增强大学生内心的认同感。在开展红色文化精神教育实践的过程中，

---

① 陈万柏，张耀灿.思想政治教学原理[M].北京：高等教育出版社，2007：226.

为了兼顾意识形态教育的需要，塑造了一大批革命英雄榜样。育人主体在大学生心中既要塑造可歌可泣的完美英雄形象，还要注重挖掘革命英雄人物"接地气"的一面，如性格特点、生活习惯、言语方式等，以此拉近英雄人物与大学生日常生活的距离，不仅让大学生对英雄人物发自内心地敬仰，还让大学生做到对英雄人物优秀行为习惯性地模仿。然而在现实的红色文化精神教育实践中，部分育人主体运用榜样教育时一味地进行宏大叙事，注重政治说教，只看到了英雄人物在理想教育层面的功效，忽视了他们散发出来的现实关怀气息。实然，在多元文化激烈碰撞的当下，红色文化精神教育过程中选择的榜样不仅仅局限于革命英烈，同样也包含了对社会主义现代化建设作出突出贡献的英雄人物、至纯质朴的道德模范、爱岗敬业的先进工人代表等。就拿此次抗击新型冠状病毒肺炎疫情来说，钟南山院士是当之无愧的人民英雄，他在抗击疫情中沉着冷静、英勇无畏、出谋划策，保障了人民群众的生命安全，荣获了"共和国勋章"此般不朽的荣耀。育人主体在开展抗击疫情精神的内涵解读时，可以把钟南山作为充满正能量的先进榜样，增强教育的说服力与感染力。对于高校教师来说，要在观照大学生思想成长和生活实际的基础上，把不同革命英烈身上具有的不同发光点和新时代社会在发展过程中遇到的大事、难题相结合，让榜样人物"接地气"，让大学生认为其具有可效仿性，这需要育人主体掌握大量翔实且细致入微的红色史实、及时把握大学生心理成长的走势等，是值得深入思考的问题。

③红色文化精神教育的内容脱离时代背景，主题滞后

从思想政治教育心理学的角度来说，红色文化因其不具备大学生所需要的具体而又实用的价值，同时又具备鲜明的意识形态性，大学生更倾向于认同能够直接创造价值的自然科学，对红色文化的认同度略低一些。在缺乏高校教师主观引导的前提下，大学生对红色文化的理解和接受往往依赖于他们在成长过程中形成的固有思想观念、价值取向和个人需求。改革开放带来的多元社会思潮导致人民群众价值追求的多元化，大学生的自我发展、自我实现的方式也变得多种多样，这就给红色文化精神教育内容的选择带来了新的要求。部分教师在开展红色文化精神教育时采用的内容脱离了时代发展的主题，误把红色文化的内容片面地理解为武装斗争和暴力

革命，没有做到与社会发展的主题相结合，也没有做到根据大学生的身心发展水平和兴趣点来选择恰当的育人内容，使红色文化对大学生逐渐失去了吸引力。高校教师群体应该充分理解新时代大学生的价值观念变革是全方位的。在新媒体时代，大学生能够轻易地接触到形形色色的价值观念，他们对个人价值的追求、人生信仰、精神需求、思维方式、交往方式等都发生了显著的变化，对于开展的红色文化精神教育，他们在教育内容、方式、价值上也有自己的见解。他们不拒绝品德高尚、形象高大的革命先烈，但也拒绝把崇高的"帽子"戴在自己头上。对于高校教师来说，要根据国情和社会发展主题的变化，在教育过程中积极地融入新时代各种富有时代特色的、正能量的红色教育主题，调动大学生的学习热情。例如，为了增强大学生的身体素质和激发他们的劳动意识，我们可以开展新时代的劳动模范教育；还可以用奥运精神和载人航天精神培育大学生坚毅拼搏和锐意进取的意识；用抗击疫情精神培育大学生团结互助、共克时艰的意识；等等。红色文化精神教育内容的丰富，既可以对大学生开展形象生动的国情教育，同时也满足了新时代大学生内在精神世界的成长需要。

（2）育人主客体原因

从唯物辩证法的角度来看，引起事物发展变化的原因可以分为内因和外因。内因也被称为内部矛盾，是事物自身运动的源泉和动力，也是事物发展的根本原因。外因被称为外部矛盾，是事物发展变化的第二原因。正如毛泽东同志在《矛盾论》中所论述的："事物发展的根本原因，不是在事物的外部而是在事物的内部，在于事物内部的矛盾性。任何事物内部都有这种矛盾性，因此引起了事物的运动和发展。"[①] 对于红色文化精神教育过程中所产生的问题，社会环境和方式方法只能被视为诱发问题的外部原因，而内部原因在于育人的主客体自身，具体表现在以下几个方面。

①高校对红色文化精神教育的重视度不够

高校对红色文化精神教育的整体规划属于"顶层设计"的范畴，能够为红色文化精神教育的开展提供财力、物力、人力等多面的支持与保障。从宏观上看，高校是否认同并支持红色文化精神教育，直接决定了教育成

---

① 毛泽东选集（第一卷）[M]. 北京：人民出版社，1991：301.

效的高低。在大兴"四个自信"之风的社会背景下，高校理应拥有高度的文化自觉，也始终应该把红色文化作为立德树人、育人铸魂的宝贵教育资源，并用以提高新时代高校教职工和大学生的思想道德素质。但理想与现实总会出现偏差，部分高校一边倒地集中优势资源发展自然科学，忽视了人文社会科学的规划和布局，没有意识到建设先进校园文化的重要性，利用红色文化的意识较弱，不同程度地存在着否认、看轻、淡化红色文化利用的思想倾向。

第一，常把红色文化资源"过时论"挂在嘴边。不可否认，旧的红色文化，因其历史久远性和脱离时代主题的局限，容易被人民群众淡忘、遗忘，但其中蕴含的感人事迹和积极的思想风貌对新时代社会主义现代化建设仍然有巨大的指导意义。部分高校总是从历史断代学的视角来看问题，忽视了红色文化本身所具备的动态演进能力，忽视了它在党执政的不同历史时期形成的新形态。在"红色文化资源等于暴力革命"这种错误思想的引导下，他们认为红色文化已经过时了，与社会发展的主题格格不入，阻碍社会的进步与发展，不需要为红色文化"开疆拓土"，去"破坏"高校原有的育人格局。

第二，红色文化精神教育的科研和师资队伍建设跟不上。红色文化的相关科研，是从理性层面去探析红色文化本体及其对社会发展各个层面所具备的价值，能够深化社会各界对红色文化的共识，助推社会的进步与发展。高校是人才的聚集地，理应充当研究红色文化的桥头堡，但在人文社会科学研究风气低迷的高校，研究红色文化似乎成了一纸空谈。再从师资力量上看，高校教师既是大学生所获取知识和技能的传授者，也是内在优秀思想道德素质的建构者。在"课程思政"大力推行的新时代，无论自然科学还是社会科学的高校教师都应该具备这两种能力。红色文化因其内在体系之庞大，要最大化地发挥其育人功效，就必须配备"懂红""信红""爱红"的专业教师群体。就目前的实际情况来看，许多高校并没有专门的讲授红色文化课程的教师，都是由思政课教师、社会上的研究人员等兼任，师资力量与红色文化的教学任务不匹配。

第三，不重视思政课和红色文化的科学衔接。红色文化精神教育价值是丰富的，如马克思主义理想信念的塑造、爱国主义情感的培育、全心全意为人民服务思想的锻造等。在思政课中适时适量地融入红色文化，既可以增强思政课的趣味性和吸引力，也可以将众多优秀的思想道德元素融入课堂教学，继而作用于大学生内心世界的成长。讲授不同课程的思政课教师可以在深入把握不同红色文化的独有内核和价值表征的基础上，积极探索红色文化与思政课内容之间的匹配性和关联度，将不同内涵的红色文化科学地"嫁接"到不同的思政课内容之中，以红色文化促进大学生深入领会教材内容，积极内化红色精神。目前仍有部分高校奉行本本主义的陈旧观念，把思政教科书中的内容视为独一无二的育人指南，割裂红色文化与思政课之间的内在关系，不重视两者之间的衔接。

第四，红色文化精神教育的共享意识淡薄。除了精神形态的红色文化之外，虽然各个区域的红色文化都略有差异，高校的校情也有所不同，如教师的教学能力、科研的平台、学生的知识储备等，但关于红色文化精神教育方法、教育经验都是可以相互借鉴和利用的。不同高校教师群体之间可以经常开展红色文化精神教育的研究讨论会，集中起来找寻教育过程中存在的共性问题，形成群策群力的教育氛围，而不是各自为战、孤军奋战，把经验分享当成是"抢饭碗"，把理论探讨当成是学校之间交流的走过场，缺乏共享的意识。如果不从"顶层设计"的层面去化解这些痼疾，高校教师利用红色文化精神育人的主观能动性的发挥就会大打折扣。

②部分育人主体的主流意识形态观念淡薄，对红色文化利用敷衍化

习近平在学校思想政治理论课教师座谈会上的讲话中指出："办好思想政治理论课关键在教师，关键在发挥教师的积极性、主动性、创造性。思政课教师，要给学生心灵埋下真善美的种子，引导学生扣好人生第一粒扣子。"[①]习近平还对思政课教师提出了"政治要强""情怀要深""思维要新""视野要广""自律要严""人格要正"六点要求。第一点要求是"政治要强"，就是让广大思政课教师筑牢底线思维，时时刻刻保持清醒的政治头脑，要坚定心中的马克思主义信仰，为社会主义教育事业作出积极的贡献。但我们也要清醒地看到，随着国外不良社会思潮的持续性冲击以及市场经济的蓬勃发展，部分高校思政课教师利欲熏心，被金钱蒙蔽了双眼，

---

① 习近平.用新时代中国特色社会主义思想铸魂育人 贯彻党的教育方针落实立德树人根本任务 [N].人民日报，2019-03-19.

甘愿被西方国家收买，并公然散播马克思主义无用论、抨击社会主义制度、丑化党的执政形象、出卖国家机密等。他们的主流意识形态观念颠覆，成了实实在在的"吃饭砸锅"者。对于红色文化精神教育来讲，他们的敷衍化态势表现在以下两个方面。

第一，戏说红色文化。红色文化在其形成和发展的过程中，涌现出大量的感人至深、可歌可泣的动人事例，这些事例都凝聚了革命先烈和英模人物的理想信念以及优秀道德品质，是后辈们尊敬、缅怀、学习的榜样。对于思政课教师来讲，在讲授红色经典事例的时候，应该情感充沛、真情流露、言之凿凿，以英雄人物的感人事迹及其光辉形象去激励青年大学生英勇无畏、不怕吃苦、奋勇前行。现下，某些高校教师时而带着调侃的口吻去戏说红色文化，底线思维荡然无存，社会主义历史观念消失殆尽，妄图以罔顾红色史实的虚假话语去哗众取宠，行径令人咋舌。其戏说的行为无异于对几代人的理想和共产党人最宝贵的物质及精神财富视而不见。

第二，歪曲、丑化甚至亵渎红色文化。如果高校教师戏说红色文化是对红色文化的看轻和不尊重，那么歪曲、丑化和亵渎红色文化，更是对红色文化毫无底线的政治践踏，这种行为已经上升到了与社会主义意识形态相对抗的高度，同时也丧失了人民教师最基本的职业要求与道德素养。随着互联网技术的不断成熟和新媒体的普及，人民群众可以轻易接触到互联网上海量的信息，但这些信息良莠不齐，其中不乏攻击社会主义以及丑化红色文化资源的不良言论。如"雷锋是因为帮人太多累死的""黄继光是摔倒了才堵枪眼的""董存瑞为什么牺牲？因为被炸药包上的两面胶粘住了……"网络中像这样罔顾红色史实的庸俗话语很多，为某些内心社会主义意识形态已被颠覆的教师提供了授课的"素材"。部分高校教师在授课时将这样罔顾史实的负面言论搬上课堂，给价值观正在形成的大学生带来了巨大的思想困扰，也极大地阻碍了他们社会主义价值判断取向的形成。此外，从思想政治教育心理学的角度来说，教师的形象是大学生接受红色文化精神教育的重要影响因素。对于拿着社会主义酬劳却诋毁红色文化的教师，其所开展的任何思政教育都容易引起大学生的反感。对于高校教师来说，要从师德师风入手，从普通公民该有的社会良知入手，筑牢意识形态的底线思维，开展红色文化资源的自我教育和自我认同，提升育人能力和人格魅力。

③新时代大学生理想信念层面具有的新特点及其对红色文化的现有认知不够

大学生作为时代新人的重要组成部分，是祖国的未来和民族的希望，同时也肩负着红色江山代代传的重要使命。换言之，他们对红色文化的认知和内化情况决定了他们将来以何种精神状态和思想道德风貌投身于社会主义现代化建设的浪潮之中。影响大学生认知红色文化的因素是立体化、多层面的，其中不乏社会环境、育人的方式方法等客观外在因素带来的阻力，而大学生自身主观层面的内在因素是导致红色文化认同乏力的主要原因，主要表现在以下两个方面。

第一，大学生迫于就业和生活的压力，重视专业技能的学习和培养，轻视红色文化。对于物质利益获取的重要性，马克思主义经典作家早就提出了相关论述。如马克思在《德意志意识形态》中指出："……我们首先应当确定一切人类生存的第一个前提，也就是一切历史的第一个前提，这个前提是：人们为了能够'创造历史'，必须能够生活。但是为了生活，首先就需要吃喝住穿以及其他一些东西。因此第一个历史活动就是生产满足这些需要的资料，即生产物质生活本身。"[1]更如马克思在《第六届莱茵省议会的辩论（第一篇论文）》中说的："人们奋斗所争取的一切，都同他们的利益有关。"[2]在马克思主义经典作家的论述中，物质利益的获取是为了更好地完成革命任务，最终目的是实现绝大多数人的利益。不可否认的是，物质资料作为满足人类生存和发展的基础，重要性是不可替代的。对于革命先烈和英模人物来说，饿着肚子闹革命和搞建设是不现实的；对于新时代大学生来讲，必须要掌握一技之长，才能在竞争激烈的社会中立足。人文社会科学不像自然科学那样可以直接创造出物质财富，其只能通过改造和改善教育对象内在的精神风貌和思想道德素质来助力于物质财富的生产与获得。红色文化属于人文社会科学的范畴，加上它们浓厚的意识

---

① 中共中央马克思恩格斯列宁斯大林著作编译局编译．马克思恩格斯全集（第3卷）[M]．北京：人民出版社，1965：31.

② 中共中央马克思恩格斯列宁斯大林著作编译局编译．马克思恩格斯全集（第1卷）[M]．北京：人民出版社，1965：82.

形态性特征，因此容易被大学生所忽视。在就业环境愈发严峻的社会背景下，大学生努力学得一技之长并投入到将来工作的实践中是很正确的。因为共产党人不仅讲理论，更讲理论与实践相结合；不仅讲精神，还讲求对正当利益的获取。也如马克思、恩格斯在《共产党宣言》中指出的那样："共产主义并不剥夺任何人占有社会产品的权力，它只剥夺利用这种占有去奴役他人劳动的权力。"① 新时代的大学生因为思想意识还不够成熟，很难处理好个人利益与集体利益之间、短期利益和长远利益之间的关系。具体说来，大学生的个人利益关系到未来个人价值的实现和将来的生存发展境遇，这是大学生当下热烈追求的。但对于社会集体利益来说，开展红色文化精神教育就是唤醒大学生心中的社会集体记忆和爱国主义情感，保障党的执政合法性地位和国家治理的长治久安，这点恰恰是大学生在追逐个人利益时容易忽视的。大学生眼中的短期利益就是利用所学的专业知识和技能为社会创造财富，但也忽视了利用红色文化改造过的精神世界为生产劳动提供源源不断的动力支持所产生的长远利益。所以，大学生必须要处理好个人利益与集体利益之间的关系，既注重专业知识、技能的修习与锻造，更要坚定红色文化自信，把红色文化传承好。

第二，和平的成长环境导致大学生对红色文化的理性认知缺乏。马克思在《1844年经济学哲学手稿》中指出："个人是社会存在物，因此，他的生命表现，即使不采取共同的、同其他人一起完成的生命表现这种直接形式，也是社会生活的表现和确证。"② 这就说明了人的生存与发展即便有属于自己的特征，但总是离不开社会大环境的规定。所以马克思又言："永远不会忘记，我们每一个人都是更多地受环境的支配，而不是受自己的意志的支配。"③ 人和环境是相互创造的关系，人创造环境，环境也能塑造人。新时代的大学生是"90后的尾巴"或00后群体，他们自呱呱坠地便享受着改革开放二十余年来的胜利果实，社会主义生产力得到充分发展，物质

---

① 中共中央马克思恩格斯列宁斯大林著作编译局编译. 马克思恩格斯选集（第一卷）[M].北京：人民出版社，1972：267.

② 中共中央马克思恩格斯列宁斯大林著作编译局编译. 马克思恩格斯全集（第42卷）[M].北京：人民出版社，1979：122–123.

③ 中共中央马克思恩格斯列宁斯大林著作编译局编译. 马克思恩格斯选集（第四卷）[M].北京：人民出版社，1995：584.

生活资料较改革开放前也充沛了许多。在他们成长的过程中，整个社会呈现出生机盎然的拼搏、奋斗景象，人民丰衣足食、百姓安居乐业。生活在温馨的社会环境中，他们关注更多的是时代发展和演进过程中发生的大事小情，而对革命和斗争关注得较少。一是国家集中精力搞经济建设，在意识形态教育过程中弱化了暴力革命、武装斗争等党史的教育力度；二是大学生没有亲身经历过暴力革命和武装斗争，因此很难做到对它们感同身受。现阶段我们讲求实践教学，可以通过实地考察、参观和游览等途径，增强大学生对红色文化的体悟，但不是所有高校都能够具备这样的客观条件。伴着红色文化研究和教学的热潮，许多位于革命老区的高校先后利用红色文化开展了育人实践，但主要还都是以课堂上的理论教学为主。理论教学只能将抽象的理论灌入大学生的头脑中，形成一层较为浅薄的感性认知，能不能内化红色精神的要义和优秀革命传统是个未知数，有待日后言行举止的检验。环境一旦形成，便不易更迭。尤其是和平的环境，因其来之不易，更是全人类共同的珍宝。对于高校教师来说，我们无法去改变大的社会环境，但可以积极创设课堂教学和社会实践中的红色微环境，通过丰富多样的教育手段，让大学生对红色文化形成理性的认知。

此外，新时代大学生在思想意识层面所具备的新特质，也是影响红色文化精神教育成效的重要因素。对于思想意识的产生，马克思论述道："意识在任何时候都只能是被意识到了的存在，而人们的存在就是他们的实际生活过程。如果在全部意识形态中人们和他们的关系就像在照相机中一样是倒现着的，那么这种现象也是从人们生活的历史过程中产生的，正如物象在眼网膜上的倒影是直接从人们生活的物理过程中产生的一样。"[1]大学生头脑中产生的这些新特质，并不是凭空出现的，而是被所处的生活和学习环境熏染出来的。

首先，全民消费视域下的泛娱乐化心理严重。泛娱乐化就是把娱乐作为衡量一切的标杆，任何宏大叙事、崇高的价值观念、优秀的道德品行都可以被娱乐和消解，在娱乐的过程中使它们的价值和意义荡然无存。对于新时代的大学生来讲，泛娱乐化心理的具体表现，就是痴迷于网络游戏、

---

① 中共中央马克思恩格斯列宁斯大林著作编译局编译. 马克思恩格斯选集（第一卷）[M]. 北京：人民出版社，1972：30.

选秀偶像节目、明星八卦、影视动漫以及色情暴力等内容，并在言语或行动上表现出与社会主义核心价值观或主流意识形态的多处相悖。泛娱乐化心理对大学生的消极影响是巨大的：一是大学生的社会主义信仰被逐渐解构。浓厚的爱国主义情怀和对社会主义先进文化的敬畏，是新时代大学生该有的精神风尚，但在泛娱乐化心理的作用下，真实的历史成为虚构的假象，红色人物也成了被戏谑和调侃的对象，道德伦理皆被抛在脑后，内在的信仰体系坍塌。二是大学生对社会主义核心价值观的认同被削弱。西方社会的价值观念通过互联网和新媒体"嫁接"到娱乐内容之中，打着娱乐的幌子，兜售西方社会思潮。这时的娱乐已经不再单纯是放松身心的方式了，其中蕴含了浓厚的非社会主义价值取向。此外，泛娱乐化还有极强的排斥政治话语的能力。政治话语往往表现出理性、专业和抽象等特点，而泛娱乐化的话语呈现出轻松、欢愉、简单直接的特性，因而更容易受大学生的青睐，但也导致了大学生对政治的冷漠、社会责任感的欠缺、核心价值观的认同乏力等。三是大学生的个人能力和价值追求受到了束缚。大学阶段是求学生涯中非常重要的时刻，大学生本应为了将来更好地实现个人价值和社会价值，努力学习专业知识，掌握本领，但泛娱乐化心理让大学生沉迷于娱乐和消费、玩耍和放松，丧失了学习的主动性和渴求知识的理性。他们在娱乐虚幻的世界中，追求短暂的感官刺激，妄图在不劳而获中享受幸福生活，彻底放弃了个人的价值追求。总而言之，泛娱乐化对大学生的消极影响是立体多维的，是他们健康成长道路上的绊脚石。

其次，个人主义思想严重。个人主义是与集体主义相对应的一种价值观念。个人主义强调个人的绝对自由和个人利益至上，是一种以个人为中心进行为人处事的价值观念。随着我国改革开放和市场经济的深入推进，个人主义思潮也就有了"适宜"的土壤。市场经济让人民群众的价值主体意识觉醒，计划经济时期一切等分配的时代已经过去了，多劳多得、不劳不得的理念也已经深入人心，人民群众的主观能动性也被发挥到了极致。但个人主义思潮并不是自发产生的，而是社会主义现代化转型中的必然产物。大学生生活在市场经济的社会环境中，必然也会受到个人主义思潮的影响且呈现出国家意识淡化、集体主义观念势微、个体心灵虚化等消极特征。个人主义在一定程度上瓦解了社会凝聚力，不利于培养新时代大学生的民族精神和团结合作意识，也弱化了大学生的公民意识。个人主义终究不同于利己主义，我们还是应该用辩证的眼光看到个人主义对大学生成长的积极一面，如个人主义能够培养大学生的民主意识、创新精神和反思能力。但无论如何，个人主义思想与国家的主流价值观念如集体主义、团结协作精神等是不相融的，也与红色文化的内涵有众多相悖之处，是阻碍意识形态教育的主观因素之一。

第五章 新时代大学生红色文化精神
教育的原则与内容

原则是指经过长期经验总结所得出的合理化的现象。思想政治教育是一门需要反复实践并从实践中凝练经验的学科。红色文化是党领导人民群众在长期的革命斗争和社会建设实践过程中形成的具有群众性、先进性和时代性等特征的科学实践结晶。红色文化精神教育内在地从属于思想政治教育的大系统，它的教育原则的形成也是建立在对大量育人实践进行理性探讨和经验凝练的基础之上的，具有比方法论更为宽泛的指导价值。但因红色文化与时俱进的特质，利用红色文化开展的育人实践也必定会打上时代的烙印，那么根据实践凝练而成的教育原则也必定是一个开放的范畴，这既对本章节的研究提出了挑战，也为将来开展后续研究提供了求索的空间。本章除了探讨红色文化精神教育的利用原则以外，也试图对红色文化精神教育的内容进行归纳和总结，挖掘和提炼各种具体形态红色文化精神的共同内涵和时代价值，从而筑牢大学生的精神支柱。

一、新时代大学生红色文化精神教育的原则

（一）共建共享原则

习近平在会见联合国前秘书长潘基文时指出："经济全球化既带来机遇和繁荣，也带来挑战和麻烦，需要加强全球治理，致力于打造人类命运共同体。我们要继续弘扬《联合国宪章》宗旨和原则，同时也要与时俱进，倡导共商、共建、共享的全球治理理念……"[①] 共建与共享两者是辩证存在的关系，共建是共享的前提与基础，共享是共建的最终目的。此外，共建

---

① 习近平会见联合国秘书长潘基文 [N]. 光明日报，2016-07-08.

可以发扬社会主义制度的特有优势：集中力量办大事；共享则体现出社会主义的本质要求：人民的利益和福祉是党和国家至高无上的奋斗目标。

对于红色文化来说，因其部分物质内容存在的历史久远性和分布地域的散发性特点，就必须依赖全国各地的人民群众发挥主体作用，群策群力，形成开发和保护"一盘棋"的局面。对于不同地区开发出来的物质形态的红色文化资源，可以依托其建立相关的纪念馆、博物馆等，在全国范围内免费开放。对于精神形态的红色文化，也可以通过新媒体网络平台实现资源共享。这些都是红色文化共建共享的基本内容。对于红色文化精神教育来讲，共建共享原则同样适用。

首先，红色文化精神教育的共建可以分为校内与校外两个层面的共建。从校内层面来讲，高校的决策层（育人政策制定层）、育人管理者、育人主体、育人客体都应该明确各自的责任与义务，发挥好自身的力量，协调并配合红色文化精神教育实践的开展。如决定是否开展红色文化精神教育实践，就需要把开展教育实践的益处和将要面对的困难考虑清楚，做好顶层设计的保障；教育管理者需要协调好支撑教育实践开展的物力、人力和财力等多方面的支持，还要定时开展教育成效的评估、经验的总结，反馈具体问题；教育主体需要考虑以何种方式开展红色文化精神教育，怎样才能将教育成效最大化等；教育客体则要以端正的学习态度投入到课堂理论学习和课后的实践教学之中，积极将红色精神和优秀的红色传统内化于心，外化于行。从校外层面来讲，就是各个地区、相关部门和高校要联起手来，共同建设，使有限的红色文化发挥更强大的教育功效。

其次，红色文化精神教育的共享。对于实践教学过程中需要的红色文化精神教育共享，高校间可以采用"引进来"和"走出去"的方式，互惠互利。比如高校间可以建立校际合作关系，分别组织学生们前往不同区域的红色遗址进行参观考察、瞻仰缅怀。对于那些便于移动的红色文化，不同高校之间也可以采取"异地送展"的形式，开展红色文化的共享等。对于理论教学层面的红色文化精神教育共享，高校间可以经常性地开展红色主题的学术论坛、经验分享会、教学探讨会等，将优秀的育人模式和经验及时在高校间传递和分享，在结合校情实际的基础上做到互通有无，以长补短，促进彼此教育成效的提高。值得一提的是，在红色文化精神教育共建共享的过程中，一定要关注到不同区域红色文化的地域内生性和本身固有的个性特质，不能对以此为依托的理论教学层面的教育模式照搬照抄。

（二）实事求是原则

习近平在纪念在毛泽东诞辰 120 周年座谈会上的讲话中指出："实事求是，是马克思主义的根本观点，是中国共产党人认识世界、改造世界的根本要求，是我们党的基本思想方法、工作方法、领导方法。"[①] 实事求是是马克思主义和毛泽东思想的精髓，也是我们党开展一切工作的指导原则。红色文化精神教育是一项改造人的主观世界的实践活动，"就应该从受教育者的思想实际出发，从社会生活的实际出发，按照教育对象的不同层次、不同的思想觉悟和认识水平，采取灵活多样的教育方式和手段，有针对性地开展教育工作"[②]。

红色文化精神教育过程中的实事求是，应该做到以下三点。

首先，教育主体对红色文化的认知要做到实事求是，尊重史实。历史是不能假设的，历史也不是虚构的。红色文化是党领导人民群众以钢铁般的意志在流血牺牲和艰苦奋斗的过程中形成的。其中的每一份历史文物、每一件感人事迹都是党成长过程中不容抹杀和歪曲的见证。对于思政课教师来说，理应率先认知红色文化，并感悟、领会其中的精神内涵，力求无偏差地将其投射到育人的实践过程之中。思政课教师更要积极地反对历史虚无主义，同那些丑化、歪曲和诋毁红色文化的现象作斗争。

其次，教育主体在开展教育实践的过程中要做到实事求是。教育主体应该在教育实践开展之前，就对不同类型红色文化的内涵界定、价值功能、利用途径等进行综合把握，对不同层次教育客体的心理特点和精神世界的发展诉求进行系统性的认知，对国际国内社会发展过程中出现的难题、大事有所了解，然后把不同红色文化的特性、内涵与教育目标、要求以及大学生的现实需求结合起来开展教育实践，做到因材施教、因时而教。

最后，在面对红色文化精神教育的成效时也应该做到实事求是。红色文化是众多文化中的一种，因其是党执政过程中的直接产物，所以具备科

---

① 习近平. 在纪念毛泽东同志诞辰 120 周年座谈会上的讲话 [M]. 北京：人民出版社，2013：15.

② 陈万柏，张耀灿主编. 思想政治教育学原理 [M]. 北京：高等教育出版社，2007：208.

学性、群众性、时代性、广泛性等特点，是意识形态教育的绝佳教材。但同时我们也能够看到，红色文化因其历史久远性、分布零散性、价值潜在性、意识形态性等特点限制了它在思想政治教育过程中功能的发挥。尤其需要注意的是，新时代大学生接受红色文化精神教育的环境已经发生了巨大的变化。新民主主义革命、社会主义革命和建设时期，人们的思维观念高度统一，价值观念单一化，开展意识形态教育的环境相对较为封闭，思想政治教育的开展也就更容易取得成效。但改革开放以来，国外不良社会思潮的大量涌入，导致人们思想价值观念不可避免地多元化，大学生的自主性和选择性意识不断增强，对于能否接受红色文化、能接受多少，都存在着较大的个体差异。所以我们应该冷静审视红色文化精神教育将会面临的巨大挑战，既不能忽略和贬低红色文化精神教育功效，也不能盲目乐观地夸大其成效，更不能在红色文化精神教育刚起步受挫时就彻底否认它的教育功效，要做到实事求是，机敏应对。

（三）以生为本原则

胡锦涛在党的十七大报告中指出："必须坚持以人为本。全心全意为人民服务是党的根本宗旨，党的一切奋斗和工作都是为了造福人民。要始终把实现好、维护好、发展好最广泛人民的根本利益作为党和国家一切工作的出发点和落脚点……"[1]习近平在继承和创新"以人为本"理念的基础上，提出了"以人民为中心"的发展思想。他指出："要坚持以人民为中心的发展思想，这是马克思主义政治经济学的根本立场。要坚持把增进人民福祉、促进人的全面发展、朝着共同富裕方向稳步前进作为经济发展的出发点和落脚点，部署经济工作、制定经济政策、推动经济发展都要牢牢坚持这个根本立场。"[2]无论是"以人为本"还是"以人民为中心"的发展理念，都体现了党全心全意为人民服务的根本宗旨，也体现了意识形态教育的根本遵循——促进人的自由全面发展。因此，红色文化精神教育也必须要树立"以生为本"的指导原则并贯穿于教育的各个环节之中。

---

① 胡锦涛 . 高举中国特色社会主义伟大旗帜 为夺取全面建设小康社会新胜利而奋斗 [N]. 人民日报，2007-10-15.

② 习近平在中共中央政治局第二十八次集体学习时的讲话强调：立足我国国情和我国发展实践 发展当代中国马克思主义政治经济学 [N]. 光明日报，2015-11-25.

首先,要充分尊重教育客体的主体地位。教育主体应该站在时代的前沿,积极主动研究社会发展变化的实际情况和大学生内在精神世界的发展诉求以及心理特点的新变化,综合全面地把握不同形态、不同内容的红色文化的特性和内涵开展教育实践。也就是要把大学生的心理诉求作为选择红色文化的客观依据。不同学科背景的大学生对红色文化有不同的需求,比如理工科的大学生对艰苦奋斗、勤劳实干、锐意创新等为主题的红色文化更感兴趣,教育主体便可以选择类似性质的如铁人王进喜的忘我奋斗、钱学森的报国精神等开展教育实践,以增强他们的劳动意识、创新意识等;人文社会科学专业的大学生更容易被动人的红色故事打动内心,引发他们对红色文化深层次的关于内涵和特征的理性思考,往往对爱国为民、党的宗旨、理想信仰、忧患意识等为主题的红色文化兴趣更浓。尽管在教育过程中,我们要尊重教育客体的主体地位。但仍然要树立意识形态教育的底线思维,那就是在教育过程中一定要突出理想信念教育、爱国主义教育、历史感教育、三观教育、实践劳动教育等,为社会主义现代化建设培养出政治方向坚定、理论功底扎实、实践动手能力强的时代新人。

其次,教育主体要在教育过程中突出服务意识。"只有不断强化服务意识,让受教育者真正感受到我们所做的一切,都是为他们服务,都与他们的切身利益密切相关,才会自觉地接受教育,从而增强思想政治教育的实效性。"① 要让新时代的大学生明白,红色文化资源是按照党和国家的要求把一定的思想观点、政治观念、道德规范、价值取向等有计划、有组织、有目的地传授给他们,最终形成新时代中国特色社会主义所需要的思想道德素质,这个过程既是服务于国家、政党、社会发展的需求,也是在践行思想政治教育的本质——为大学生的自由全面发展服务。

（四）知行合一原则

理论与实践相结合,一直是党开展思想政治教育工作的优良传统。对于红色文化精神教育来说,既要坚持不懈地开展课堂上的理论教育,用红色精神的内涵去武装大学生的头脑,又要结合新时代社会发展的实际状况和大学生内在心理诉求的发展变化,实事求是地开展育人实践。与此同时,

---

① 张耀灿,郑永廷,吴潜涛,骆郁廷,等.现代思想政治教育学[M].北京:人民出版社,2006:454.

教育主体还要把所教授的理论在实践过程中予以体现，促进大学生在校园和社会实践中提高对红色文化的认知，内化红色文化的内涵与要义，最终达到知行合一的境界。红色文化精神教育理论与实践的相结合，要做到以下两点。

首先，要在知行合一理念的指导下进行理论教育与实践教育的两手抓。先通过有目的、有组织、有计划地向大学生讲解和传授红色文化的内容、内涵、特征、价值等基础的理论知识，引导大学生对红色文化形成感性的认知，然后再通过开展红色主题的校园或者社会实践，在实践的过程中去领悟和体会红色文化，达到巩固和强化课堂理论教育成果的目的，最终形成对红色文化的理性认同并用以指导日后实践活动的开展，对红色文化从理论的传承演进至行为传承的高度。

其次，理论教学与实践教学要做到合理衔接，灵活运用。在开展红色文化精神教育的过程中，理论教学的每个阶段都要与适量的实践教学相结合。不能一直是理论教学"打头阵"，实践教学扮演"客串嘉宾"的角色。理论教学的早期可以配合开展简单的校内实践，如校园环境卫生治理、组织开展红色主题的文艺活动等；理论教学的中后期，通过观察和测验等途径得知大学生对红色文化有了较深的认知以后，可以积极开展社会实践如社区志愿活动，参观和拜访红色革命圣地、名人故居等方式加速心中对红色文化的认同。此外，在开展实践教学的同时，也一定要有明确的教育目的，要时刻把相对应的红色文化的内涵、价值等放在心中，在实践教学结束后要及时地进行书面总结或是召开讨论会等，不能流于形式主义。

（五）灵活多样原则

习近平在第二届世界互联网大会的开幕式上指出："现在，以互联网为代表的信息技术日新月异，引领了社会生产新变革，创造了人类生活新空间，拓展了国家治理新领域，极大提高了人类认识世界、改造世界的能力。"[1] 由此可见互联网以及新媒体对社会发展的重要性作用。红色文化的线下教育，是指教育主体在固定的时间和空间范围内，对育人客体开展的面对面的理论教学与实践教学的总和。线上教育主要是指依托互联网新媒

体技术对教育客体开展的红色文化精神教育。线下教育和线上教育相结合，有助于突破红色文化精神教育的时空限制，也有助于拓宽教育的途径和教育的吸引力，提高教育的成效。

新媒体给红色文化精神教育带来了无限可能性。其丰富了育人的渠道，拓宽了教育的途径。新时代大学生可以通过网络课堂、慕课、微博、微信、微视、红色网站等进行线上学习，师生之间也可以通过新媒体进行及时的互动与交流。此外，新媒体技术为红色文化的传播增添了图片、声音、视频等现代性元素，极大地提高了他们的学习兴趣。但需要注意的是，因为大众在使用新媒体过程中的"媚俗"倾向以及高校使用新媒体技术的能力不够强等弊端，加上大学生在开展线上学习的同时容易受到互联网中良莠不齐的信息的影响，这些都给红色文化线上教育的开展带来了挑战。因此，我们必须要坚持线下教育与线上教育的相结合。具体要做到以下几点。

首先，要明确线下教育是线上教育的基础与保障。线上教育的内容、方法、手段、过程等很多内容来自线下长期积累的课程教学，它为线上教育的开展提供了知识保证，是线上教育的基础和依托。对于红色文化精神教育来说，线下教育最突出的优势在于师生之间可以进行面对面的高频率互动，学生在教学过程中的体验感要远远优于线上教学，也便于教师随堂进行教学成效的检测，及时搜集学生对于教学的反馈信息。此外，红色文化精神教育的实践教学，也只能以线下教育的形式开展。其次，要积极利用线上教育作为线下教育的延展与补充。一是线上教育突破了地域的制约和时间的限制，教师可以灵活机动地调整授课时间，大学生也可以在任何时间、任何地点自主地选择感兴趣的红色文化进行自我教育。二是线上教育变课堂上的讲授式教学为网络上的互动式教学，变封闭的线下课堂为开放合作的网络教室，能够提升大学生的课堂参与度和调动他们思考的积极性。三是线上教育更利于育人主体开展渗透式的隐性教育。通过与技术人员的配合，育人主体可以结合社会发展的热点事件并在微信公众号、抖音、微博等平台及时推送应情应景的红色文化，让大学生在耳濡目染的过程中进行心灵的熏陶。

二、新时代大学生红色文化精神教育的内容

目前，从大学生红色文化精神教育所选择的教育资源的存在形态来分类，可分为物质类红色文化教育资源和非物质类红色文化教育资源。而物质类红色文化教育资源，以其存在形态来看，具体来说，主要包括遗址遗迹类红色文化教育资源、建筑设施与文物类红色文化教育资源、革命文艺作品类红色文化教育资源和制度文化类红色文化教育资源。非物质类红色文化教育资源，通俗地讲，就是红色精神，它是中国共产党领导中国人民进行新民主主义革命和社会主义建设以及改革实践的经验总结，是宝贵的精神财富，是中国红色文化的精髓和核心所在，也是对大学生开展红色文化精神教育的重点所在。它凝聚着中国共产党人的理想、追求、信念和信仰。这种精神力量以其独特的魅力吸引着千千万万的先进分子和普通民众，为了新中国而奉献自己的一切甚至是最宝贵的生命。

在每个历史时期，中国共产党都凝练成了对应的红色精神，主要有红船精神、井冈山精神、苏区精神、长征精神、延安精神、西柏坡精神等。这六种精神是构成非物质类红色文化教育资源的主体。除了这六种主要的红色精神之外，非物质类红色文化教育资源还包括以下内容：一是从中国共产党成立到井冈山时期，与红船精神同时代的在马克思主义中国化历程中的其他红色精神，如安源精神、"二七"精神、"八一"精神等；二是从井冈山时期到西柏坡时期同时代的其他精神，如苏区的"兴国干部好作风"，长征时期的遵义精神，延安时期的南泥湾精神、白求恩精神、张思德精神、整风精神、愚公移山精神等；三是中国共产党领导的其他根据地、解放区所形成的红色精神，如百色精神、沂蒙精神等；四是中国共产党人同敌人进行地下斗争所形成的红色精神，如红岩精神。另外，还有在社会主义革命和建设初期以及在改革开放过程中形成的其他精神，如大庆精神、雷锋精神、"两弹一星"精神、创新精神、开放精神、抗洪精神、抗震救灾精神、脱贫攻坚精神、抗疫精神、科学家精神、新时代北斗精神、丝路精神等。

由于历史条件的不同，红色精神在不同历史阶段表现出不同的历史形态，各自形成了其独特的内涵，但是，这些红色精神的本质是一致的，都

是用实事求是、百折不挠、艰苦奋斗、开拓创新、忠于信仰、乐于奉献、生生不息这条主线，用推翻"三座大山"、建立新中国、建设中国特色社会主义、实现共产主义这个大目标而将其紧密联系在一起的。下面，我们重点梳理开展新时代大学生红色文化精神教育常用的非物质类红色文化教育资源，选取每个历史阶段的典型精神作为大学生红色文化精神教育的基本内容，并加以归纳总结，突出其精神实质，达到教育目的。

（一）革命战争时期的红色文化精神教育内容

1.红船精神

1917 年，在列宁的领导下，俄国十月革命取得了胜利，创建了第一个社会主义国家，为中国送来了马克思列宁主义，这对于中国尝试无产阶级革命运动有着尤为重要的借鉴意义。1919 年五四运动爆发，中国人民特别是先进知识分子有了新的觉醒。以李大钊、陈独秀为主要代表的先进分子，他们充分认识到马克思主义的真理力量，借鉴俄国十月社会主义革命的胜利经验，用马克思主义改造中国，并建立由无产阶级领导的革命政党。五四运动后，在李大钊、陈独秀等人的大力宣传下，马克思主义得到了迅速而广泛的传播，为中国共产党的创建奠基了理论根源和思想准备。随着马克思主义在中国的广泛传播，以及工人运动的蓬勃兴起，建立一个新的无产阶级政党提上了日程。经过一段时间的酝酿和筹备，第一个共产党早期组织——上海共产党早期组织于 1920 年 8 月成立。上海共产党早期组织的建立推动了各地共产党早期组织的成立，各地共产党早期组织相继成立后，一大批革命分子通过出版杂志、报纸，编译各类书籍，大力宣传马克思主义思想。同时，革命分子积极推动成立青年团组织、产业工会……努力促进马克思主义与工人运动相结合。这样，正式成立中国共产党的条件基本具备了。中国共产党第一次全国代表大会于 1921 年 7 月 23 日在上海法租界举行，7 月 24 日—29 日举行了四次会议，这四次会议详细探讨了党的纲领和决议等重大问题。7 月 30 日举行第六次会议，会议开始不久便受到法租界巡捕房的侵扰而被迫中断，会议转至浙江省嘉兴市南湖的一艘小船上继续召开。中共一大南湖会议讨论通过了中国共产党的纲领，确定党的名称为"中国共产党"，宣布了中国共产党的成立。

中共一大南湖会议虽然只有短暂的一天时间，却完成了会议的所有议程，见证了中国共产党的诞生，而南湖这艘小船由此载入中国革命伟大史册——"红船"，它见证了中国革命史上开天辟地的大事变，成为中国革命源头的象征。中国共产党的诞生标志着红船精神的形成。因此可见，中国共产党的建立是红船精神形成的历史标志。中国共产党的成立，谱写了中国社会发展的新篇章，从此领导中国人民进行革命、改革、建设，在历史长河中创造了一个又一个奇迹，从站起来到富起来，再到强起来，使中华民族以更加昂扬的姿态屹立于世界民族之林。

2005年6月21日，习近平在《光明日报》发表了题名为《弘扬"红船精神"走在时代前列》的文章。文章中首次公开阐明红船精神，并科学阐述了红船精神的科学内涵，即"开天辟地、敢为人先的首创精神，坚定理想、百折不挠的奋斗精神，立党为公、忠诚为民的奉献精神，是中国革命精神之源，是'红船精神'的深刻内涵"[1]。其中，"首创精神是灵魂，是动力之源；奋斗精神是支柱，是胜利之本；奉献精神是本质，是执政之基"[2]。习近平认为红船精神是中国革命精神的源头，是中国革命精神的逻辑起点，和井冈山精神、长征精神等一系列中国革命精神一同构成了完整的中国革命精神体系，在中国革命、改革、建设过程中不断激励着中华民族和中国人民，是我们不断夺取新胜利的强大精神力量。

（1）开天辟地、敢为人先的首创精神

红船精神中的开天辟地、敢为人先的首创精神集中体现在：近代中国面临山河破碎的民族危机，在经历农民阶级、地主阶级、资产阶级等各界仁人志士探索救亡图存方案失败之后，无产阶级先进分子敢于开辟新的救国道路，敢于追求真理之路，开启了传播马克思主义的先河，创建了中国共产党，开创了中国革命新道路，给身处水深火热的中华民族和中国人民带来了光明和希望。无产阶级先进分子善于认清革命发展形势和把握时代发展规律，敢于创新，在中国近代史上创造了多个"第一"，充分彰显了开天辟地、敢为人先的首创精神。

---

① 习近平. 弘扬"红船精神"走在时代前列 [N]. 光明日报，2005-06-21.
② 习近平. 弘扬"红船精神"走在时代前列 [N]. 光明日报，2005-06-21.

①开启了传播马克思主义的先河

俄国十月革命胜利后，以陈独秀、李大钊等为代表的无产阶级先进分子审时度势，充分认识到马克思主义的真理力量，想通过思想变革开创中国革命新局面，于是便通过各种方式和途径大力宣传马克思主义思想。第一，利用《新青年》宣传马克思主义思想。《新青年》是宣传马克思主义的重要阵地。陈独秀、李大钊等无产阶级先进分子利用《新青年》出版专号特刊传播马克思主义思想，以及设立专栏全面介绍苏俄革命思想，全面介绍马克思主义思想和俄国苏维埃的政权、政策、经济、文化以及列宁的系列思想，这些先进思想的传播在社会上产生了巨大反响。第二，开创组织马克思主义研究团队的先河。为了进一步学习、研究和传播马克思主义理论，以李大钊、陈独秀等为代表的中国先进分子开创性地建立了马克思主义学说研究组织。李大钊、陈独秀等中国先进分子充分发挥这一研究组织的作用，建立马克思主义著作资料和档案室，编译和刊印马克思主义著作，开展马克思主义专题研究以及主办演讲会等，这一系列活动进一步宣传了马克思主义思想，为中国共产党早期组织的成立奠定了理论基础。第三，首次翻译《共产党宣言》中文本。1848 年《共产党宣言》的问世给世界无产阶级探索社会主义革命带来了福音，成为无产阶级革命的理论基础和行动指南。陈望道是第一位翻译《共产党宣言》中文本的无产阶级先进分子，他为中国革命借取了马克思主义革命思想的"火种"，为开创中国革命新局面奠定了思想基础。由于当时条件艰辛，陈望道克服重重困难，经过 5 个月艰苦卓绝的努力，终于在 1920 年 4 月底完成了翻译工作。正是《共产党宣言》这部著作，后来如同燎原之火燃遍了中国大地，开创了中国革命新道路。

②建立了中国共产党

无产阶级先进分子以开拓进取的勇气探索共产党早期组织的建立，并在攻坚克难中建立了中国共产党，通过了《中国共产党的第一个纲领》和《中国共产党的第一个决议》，顺利召开了中国共产党第一次全国代表大会，开启了中国共产党跨世纪的伟大航程。这充分彰显了开天辟地、敢为人先的首创精神。

1920 年初，李大钊、陈独秀等最早开始了筹建共产党的工作，史称"南陈北李，相约建党"。1920 年 6 月，在共产国际和苏俄的援助下，在陈独秀、李汉俊、俞秀松、陈公培等人的共同努力下，第一个共产党早期组织，即上海共产党早期组织于8月在《新青年》编辑部正式创立，命名为"中国共产党"。随后，建立了北京共产党早期组织，这是在北方建立的第一个共产党早期组织。在上海和北京建立共产党早期组织后，李大钊和陈独秀一致认为要加快建党的进程，加快建立各地共产党早期组织，为创建中国共产党这一全国性的无产阶级政党奠定了牢固的组织基础。随着各地共产党早期组织的建立，各地还建立了社会主义青年团，发展了一大批团员，使青年团成为革命运动的后备军，极大推进了中国早期共产主义运动。1921年3月，在共产国际的援助下，成功召开了各共产主义小组代表会议，公开发表了党的宗旨，初步确定了党的工作部署，为中国共产党的成立做了充分准备。1921年7月23日—30日，中国共产党第一次全国代表大会在上海召开，直到7月30日举行第六次会议，会议开始不久便受到法租界巡捕房的侵扰而被迫中断，转至浙江嘉兴南湖的一艘小船上继续召开。中共一大南湖会议确定党的名称为"中国共产党"，会议讨论通过了《中国共产党的第一个纲领》和《中国共产党的第一个决议》，最后在"共产党万岁"等口号中胜利完成了中国共产党第一次全国代表大会。

③开创了中国革命新道路

中国先进分子一方面吸取先前各大阶级探索救国图存道路的历史教训，一方面又具有国际视野，善于借鉴俄国十月革命胜利的经验，并在共产国际的援助下建立了中国共产党，成为中国历史上开天辟地的大事件，使中国革命有了坚定的领导力量，为中华民族和中国人民点亮了前进的灯塔，开启了中国革命的新道路，最后完成新民主主义革命，成立新中国，这充分体现了开天辟地、敢为人先的首创精神。中国共产党一成立就开始把实现共产主义作为党的最高理想和最终目标，把人民解放、民族独立、国家富强作为党的初心和历史任务。特别是在毛泽东同志的伟大领导下，经过大革命失败后在实践中探索出一条以农村包围城市、武装夺取政权的具有中国特色的正确革命道路。在此后的革命斗争中，毛泽东同志根据中国具体国情、中国具体实践和中国传统文化的实践情况，创造性地把马克思主义普遍原理和中国具体实际相结合，深刻分析了中国革命的性质、动力、任务等问题，制定了新民主主义革命总路线，开辟了新民主主义革命道路，实现了马克思主义中国化的第一次飞跃。在以毛泽东同志为代表的中国共产党的领导下，进行了28年的浴血奋战，推翻了帝国主义、封建主义和官僚资本主义"三座大山"，完成新民主主义革命，成立了中华人民共和国，开辟了中国历史的新纪元，中国人民从此站起来，成为国家的主人。

（2）坚定理想、百折不挠的奋斗精神

中国共产党成立之时形成的红船精神体现了早期共产党人坚定对马克思主义的理想信仰、坚定对社会主义和共产主义的理想信念，体现了在探索马克思主义真理和创建共产党过程中的不畏艰险、不惧强敌、百折不挠、一往无前的奋斗精神。中国共产党诞生于黑暗势力的强压下，经历了一个坎坷险阻的悲壮过程，是用中国先进分子坚定理想、百折不挠的奋斗精神所换取的。在经历辛亥革命失败、五四运动受阻，帝国主义、封建军阀猖狂压迫，以及部分民众麻木不仁、苟延残喘的形势下，以陈独秀、李大钊、毛泽东为代表的中国先进分子坚信马克思主义的真理力量，坚定对马克思主义的信仰，不顾黑暗势力的百般阻挠，在高压封锁中想方设法广泛宣传、传播马克思主义思想，并勇于借取马克思主义的"火种"，善于运用马克思主义立场观点方法分析当时中国革命的形势，为中国共产党的创建奠定了理论根基。他们不顾生命危险，不惧险阻，毅然决然在各地组建共产主义小组和各地共产党早期组织，在共产国际的援助下成立了中国共产党。中国共产党的成立充分表明了一批中国先进分子为了探索救国救民道路，坚定理想信念，不惧艰难困苦，敢于与一切黑暗势力作斗争，誓死捍卫真理，捍卫国家和民族的前途，诠释了"革命理想大于天"的精神。

在中国共产党建立过程中，涌现了一大批早期共产党人，在艰苦环境中坚定理想，在高压封锁中传递信仰，在白色恐怖中捍卫真理，彰显了坚定理想、百折不挠的奋斗精神，李大钊就是其中的一位重要代表。李大钊作为中国共产主义运动的先驱，在传播马克思主义思想、发展新文化运动、领导五四爱国主义运动、创建中国共产党等一系列革命运动中建立了不可磨灭的功勋。"铁肩担道义，妙手著文章"则是李大钊一生的光辉写照。俄国十月革命后，李大钊高瞻远瞩，把这场革命视为"照见新人生的道路"，视为"世界革命新纪元"，于是便全力投身研究和传播马克思主义，发表了《我的马克思主义观》《再论问题与主义》等数十篇宣传马克思主义的文章，全面介绍了马克思主义基本理论，推动了马克思主义在中国的广泛传播，在当时的思想文化界引起了巨大反响。被誉为"南陈北李，相约建党"的李大钊，在中国共产党的建立过程中发挥着重要作用，为捍卫中国共产党不惜牺牲生命。1927年4月，在北洋军阀统治的白色恐怖中，李大钊被捕入狱，在狱中受尽各种酷刑拷问，却始终宁死不屈、临危不惧，用生命捍卫了中国革命事业。

（3）立党为公、忠诚为民的奉献精神

"中国共产党从诞生那天起，就以全心全意为人民谋福利为根本宗旨。依水行舟，忠诚为民，成为贯穿中国革命和建设全过程的一条红线，也是'红船精神'的本质所在。"[1] 因而，可将奉献精神视为崇高的人文精神、不畏牺牲的精神与为民服务的精神。

奉献精神是崇高的人文精神。中国的人文精神与西方人道主义的自由、平等精神并不相同，但在关怀人、尊重人、以人为中心方面又是相通的。十月革命之所以成功并成为人类文明的新希望，就在于其是人类史上首次取得胜利的社会主义革命，极具国际人道主义精神与摧毁压迫势力的完整势头，彰显了人类相互帮助、相互关爱的精神。而深受十月革命影响的早期共产党人，也将这崇高的人文精神展现得淋漓尽致。1919年3月，李大钊在《唐山煤厂的工人生活》中说"工人不如骡马"，对工人的处境表示同情。1922年9月，毛泽东根据"斗争要有谋有略，口号要哀而动人"的方略，领导安源1.7万工人喊出了"从前是牛马，现在要做人"的口号。上述言论充分体现了早期共产党人的人文精神和人文情怀。现如今，我们党坚持的"以人民为中心"的发展思想是早期共产党人崇高人文精神的超越和升华。

奉献精神是不畏牺牲的精神。在生命价值方面，儒家之所以将"杀身成仁"与"舍生取义"作为自己的选择，是因为二者都蕴含为了正义事业不畏牺牲的哲理。马克思主义也认为，死亡是人人无法逃避的归宿，但死亡并不意味着终结，因为生命的价值和意义是永恒存在的。那么，何种生命才是有价值的呢？李大钊认为，始终将人民大众的根本幸福作为自己的奋斗目标，并为之不懈努力的生命是有价值的。他还说："拿出自杀的决心，

---

① 习近平. 弘扬"红船精神"走在时代前列 [N]. 光明日报，2005-06-21.

牺牲的精神，反抗这颓废的时代文明，改造这缺陷的社会制度……"①毛泽东也认为，一个人的死亡是否有价值与意义，要看其是否有利于人们的利益。因此，共产党人在革命时期，将个人生命的狭隘性剔除，努力为家国人民的根本利益而矢志奋斗，获得了生命的价值与意义，凸显了浓烈的爱国热情。早期共产党人在为改变国家现状拼搏时，将个人利益置之度外，甚至献出宝贵生命，体现了先驱们不畏牺牲的精神。

奉献精神是为民服务的精神。实现人的自由而全面的发展是马克思主义的根本价值目标，促进全人类的解放是马克思主义的旨趣所在，为人民谋幸福是马克思主义的基本立场，亦是马克思主义者勇往直前的精神储备力量。换句话说，马克思主义政党可以视为为人民利益不懈拼搏的政党，并始终将人民群众的根本利益放在首位。习近平曾指出："人民立场是中国共产党的根本政治立场，是马克思主义政党区别于其他政党的显著标志。"②自1921年中国共产党成立之日起，就挑起改变旧时人民群众缺衣少食生活境况的重担，将保障人民基本生活作为适时为民服务的主要内容。由中国早期共产主义小组制定的《中国共产党宣言》，以及中共一大纲领、二大纲领，都明确提出要将党和人民群众紧密相连，要为人民群众谋利益。而这些正是红船于南湖碧波起航，勇立潮头，凝聚人心的原因所在。可见，红船精神以为民服务为旨归，以为民服务为前行的动力。

2. 延安精神

1935年10月，中央红军经过长征，胜利到达了陕北。从此，延安和陕甘宁边区成为党中央的所在地。以毛泽东为核心的党中央在延安战斗生活了13年，领导全国人民进行了伟大的抗日战争和解放战争，打败了日本帝国主义，推翻了国民党反动统治。毛泽东在这里写下了《矛盾论》《论持久战》等16篇马克思主义理论著作。延安时期，是中国革命走向胜利的新起点，是我们党壮大力量、实现转折、走向新胜利的伟大时期，是党和人民坚定信念、艰苦创业的伟大时期，也是毛泽东思想全面发展并走向成熟的时期。在这段历史时期，全党、全军和边区人民继承和发扬了井冈山精神、苏区

---

① 中国李大钊研究会编注.李大钊文集（第3卷）[M].北京：人民出版社，1999：123.

② 习近平.在庆祝中国共产党成立95周年大会上的讲话[M].北京：人民出版社，2016：18.

精神和长征精神，并创造孕育了延安精神。延安精神内涵十分丰富，可主要概括为以下内容。

（1）解放思想，勇于创新

在延安时期，毛泽东深入实际调查研究中国现状，从中国革命的实际出发，解放思想，勇于创新，把马克思主义与中国革命实际相结合，探索出了适合中国革命实际的正确道路。毛泽东指出："中国共产党人只有在他们善于应用马克思列宁主义的立场、观点和方法，善于应用列宁斯大林关于中国革命的学说，进一步地从中国的历史实际和革命实际的认真研究中，在各方面做出合乎中国需要的理论性的创造，才叫做理论和实际相联系。"①毛泽东在长期抗日战争和解放战争的斗争实际中，不断总结中国革命斗争的实践经验，写出了《实践论》等一批经典著作，进一步丰富了新民主主义革命理论、党的建设理论、军事斗争理论、根据地建设理论、统一战线理论等，在理论和实践相结合的基础上，创造性地发展了马克思列宁主义，诞生了马克思列宁主义中国化的伟大成果——毛泽东思想。毛泽东思想的诞生，是毛泽东个人智慧和中国共产党人集体智慧的结晶，是中国共产党走向成熟的重要标志。

（2）调查研究，实事求是

延安时期，毛泽东经常教导各级领导同志，要深入实际、深入基层，开展调查研究。要在党内大兴调查研究之风，多掌握实情，减少主观臆断，根据实际制定出正确可行、群众拥护的路线方针政策。1941年，毛泽东明确指出，没有调查就没有发言权，并对"实事求是"的深刻内涵做了具体阐述："'实事'就是客观存在着的一切事物，'是'就是客观事物的内部联系，即规律性，'求'就是我们去研究。我们要从国内外、省内外、县内外、区内外的实际情况出发，从其中引出其固有的而不是臆造的规律性，即找出周围事变的内部联系，作为我们行动的向导。"②毛泽东还为中央党校题写了校训——"实事求是"，从此，实事求是便一直成为各级领导干部和广大民众工作的行动指南。

---

① 毛泽东选集（第三卷）[M].北京：人民出版社，1991：820.
② 毛泽东选集（第三卷）[M].北京：人民出版社，1991：801.

（3）自力更生，艰苦奋斗

抗日战争时期，日本帝国主义对我解放区实行严酷的杀光、烧光、抢光的"三光"政策，妄图将我军民困死、饿死在解放区。同时，国民党反动派也调集几十万军队，对我解放区进行军事经济封锁。加上陕甘宁边区又遭受严重自然灾害，边区军民的吃饭、穿衣等日常生活非常困难。在严重的困难面前，延安军民发扬自力更生、艰苦奋斗的革命精神，积极开展大生产运动。毛泽东、朱德、周恩来等领导带头参加生产劳动，极大地鼓舞了军民士气。在大生产运动中，王震率领的三五九旅到南泥湾开垦荒地，硬是将往日荒凉的南泥湾变成了陕北的好江南。在开展大生产运动的同时，边区军民还积极开展节约运动，节约每一粒粮食、每一张纸、每一寸布，杜绝各种浪费。毛泽东坚持同边区军民一样，住土窑洞、穿粗布衣、点小油灯。延安时期，解放区普遍形成了军民一致、上下一致、官兵一致的好风气，形成了自力更生、艰苦奋斗、反对浪费的好作风。

（4）依靠群众，服务群众

坚持群众路线，依靠群众，相信群众，服务群众，全心全意为人民服务，是延安精神的重要内涵。在延安时期，毛泽东和其他中央领导经常深入到群众中去，了解情况，发现问题并及时解决问题。1940年，在征收公粮中得知群众有怨言时，立即进行了深刻反思，并要求边区政府立即整改，减少公粮收购任务。在延安，毛泽东对涌现出来的先进典型，撰文进行了表扬，写下了《为人民服务》《纪念白求恩》两篇文章，号召全党、全军向张思德和白求恩同志学习，学习他们全心全意为人民服务的精神，学习他们公而忘私、为革命事业而英勇献身的精神。群众路线的正确确立执行，极大地调动了人民群众支持革命的热情。"据有关部门不完全统计，1947年3月至1948年2月，仅边区支前民工就达200万人次，边区妇女做军鞋92.9万多双，极大地支援了人民军队，当时陕北部队仅2万多人，却打垮了敌人23万多人的进攻。"① 这种深厚的军民鱼水情正是中国革命能够取得胜利的根本原因之所在。

---

① 韩延明.红色文化与社会主义核心价值体系建设研究[M].北京：人民出版社，2013：80.

3.西柏坡精神

1947 年 4 月，中央工作委员会书记刘少奇和朱德总司令来到晋察冀解放区，5 月来到平山县的西柏坡村。1948 年 5 月，毛泽东率领中共中央和人民解放军总部机关也来到该村。随后，这个小山村便成为当时中国革命的领导中心。在这里，中国共产党颁布了《中国土地法大纲》，指挥了著名的三大战役，召开了七届二中全会。党中央在西柏坡不仅领导新民主主义革命取得全国胜利，而且为实现党的工作重心从农村到城市、从战争到建设的转变，奠定了坚实的思想基础，开辟了新民主主义向社会主义过渡的新道路，从而孕育了伟大的西柏坡精神。

（1）两个"敢于"的进取精神

在西柏坡时期，党中央面对蒋介石反动势力的疯狂"围剿"，为解放全中国，让广大劳动人民翻身做主人，所以中国共产党面临的生死抉择就是"两个敢于"——敢于斗争，敢于胜利。中国共产党领导人敏捷地把握实际，分析敌情，在西柏坡作出重要的战略决策，根据敌情分布接连指挥了震惊中外的辽沈战役、淮海战役和平津战役三大战役，历时四个多月共歼灭和改编国民党反动派军队 155 万余人，大大挫伤了国民党反动势力的锐气和军事力量，致使国民党军队再无法与中国共产党军队对抗，中国革命取得战略性胜利，为建立新中国奠定了坚实的基础。当蒋介石提出"求和"公告、妄图以和平的名义分裂祖国时，毛泽东适时戳穿蒋介石的阴谋论，作出"将革命进行到底"的英明决策，这一行动彰显了中国共产党敢于斗争、敢于胜利的大无畏革命精神，在当时复杂的国际环境下这一决断彰显了"两个敢于"的西柏坡精神。解放战争时期的辽沈战役、淮海战役和平津战役三大战役的胜利标志着以毛泽东为核心的党中央的正确指挥，也是我党"两个敢于"精神的良好体现，三大战役的胜利也为建立新中国奠定了坚实的基础。

（2）两个"依靠"的民主精神

两个"依靠"指的是紧紧依靠人民群众、紧紧依靠全党和全国人民的大团结。西柏坡时期，中国革命正处于两种命运和两种前途进行最后决战的关键时期，又是承前启后、实现伟大历史转折的重要时期，军事、政治、经济、文化等领域的斗争异常激烈、复杂，革命新形势的迅速发展，要求中国共产党人以革命的新姿态，"充分发挥依靠群众、团结统一的民主精神，调动全党全军全国人民和各方面人士的积极性，为打倒蒋介石，建设新中国而努力奋斗"①。坚持紧紧依靠人民群众，坚持紧紧依靠全党和全国人民的大团结，始终坚持军民一致、官兵一致、军政一致，这种民主务实的作风，是党的群众路线和民主作风在西柏坡时期的传承和发展，是西柏坡精神的重要内涵之一。

（3）两个"善于"的科学精神

中国共产党在西柏坡那段时期是历史上伟大的转折期，当时中国正处于由战争转向和平的过渡期，当时国内的政治、经济、文化等建设都处于百废待兴的状态，广大人民群众最期待的就是执政党能结束长期的战争局面，将人民群众挽救于水火之中，维持和平局势，加快开展经济建设。结合以往的实践经验，毛泽东提出："我们不但善于破坏一个旧世界，我们还将善于建设一个新世界。中国人民不但可以不要向帝国主义者讨乞也能活下去，而且还将活得比帝国主义国家要好些。"②正是这铿锵有力的话语和对未来社会主义建设的坚定信念成为广大党员干部和人民群众进行解放战争，建立新中国强大的精神指引。

"两个善于"就是"善于破坏旧世界，善于建设新世界的科学精神"③，从根本上体现了党中央看待问题能够从中国的实际出发，不是一味模仿、照搬照抄马克思主义理论，从中国具体国情出发，了解客观实际，并能尊重客观规律。这是中国革命能取得胜利的一个重要因素，也是形成具有中国特色社会主义道路的完美体现，"两个善于"是中国共产党在新中国建设时秉承实事求是原则的重要体现。

（4）两个"务必"的创业精神

两个"务必"具体指的是，务必使同志们继续地保持谦虚、谨慎、不骄、不躁的作风，务必使同志们继续地保持艰苦奋斗的作风。西柏坡时期是中国革命即将胜利，中国共产党即将经受执政考验的历史时期，中国共产党能否避免历史周期律的束缚，不做现代李自成，这事关革命的成功，事关

---

① 韩延明. 红色文化与社会主义核心价值体系建设研究 [M]. 北京：人民出版社，2013：83-84.

② 毛泽东选集（第四卷）[M]. 北京：人民出版社，1991：1439.

③ 夏静雷. 西柏坡精神的基本内涵及其社会效应 [J]. 重庆社会科学院，2012（11）：93.

中国的前途和命运。毛泽东在党的七届二中全会上郑重告诫全军、全党：因为胜利，党内的骄傲情绪，以功臣自居的情绪，停顿起来不求进步的情绪，贪图享乐不愿再过艰苦生活的情绪，可能生长。为此，要做到两个"务必"，要认识到"夺取全国胜利，这只是万里长征走完了第一步……但革命以后的路程更长，工作更伟大、更艰苦"[①]，更富有挑战。要丢掉不良作风，保持优良作风。新中国成立初期，在毛泽东、周恩来、朱德等老一辈无产阶级革命家的积极倡导和身体力行下，全党上下、全军上下、全国人民始终坚持和发扬优良革命传统，坚持艰苦奋斗、勤俭建国，从而巩固了新生政权，开辟了社会主义建设新道路。

（二）社会主义革命和建设初期的红色文化精神教育内容

1949 年 10 月 1 日，毛泽东向全世界庄严宣布新中国成立了。中国革命取得了巨大的胜利，建立了无产阶级政权，人民从此翻身做主人。社会的主要矛盾也由革命战争变为社会主义建设，长征精神被赋予了新的内容和意义。这一时期党的工作重心从农村转移到城市，主要任务是以经济建设为中心，大力发展社会生产力。我们党把新民主主义革命时期的红色精神融入社会主义改造、"一五"计划、"大跃进"和人民公社运动中。红色精神在社会主义建设的潮流中延续着，集体主义、艰苦奋斗的精神为这段时期的核心。20 世纪 50 年代，中国的社会主义建设取得显著成绩的原因，正是继承和弘扬红色精神。广大党员和人民群众坚持理想信念、爱党爱国爱社会主义、严守纪律、为人民服务。这一时期比较有代表性的红色精神有大庆精神、雷锋精神、焦裕禄精神、"两弹一星"精神、红旗渠精神、北大荒精神等。在这里笔者主要阐述大庆精神、雷锋精神和"两弹一星"精神。

1. 大庆精神

在特殊的历史和特殊的环境下形成的大庆精神，是马克思列宁主义、毛泽东思想和大庆石油会战的实际相结合的产物，是中国工人阶级形象的集中体现，是中国共产党的革命精神在新中国、在社会主义经济建设中的延伸。面对经济建设需要大量石油而中国却长期被国外称为"贫油国"这

---

① 毛泽东选集（第四卷）[M]. 北京：人民出版社，1991：1439.

一矛盾,面对国外对中国的能源封锁,王进喜带领着大庆石油工人发出了"有条件要上,没有条件创造条件也要上"的誓言;激情澎湃地吼出了"宁肯少活二十年,拼命也要拿下大油田"壮语。正是在这种无私奉献、敢闯敢干精神的激励下,"铁人"和工人们一同拿下了大油田,为新中国的经济发展提供了急需的能源;用他们的誓言和血汗践行着"为国分忧、无私奉献"的爱国理念,同时也培育了大庆精神。

1981年12月,中共中央在转发国家经委党组《关于工业学大庆问题的报告》中,首次将大庆精神概括为:"发愤图强,自力更生,以实际行动为中国人民争气的爱国主义精神和民族自豪感。无所畏惧,勇挑重担,靠自己的双手创业的革命精神。一丝不苟,认真负责,讲究科学,三老四严,脚踏实地地做好本职工作的求实精神。胸怀全局,忘我劳动,为国家分担困难,不计较个人得失的献身精神。"[1]1990年初,江泽民同志视察大庆,把"爱国、创业、求实、奉献"作为对大庆精神的概括。这八个字具体解释为:"为国争光、为民族争气的爱国主义精神。独立自主、自力更生的艰苦创业精神;讲究科学、'三老四严'的求实精神;胸怀全局、为国分忧的奉献精神。"[2]在石油大会战的艰苦环境中孕育、形成的大庆精神激励着无数中华儿女战胜千辛万苦,百折不挠,勇往直前。

2.雷锋精神

作为一名普通战士,雷锋同志把自己视为社会主义建设的一分子,将自己看作是一枚平凡而又渺小的"螺丝钉",用自己平凡而又简单的一生践行着无私奉献的优良革命传统。"把有限的生命投入到无限的为人民服务之中去",雷锋同志实现了传统革命精神向时代精神的转化。

雷锋精神体现的无私奉献、为人民服务的集体主义精神主要有如下的思想内涵:首先是处理好集体利益和个人利益的关系,努力保持好两者的协调一致。只有这样才能激发人践行"为人民服务"这一原则。其次是要优先考虑集体利益,将之置于首要地位,尤其是当两者冲突时。最后是要注意和肯定个人利益的合理性。基于个人存在的现实,尊重个人的价值、

① 转引自朱小丹.筑牢共产党人拒腐防变的思想道德防线[J].红旗文稿,2007(16):2.

② 石仲泉.十八大发展了的中国特色社会主义与"中国梦"[J].中国特色社会主义研究,2013(03):8.

保护个人的合法利益、促进个人能力的全面提升，是雷锋精神所坚持的集体主义原则中的意义。

可见，雷锋精神传承了红色精神里马克思主义先进的世界观、人生观、价值观，传承了红色文化精神的集体主义，形成了无私奉献、全心全意为人民服务的优良品格，倡导为人民做更多的贡献。雷锋同志崇高的品德和辉煌的事迹，形成一种言行合一的革命精神，这种以公为大、无私忘我的共产主义思想和品格，正是长征精神的集体主义观在社会主义建设初期的高度体现。

中共中央办公厅 2012 年 3 月 2 日印发的《关于深入开展学雷锋活动的意见》指出，当前，主要"大力弘扬雷锋热爱党、热爱祖国、热爱社会主义的崇高理想和坚定信念，弘扬雷锋服务人民、助人为乐的奉献精神，弘扬雷锋干一行爱一行、专一行精一行的敬业精神，弘扬雷锋锐意进取、自强不息的创新精神，弘扬雷锋艰苦奋斗、勤俭节约的创业精神"①。这是新时期雷锋精神的基本内涵。在雷锋身上所体现的热爱党、热爱祖国、热爱社会主义的崇高理想和坚定信念，服务人民、助人为乐的奉献精神，干一行爱一行、专一行精一行的敬业精神，锐意进取、自强不息的创新精神以及艰苦奋斗、勤俭节约的创业精神等，凝练而成了雷锋精神，教育和影响了一代又代雷锋式的先进人物。他们用自己的先进思想和行为传承了雷锋精神，不计个人得失，在自己平凡的职业岗位上兢兢业业，刻苦钻研，创造了不平凡的工作业绩，为社会主义建设事业添砖加瓦。

3."两弹一星"精神

在国际风云变幻的 20 世纪五六十年代，面临着霸权国家的战争威胁与国际上的日益孤立，为维护国家安全，在国内经济比较困难的条件下，党中央作出了研发"两弹一星"这一对国内外具有重大影响的决策。之后，在许多老一代科学家、科技工作者的努力工作下，在他们的默默付出中，技术上的难关一个个被突破，各种困难被克服，终于，他们获得了成功，取得了令祖国骄傲的伟大成就——1964 年 10 月 16 日，原子弹爆炸成功；1966 年 10 月 27 日，导弹核试验成功；1970 年 4 月 24 日，人造卫星发射成功。

---

① 中共中央办公厅关于印发深入开展学雷锋活动的意见 [EB/OL].http://www.gov.cn/jrzg/2012-03/02/content-2081558.htm.

热爱祖国、无私奉献，自力更生、艰苦奋斗，大力协同、勇于登攀的"两弹一星"精神是红色文化精神中爱国主义精神的体现、集体主义的反映，是新时代科学精神的证明。中华民族不欺侮别人，也绝不受别人欺侮。老一代科学家和广大研制人员深沉坚定的爱国主义，是他们创造、开拓的动力，也是他们战胜一切困难的精神支柱。正是有了这样艰苦奋斗、无私奉献的精神，他们不怕狂风飞沙，不惧严寒酷暑，没有条件就创造条件，没有仪器就自己制造，缺少资料就刻苦钻研。他们克服种种困难，忍受种种的压力与艰辛，终于研发出了"两弹一星"。

　　我国"两弹一星"事业是集体的事业，它取得的每一次成功，都凝聚着千万人的奋斗和创造，辉煌和光荣属于每一个在这条战线上大力协同、勇于登攀的无名英雄，属于全体中国人民，属于自强不息的中华民族！

（三）建设中国特色社会主义"新长征"时期的红色文化精神教育内容

　　1978 年 12 月，中国共产党第十一届中央委员会第三次全体会议成为中国共产党的第三个重大转折点，逐渐消除了党内和国内长期以来"左"的错误造成的巨大影响，突破了长期由个人崇拜、个人迷信所导致的思想僵化局面，从而使得国家建设进入了一个新时期、新阶段。会议重新将经济建设置于国家各项事业中的中心位置，提出解放思想、实事求是这一法宝以扫除当时存在于社会上以及人们脑海中的落后观念。邓小平在《解放思想，实事求是，团结一致向前看》中更是极富睿智且意味深长地提出"新长征"，从而迈出了通过改革开放来进行社会主义现代化建设的重要步伐。创新精神、开放精神、发展精神、创业精神、抗洪精神、抗震救灾精神、抗疫精神、"三牛"精神、科学家精神、企业家精神、探月精神、新时代北斗精神、丝路精神等是这一时期红色文化精神的主要表现。

　　1. 创新精神

　　改革在中华民族悠久的历史发展过程中，可谓史不绝书。中国的马克思主义者是伟大的爱国者和民族解放的先驱，也是最具活力、最具正气和创新精神的改革创新者。中国是在各种条件还不具备的客观历史条件下进入社会主义道路，每一步都体现了艰苦的努力和伟大的创造力。改革开放四十多年以来，中国共产党、中国人民和国家的面貌都经历了历史性的巨大变化。中国人民在社会主义现代化建设中创造了令世界瞩目的巨大经济成就的同时，也通过传承独立自主的长征精神而形成创新精神。创新精神是极具特色和创造性的伟大时代精神，是长征精神在社会主义改革开放新时期的阶段性表现。创新精神是当代中国改革的灵魂。改革开放使我们党对创新的重要性的认识得到前所未有的提高。习近平强调要大力发扬与时俱进、开拓进取、勤奋探索、勇于实践的改革创新精神，努力成为改革坚定的支持者和积极的实践者，用自己的努力在改革实践中创造更多幸福生活。随着时代的推进，要审时度势，抓住改革的脉搏，真正使改革达到实际的效果。

几十年的改革开放，促进了我国经济社会科技等各方面的快速增长，我国不仅成为世界的第二大市场，同时在计算机、载人航天、通信工程等科学技术领域取得了巨大成绩，医疗、卫生、教育也取得了重大进步。中国的改革开放实践，不仅向世人证明了只有不断地进行国内改革、对外不断地开放才能发展自己这一真理，同时也向世界展示了创新精神已成为当代中华儿女的共同精神风貌。创新精神，是对红色文化精神的传承与升华，这主要体现在两者在精神内涵方面的相似性和一致性。虽然新民主主义革命时期与当今改革开放新时期属于不同的历史时期，但是在这两个时期的中国共产党人都善于学习、注重实践，不拘泥于理论，都是将理论运用与实际相联系，通过将两者创造性结合，从而获得了巨大的成功。创新精神是我国打破各种旧思想、旧精神以及各种旧观念的束缚，进而顺利进行经济建设的重要原因，也是我国能够实现经济和社会转型的关键。

2.抗洪精神

自然灾害，是对一个国家综合国力的考验，更是对一个民族凝聚力的考验。抗洪精神的提出，缘于1998年的那场特大洪水。全党全军全国人民紧急行动起来，团结奋战，力挽狂澜，确保了人民生命财产的安全，使这次特大自然灾害的损失减少到最小。这场斗争所焕发出的伟大抗洪精神，成为中华民族无比珍贵的精神财富。

万众一心、众志成城。在抗洪斗争的过程中，全国上下团结一心，前方后方齐心协力，从千里长堤到首都北京，从大江南北到长城内外，从沿海省市到边疆地区，中华儿女的力量迅速集结在一起，在灾害面前全国人民展现出了超凡的凝聚力。

不怕困难、顽强拼搏。空军某高炮团一连指导员高建成在洪流中把生的希望让给群众和战友，自己壮烈牺牲。1998 年 8 月 12 日，中央军委签发命令，授予高建成"抗洪英雄"荣誉称号，并号召全军官兵向他学习。一个英雄倒下去，千万个英雄站起来。这种慷慨赴难、视死如归的大无畏气概，天地为之动容，世人为之赞叹。有了这种英雄主义的鼓舞，中国人民就能始终坚强地屹立于世界民族之林。

坚韧不拔、敢于胜利。在特大洪水面前，广大军民以勇敢的气魄和坚定的毅力誓与洪水决一死战，迎着困难和危险奋力前进。越是情况危急，广大军民越是不屈不挠，一次又一次顽强地战胜了洪峰，始终牢牢挺立在滔滔洪水的前面。

1998 年抗洪抢险斗争取得胜利的原因是多方面的，全体抗洪军民和整个中华民族在这场斗争中展现出来的伟大精神力量，无疑是其中一个极其重要的原因。在特大自然灾害面前，一个人的力量是渺小的，但是，当伟大的精神力量把全国人民紧紧地凝聚在一起时，就会形成抵御风浪、战胜困难的基础和动力。

1998 年 9 月 28 日，江泽民在全国抗洪抢险总结表彰大会上指出："在同洪水的搏斗中，我们的民族和人民展示出了一种十分崇高的精神。这就是万众一心、众志成城，不怕困难、顽强拼搏，坚韧不拔、敢于胜利的伟大抗洪精神。"[1] 这是对中华儿女在这场抗洪抢险斗争中所表现出来的伟大精神力量的高度概括和科学总结。

3. 抗震救灾精神

改革开放四十多年以来，在中国共产党的领导下，中华儿女继承和发扬顽强拼搏、自强不息的红色精神，先后战胜了 1998 年的特大洪水，击败了"非典"危机和 2008 年初的南方雨雪灾害，尤其是面对 2008 年的 5·12 汶川大地震，开展了强有力的抗震救灾行动，铸就了伟大的抗震救灾精神。

抗震救灾精神尤其体现了红色文化精神中蕴含的集体主义精神，是红色精神在当代中国的集中体现，是对红色文化精神的传承和升华。在抗震救灾中，全国各部门各地区以救灾任务为最高使命，紧急行动，努力支持，

---

① 江泽民. 在全国抗洪抢险总结表彰大会上的讲话 [N]. 人民日报，1998-09-29.

无私奉献，共同克服，展现了巨大的动员力量。官兵和人民群众不畏艰险，哪里有灾难就往哪里赶，哪里有死亡的考验就往哪里前进，充分展示了当年红军将士们不怕一切艰难困苦、不惧一切危险的超人勇气，体现了红军士将士们顽强拼搏、不怕牺牲的红色文化精神。

抗震救灾精神是以人民利益为重、坚持实事求是科学思维的红色文化精神在当代中国的阶段性表现。抗震救灾所反映的将生命安全看得高于一切，坚持最大程度地拯救人民群众的生命，组织一切力量尤其是充分利用各种科技手段来抢险、救人，使得科学的思维和科技的力量已成为这次抗震救灾的有力支撑。

知识服务人民、爱心奉献祖国，这场大灾难不仅没有抹杀"80 后"对祖国的热爱，反而增强了更多的新一代大学生投身祖国、为祖国服务的理想信念，展现出甘愿牺牲生命奉献祖国的宝贵品质和报效祖国的志愿精神。许多"80 后"和社会人士不仅举行捐款和献爱心活动，甚至还亲身参与行动。这种行动是以民族利益为重、坚定崇高理想信念的红色文化精神在志愿者、特别是"80 后"志愿者身上延续、传承的最好表现。

可以看出，在抗震救灾的实践中，以民族、国家的利益为重，红色文化精神的力量得到了极大的传承、发扬。多难兴邦、忧患砺党，伟大的抗震救灾精神升华了红色文化精神，伟大的红色文化精神将激励中国共产党和中国人民战胜一切艰难险阻。

4. 抗疫精神

2020 年年初暴发的新冠肺炎疫情是新中国成立以来传播速度最快、感染范围最广、防控难度最大的一次重大突发公共卫生事件。党中央高度重视，多次召开常委会研究部署疫情防控工作，召开会议作出重要指示安排，短时间内取得疫情防控的重大胜利。在举国上下众志成城抗击"新冠"肺炎疫情的伟大实践中，伟大抗疫精神应运而生。2020 年 9 月 8 日，习近平在全国抗击"新冠"肺炎疫情表彰大会上，将抗疫精神具体概括为"生命至上、举国同心、舍生忘死、尊重科学、命运与共"[1]，并号召全社会加强学习。教育部积极响应党中央号召，在 2021 年工作要点中明确指出："要全面落

---

[1] 习近平. 在全国抗击新冠肺炎疫情表彰大会上的讲话 [M]. 北京；人民出版社，2020：12..

实立德树人根本任务，提升思想政治工作质量。具体目标任务之一就是，弘扬伟大抗疫精神，深化爱国主义教育，增强广大师生的'四个自信'。"①

（1）伟大抗疫精神的生成逻辑

①伟大抗疫精神诞生于伟大抗疫实践。疫情突如其来，举国上下措手不及，但得益于党中央的坚强领导和科学决策，全国各地团结一心，一呼百应，迅速响应党中央号召，有序进行停工停产；30多个省区市纷纷启动重大突发卫生公共事件一级响应，为支持中央工作和保护人民群众的生命安全亮出多彩的应援灯。疫情发生后，火神山、雷神山医院迅速建成，多座方舱医院相继改建成功；科研专家与时间赛跑，积极研究有效药物；各地医护人员不舍昼夜、不惧生死奔赴武汉；还有数不清的志愿者、社区工作者、公安干警们义无反顾地投身这场没有硝烟的战役。举国上下团结一致、众志成城抗击疫情，最终取得显著成效，中国成为疫情暴发以来第一个恢复经济增长的经济体，这强劲的修复能力为世界所惊叹。

②伟大抗疫精神积淀于中国历史文化。首先，伟大抗疫精神是中国精神的生动体现。习近平指出："伟大抗疫精神，同中华民族长期形成的特质禀赋和文化基因一脉相承，是爱国主义、集体主义、社会主义精神的传承和发展，是中国精神的生动诠释，丰富了民族精神和时代精神的内涵。"②一方面，伟大抗疫精神的丰富内涵蕴含着中华民族团结互助、坚毅勇敢、不怕牺牲的优秀精神品质，是民族精神在新时代的弘扬。面对突如其来的"新冠"肺炎疫情，党中央坚强领导，医护工作者勇敢逆行，广大民众无声支援，共同筑牢疫情防控保护墙，举国上下团结一致、命运与共，为共同抗击疫情凝聚坚强力量。另一方面，伟大抗疫精神深刻体现以改革创新为核心的时代精神。每个时代都有体现其时代具体特点、反映当下时代具体情况的特殊时代精神。疫情来袭既是我国实际，也是世界大势，伟大抗疫精神的生成顺应了时代特征和时代潮流，是时代精神的生动诠释和集中展现。

其次，伟大抗疫精神源于中华民族优秀传统文化。"中华文化积淀着中华民族最深沉的精神追求，包含着中华民族最根本的精神基因，代表着

---

① 教育部思想政治工作司 2021 年工作要点 [EB/OL].http：//www.moe.gov.cn/s78/A12/gongzuo/yaodian/202103/t20210317_520288.html.

② 习近平．在全国抗击新冠肺炎疫情表彰大会上的讲话 [M]．北京：人民出版社，2020：16.

中华民族独特的精神标识，是中华民族生生不息、发展壮大的丰厚滋养……"[1]伟大抗疫精神五个方面的具体内涵都可以在中国传统文化中找到思想源泉。"生命至上"彰显了中华民族传统的仁爱美德。仁爱美德源于崇尚生生、肯定生命的价值观，是人道的基本原则，是中华民族"以民为本"民本思想的源泉之一。"举国同心"彰显了守望相助的家国情怀。家国情怀是一种由家及国、一脉相通的情感皈依与深沉信念，表现为对国家和民族的热爱和认同，是支撑中华民族度过各种危难的精神动力。"舍生忘死"彰显了舍生取义的传统美德。从古至今，中华民族在正义面前从来都无所畏惧、敢于牺牲。疫情当下，奋战在一线的"战士"们不畏生死、迎难而上，体现了中华民族义无反顾、舍生取义的牺牲精神。"尊重科学"彰显了求真务实的传统美德。尊重科学就是尊重客观规律，实事求是。中国传统文化中的"格物致知"和"知行合一"集中体现了尊重科学、求真务实的传统美德。"命运与共"彰显了天下一家的传统美德。在"天下一家"价值观的影响下，中国人民有着深厚的和平传统和道义传统，深深地影响了待人接物传统和国际交往方式。

（2）伟大抗疫精神的科学内涵

在全国抗击"新冠"肺炎疫情表彰大会上，习近平总书记全面阐述了伟大抗疫精神的科学内涵。一是生命至上。疫情发生以来，我国始终把人民群众的生命安全放在第一位，并贯彻落实到疫情防控的各项工作中。从挨家挨户地体温检测，到密切接触者摸排、出行史调查，以及国家负担确诊病患治疗费用等都深刻体现了人民至上、生命至上的行动践行。二是举国同心。中国战"疫"队伍浩浩荡荡，每一个中华儿女都是这场战"疫"的冲锋军。医护人员躬亲救治确诊病患；基层工作者不舍昼夜，奔走摸查；广大志愿者汇聚萤火之辉服务社会；千万老百姓服从指挥，自觉隔离，自觉防护，为防止疫情蔓延贡献力量……全国人民团结一心，凝聚抗击疫情的巨大力量。三是舍生忘死。在这场没有硝烟的战争中，抗疫勇士临危不惧、视死如归。在表彰大会上，习近平指出："中华民族能够经历无数灾厄仍不断发展壮大，从来都不是因为有救世主，而是因为在大灾大难前有

---

① 蒋建国主编，凝聚在共同理想和信念的旗帜下——学习贯彻习近平总书记"8·19"重要讲话精神[M]. 北京：人民出版社，2013：31.

千千万万个普通人挺身而出、慷慨前行！"①四是尊重科学。面对未知的病毒，中国始终坚持科学精神，遵循科学规律，在全力施策防控疫情的同时，积极组织科研专家医疗组，加紧研制抗疫药物，并最终取得成效。时至今日，我国研发的"新冠"肺炎疫苗已顺利投入市场使用，也标志着中国的抗疫工作再次取得显著成绩。五是命运与共。首先，面对疫情，党中央始终把人民的生命安全放在第一位，将其作为科学决策的中心原则，体现了我党誓与人民命运与共的价值追求；其次，全国人民，各行各业，不论男女老少，积极参与国家疫情防控，体现了各族人民同心同德、命运与共的价值追求；最后，中国积极参与国际疫情防控，勇担大国责任。中国的专家医疗团队奔走于世界各地，中国的防疫物资源源不断地运往他国，体现了我国誓与各国风雨同舟、命运与共的大国担当和天下情怀。

（3）伟大抗疫精神的时代价值

①伟大抗疫精神推动"四个自信"达到新高

中国共产党带领全国人民抗击疫情并取得阶段性胜利，凝聚了伟大抗疫精神。

一是让全国人民深刻体会了中国特色社会主义道路的正确性。新中国成立至今，西方国家不断否认、打压坚持走社会主义道路的中国，但实践证明社会主义道路是适合中国的好道路。面对疫情，党中央统揽全局，最终控制住"新冠"病毒的肆意蔓延，中国的抗疫工作顺利转入常态化。经此大考，展现了中国特色社会主义道路的正确性，坚定了中国人民的道路自信。

二是让全国人民深刻体会了中国特色社会主义理论的科学性。中国特色社会主义理论不仅深刻继承了马克思列宁主义，还经历了中国革命、改革、建设的锤炼，是被实践检验过的科学理论。理论是实践的指导，伟大抗疫"战争"取得阶段性胜利，既离不开中国特色社会主义科学理论的指导，又不断充实中国特色社会主义理论的内涵。疫情暴发以来，党中央始终坚持人民至上、生命至上的原则，以最快的速度为人民布控科学、全面的防护安全网，统筹安排工作、有序组织救援，将医疗救治与防疫科普相结合，

---

① 习近平. 在全国抗击新冠肺炎疫情表彰大会上的讲话 [M]. 北京：人民出版社，2020：15.

为全世界的抗疫防疫工作提供了科学指引和行动指南。

三是让全国人民深刻体会了中国特色社会主义制度的优越性。面对疫情，举国上下众志成城，党中央统筹指令，地方随时待命，人民一呼百应，医护人员到位迅速，神山医院飞速建成，物资调配速度超快，充分展示了中国特色社会主义制度集中力量办大事的优越性。

四是让全国人民深刻体会了中国特色社会主义文化的先进性。在全民抗疫实践中充分展现出了中国人民优秀文化素养："疫"线战士舍小家为大家体现了天下兴亡、匹夫有责的责任担当精神；广大基层干部、公安干警、人民解放军闻令而动、视死如归体现了精忠报国、振兴中华的爱国主义情怀和大无畏的英雄主义气概；无数志愿者、人民群众为抗击疫情辛勤奔波、捐献爱心体现了见贤思齐、崇德向善社会风尚；全国人民万众一心、众志成城体现了一方有难、八方支援的团结协作精神。

②伟大抗疫精神凝聚民族复兴磅礴力量

习近平指出，中国人民是具有伟大创造精神、伟大奋斗精神、伟大团结精神、伟大梦想精神的人民。中华民族之所以跨越千翻险阻而不屈，历经重重磨难而愈挫愈勇，靠的就是伟大精神力量的强力支撑。伟大抗疫精神是中华民族在共同的生存境遇下，共有的战"疫"经历中形成的价值共识和精神力量，既形成于抗疫实践，又指导抗疫实践。在本次抗击疫情中，党中央领导全国人民齐心协力与病毒展开殊死较量，培养了全国人民实事求是、策无遗算的科学理性精神，锻造了全国人民风雨同舟、共克时艰的团结协作精神，锤炼了全国人民艰苦斗争、坚忍不拔的积极奋进精神，磨炼了青年一代奋发向上、勇担责任的使命担当精神等，不仅为打赢疫情攻坚战提供强大的精神动力，而且为实现中华民族伟大复兴凝聚了磅礴力量。

③伟大抗疫精神提升了我国国际话语权

中华民族向来有与人为善、坚毅卓绝的优良传统，中国的发展不仅不会成为国际威胁，还将助力世界各国团结发展，对于个别西方资本主义国家的恶意诋毁，中国不会、也不能坐视不理。实践是最有力的还击方式。"新冠"肺炎疫情暴发伊始，党中央迅速反应，制定一系列科学决策，有效控制住病毒在国内的蔓延，疫情顺利转入防控阶段。受主客观因素的多方面影响，国际疫情形势严峻，确诊人数持续激增，疫情防控难度增大。中国秉持世界各国利益共同、发展共同、命运与共的理念，在紧抓国内疫情防控工作的同时，积极投入国际疫情防控——积极分享医疗信息、提供医疗防护物资、派遣医疗专家组奔赴国外以支援他国抗疫工作，为他国抗疫防疫讲述中国经验、中国故事，传递中国精神、中国温暖，为国际疫情防护工作提供中国方案、贡献中国智慧，体现了中国的大国担当精神，提升了我国国际话语权，粉碎了国际上恶意污化中国的一系列不实言论。

（4）伟大抗疫精神丰富了大学生思想政治教育的内容

第一，伟大抗疫精神丰富了大学生理想信念教育。理想是指引前进的照明灯，信念为理想的坚定源源不断输送精神力，青年的理想信念关乎国家事业的兴衰成败。习近平强调，广大青年要坚定理想信念，志存高远，脚踏实地，勇做时代的弄潮儿，在实现中国梦的生动实践中放飞青春梦想，在为人民利益的不懈奋斗中书写人生华章。面对疫情，党中央坚持人民至上，始终贯彻以人民为中心的根本宗旨，以坚毅果断的魄力同疫情展开殊死搏斗。在抗疫防疫"战争"中，无数党员同志和人民群众挺身而出，每一个积极投入"战疫"的英勇战士，都心装坚定而崇高的理想信念。因此，伟大抗疫精神丰富了大学生理想信念教育，有利于坚定大学生崇高的中国特色社会主义共同理想和共产主义远大理想。

第二，伟大抗疫精神丰富了大学生爱国主义教育。热爱祖国自古以来就是中华民族的优良传统，是五千多年以来推动中华民族不断攻坚克难、奋勇向前的强大精神动力。"新冠"肺炎疫情牵动着每一个中国人的心，"中国加油""武汉加油""热干面加油"的口号无不体现出举国上下浓厚的爱国热潮。无数中华儿女不畏生死、勇敢担当，在各自的岗位上演绎不一样的爱国故事，如耄耋之年的钟南山院士不顾个人安危，直冲一线，只为祖国需要；武汉金银潭医院院长张定宇身患渐冻症，却坚持用蹒跚的步履同疫情赛跑。除此之外，全国各地还有许许多多医疗救援团队的逆行请战、民间个人或自发的团体纷纷以自己微小的力量汇聚成强大的精神力支援武汉……这些爱国事迹就发生在我们的身边，每一个事例都极具感染力和教育力，有利于激发大学生爱党、爱国、爱社会主义的崇高爱国主义情怀。

第三，伟大抗疫精神丰富了大学生责任担当教育。"青年一代有理想、有本领、有担当，国家就有前途，民族就有希望。"① 中华民族自古以来就是一个善于逢难化吉、不断前进的民族。本次抗疫防疫同样释放出中华民族强大的责任担当精神，为青年大学生提供了现成且生动的学习材料。一方面，党中央坚持人民至上，就疫情局势第一时间作出抗疫防疫重要工作指示，体现了党和国家对人民群众的关怀。另一方面，随着疫情在国际范围内的蔓延，中国不仅积极捐赠物资支援其他国家，还及时派遣专家组驰援他国，团结全球力量共抗疫情，体现了中国誓与各国命运与共、祸福相依的豪迈气魄和大国担当。除此之外，全国众多投身抗疫防疫工作的医务人员、基层工作人员、民间志愿者，甚至是听从中央指令、自觉居家隔离的普通民众，无不体现了个人的责任与担当。因此，将伟大抗疫精神融入大学生思想政治教育有利于青年大学生在实践与理论的融合中深刻体悟中国精神和中国担当，更有利于青年大学生在抗疫防疫实践中落实和践行新时代青年的责任与担当。

第四，伟大抗疫精神有利于引导大学生崇尚科技创新。"人类同疾病较量最有力的武器就是科学技术，人类战胜大灾大疫离不开科学发展和技术创新。"② 科技发展助力社会发展，疫情防控更是受益于科学精神。在与病毒殊死抗争的过程中，不论是钟南山等院士的科研攻关，还是医疗队伍的专业引领，乃至普通民众的科学防护，无不彰显着科学精神的重要性。科学昭示进步，相反地，愚昧导致后退。不论是对个人还是国家来说，科学精神的缺失都有着极其严重的危害。在疫情防控中，除了病毒让人害怕，谣言同样让人感到恶寒。在全国齐心协力抗击疫情的同时，一些唯恐天下不乱的不法分子，借助疫情混乱肆意传播不实言论，谎称板蓝根、三黄连口服液能够有效预防、抑制"新冠"病毒，一夜之间，人们疯狂囤货，甚至通宵达旦排队抢购，相关药品短短数日断货脱销。此外，类似的虚假消息在各大社交软件上肆意传播，误导民众，对国家的防控工作造成严重阻碍。事实上，不论是国家卫健委还是世卫组织都曾表示，相关药物目前还在研

---

① 习近平.决胜全面建成小康社会 夺取新时代中国特色社会主义伟大胜利—在中国共产党第十九次全国代表大会上的报告 [M].北京：人民出版社，2017：70.

② 《国家科技安全知识百问》编写组.国家科技安全知识百问 [M].北京：人民出版社，2021：104-105.

发阶段，尚未投放市场，可广大市民仍然听之信之，其中不乏大学生的身影。基于此，在抗疫防疫特殊时期应着重加强大学生科学精神教育，在大学生中间科普疫情防控相关知识，引导大学生努力学习科学文化，不迷信权威，不人云亦云，在疫情实践中更好地践行科技创新精神。

第五，伟大抗疫精神有利于引导大学生尊重自然，尊重生命。自古以来，由于人类过度开采自然，导致灾害频发的事例客观存在着。近年来，我国施行退耕还林、生态建设多措并举，人与自然的关系日益缓和，但还是有不法分子触碰法律底线，滥捕乱杀。此外，面对疫情，居家隔离是广大老百姓最安全的选择，而全国各地无数医护人员、公安干警义无反顾、冲锋在前，用生命铸成一道道铜墙铁壁，守候一片安宁、一家幸福。仅就公安群体而言，截至 2020 年 4 月 2 日，全国共有 60 名公安民警和 35 名辅警牺牲在抗击"新冠"肺炎疫情和维护安全稳定第一线。[1]生命重于泰山，疫情给人们上了一堂生动的生命教育之课。对于大多数大学生来说，疫情给予我们最清晰的死亡体验，是对生命感知最深刻的时候。将伟大抗疫精神融入大学生思想政治教育，有利于引导大学生尊重生命、珍视生命、热爱生活、热爱大自然。

第六，伟大抗疫精神丰富了大学生道德法纪教育。在抗疫防疫过程中，党中央的重要指令、指示能够有序快速地从中央下达到地方，得益于严肃的法纪约束。在此过程中，法治精神得到充分彰显，为有效抗击疫情提供坚实的法律保障。习近平总书记在 2020 年 2 月 5 日召开的中央全面依法治国委员会第三次会议上强调："疫情防控越是到最吃紧的时候，越要坚持依法防控，在法治轨道上统筹推进各项防控工作，保障疫情防控工作顺利开展。"[2]尽管在抗疫防疫过程中取得的成就是巨大的，但暴露出的哄抬防疫物资价格、倒卖口罩发国难财、板蓝根脱销、红十字会社会舆论风波、隐瞒出行史、不配合防疫检查等问题仍然客观存在，从本质上讲是人们道德意识缺失、法纪观念薄弱的问题，且在这一违规违纪人群中，一部分为

---

① 全国 60 名公安民警和 35 名辅警牺牲在抗疫和维稳一线 [EB/OL].https://baijiahao.baidu.com/s?id=16629920628161 94400&wfr=spider&for=pc.

② 习近平主持召开中央全面依法防控依法治国委员会第三次会议强调：全面提高依法防控依法治理能力 为疫情防控提供有力法制保障 [N]. 光明日报，2020-02-06.

在校大学生。疫情防控期间，诸如某某返乡大学生未如实报备、未进行居家隔离，某某大学生违反高校规定私自返校、不服从学校管理，某某大学生朋友圈销售伪劣口罩等事件时有发生。为此，高校应抓住疫情这一教育时机，加强对大学生的道德法纪教育，引导大学生遵守校规校纪、积极响应学校日常疫情防控报备制度；引导大学生遵守法律法规，自觉履行特殊时期国家重要指示指令；鼓励大学生将道德法纪精神宣传到亲戚、朋友中去。

第六章　新时代大学生红色文化精神教育的
价值维度与实现路径

　　党的十九大报告提出，在新时代背景下文化建设的要求是通过加强爱国主义教育"引导人们树立正确的历史观、民族观、国家观、文化观"[①]。在个人层面，倡导正确的文化观是以马克思主义立场观点作为基本方法，辩证分析与理解文化的基本观点、思维方式，是建构"民族的、科学的、大众的社会主义文化"的价值基础。因此，新时代大学生红色文化精神教育是以理论与实践紧密结合，引导大学生树立正确的文化观，在理论逻辑和历史逻辑的双向路径中，坚定理想信念，践行初心使命。真正发挥红色文化的潜在价值及精神涵养，就需要进行教育转化，使之成为切实提高思想政治教育的现实选择。笔者在对新时代大学生红色文化精神教育存在问题及原因分析的基础上，提出了以下实现路径，即充分发挥政府主导、社会协同、学校为动力、家庭渗透和大学生自我教育的教育合力作用；构建全方位覆盖、多渠道渗透、立体化网络、情与理交融的"知情意行"红色文化精神教育新模式；强化认知的明理基础、重视情感的价值体验；增强意志的品质凝练；培育行为的主动自觉。

一、新时代大学生红色文化精神教育的价值维度

　　红色文化的传承，需要紧紧依靠新时代大学生开展教育工作，对新时代大学生开展教育工作，需要牢牢抓住红色文化。在新时代开展大学生红色文化精神教育，关系到红色江山后继有人，关系到红色政权永不褪色，

[①]　习近平.决战全面建成小康社会　夺取新时代中国特色社会主义伟大胜利——在中国共产党第十九次全国代表大会上的报告[M].北京：人民出版社，2017：43.

关系到红色基因代代相传。

（一）学习党史国史，明晰红色文化脉络

重新回望中华民族 1840 年以来的历程，就是一部"为有牺牲多壮志，敢教日月换新天"的斗争史和革命史。马克思列宁主义和共产主义理想，是共产党人的生命和灵魂。无论时代如何变迁，始终是经得住任何严酷考验的精神支柱。长征作为一次永载人类史册的、在信仰与实践的双重层面高度合一的伟大远征，在极端残酷的不利条件下成功地保存了革命的星星之火。心中有信仰，脚下有力量，对党史国史进行学习，一方面能够从历史发展中明晰红色文化的形成脉络，另一方面能够掌握历史唯物主义方法，帮助大学生更加全面掌握马克思主义世界观和方法论。党中央于 2021 年 2 月 20 日召开的党史学习教育动员大会部署了有关红色教育的新任务："要鼓励创作党史题材的文艺作品特别是影视作品，……要抓好青少年学习教育，着力讲好党的故事、革命的故事、英雄的故事，厚植爱党、爱国、爱社会主义的情感，让红色基因、革命薪火代代传承。"[1] 以大学生为代表的青年群体是红色文化精神教育面向的关键群体，有助于红色基因的接力传承。

（二）坚定文化自信，抵制历史虚无主义

红色文化是民族精神的重要载体，能够为民族精神的涵养提供正确的价值导向，是增强全国各族人民的重要精神力量，在多元文化和西方思潮交织的今天，更能够坚定大学生以中华民族这一身份标识为荣的民族自信心，在面对世界多元文化激荡交融中仍然保持精神独立性的强大定力。红色文化在未来时期的发展，需要一代又一代的青年群体接力传承。在当代中国，坚定文化自信最为关键的是不忘本来、着眼未来。抵制历史虚无主义，需要大学生拥有坚定的共产主义理想和信念，以及源自内心对祖国的一腔赤诚。文化自信有着历史和现实的双重渊源，历史源于历久弥新的民族文化，现实源于社会主义的坚定信念。雅斯贝尔斯（K.J.Jaspers）关于教育和文化的内在联系进行了如下阐述："所谓教育，不过是通过文化传递功能，

---

① 习近平.在党史学习教育动员大会上的讲话[M].北京：人民出版社，2021：26.

将文化遗产交给青年一代。"[①] 红色文化内含着中国共产党的意识形态，是共产党人宗旨和初心在文化层面的表达，是新时代我国意识形态的重要源泉。历史虚无主义因其以社会思潮作为伪装，辨别能力不强的大学生群体容易在思想上产生错误认知。而对大学生开展广泛的红色文化精神教育，就能够通过客观历史事实，端正其思想认知，形成对以历史虚无主义为代表的西方社会思潮的辨识力、抵制力和免疫力。一个主权国家的文化领域在面对历史虚无主义等外部思潮渗透时往往首当其冲，成为其首要切入点。历史虚无主义思潮往往借助文化的外壳作为巧妙伪装，究其本质是一种反马克思主义的思潮，与历史虚无主义开展斗争不是简单的理论层面的学术争论，而是意识形态领域针锋相对的阶级斗争。红色文化作为以无产阶级为主体的文化，对于西方资产阶级鼓吹的历史虚无主义能够产生有理、有力的批判抵制作用。

（三）继承红色基因，积极投身伟大事业

生物学中的基因，支持着生命的基本构造和功能，具有代际传承的特性。作为现实社会中的个体——人之间同样存在着传承和继承的特性。正因为有了一代代中华儿女之间的继承与传承，红色文化才能够延续至今。无论时代怎样发展，继承红色基因，永远铭记历史，保持冲锋状态，是青年永恒不变的责任。站在"两个一百年"奋斗目标的历史交汇点上，铭记自新民主主义革命以来，中国共产党领导人民取得的伟大胜利，发扬红色精神，继承红色基因，对于激励我们在新征程上敢于斗争、善于斗争，知难而进、勇往直前，把新时代中国特色社会主义伟大事业不断推向前进，具有重大意义。要实现"两个一百年"奋斗目标，就需要大学生正确处理个人价值与社会价值的辩证关系，"得其大者可以兼其小"，对待个人价值和社会价值时应当作出正确的选择。

伟大的事业需要并孕育崇高的精神，崇高的精神支撑并推动伟大的事业。伟大出自平凡，大学生在接受红色文化精神教育的基础上脚踏实地，积极主动投身伟大事业之中，将红色文化外化为自身奋发向上的动力，才能最终实现伟大梦想。红色文化承载着是非、善恶、美丑的界限，明确表

---

① [德]卡尔·西奥多·雅斯贝尔斯.什么是教育 [M].北京：生活·读书·新知三联书店，1991：3.

示出应当坚持什么、反对什么、提倡什么、抵制什么。"久居芝兰之室而不闻其香，久处鲍鱼之肆而不闻其臭。"浸润在红色文化的氛围之中，就能够通过内驱力自觉地为青年的成长产生正向积极作用。更为重要的是，红色文化中的英雄人物，自身伟岸的精神品格，对新时代高校大学生具有卓越的榜样示范作用。文化既承载着历史，也连接着未来。在未来相当长的时期内，红色文化仍然是激励优秀中华儿女投身伟大事业的磅礴动力。

二、新时代大学生红色文化精神教育的实现路径

（一）充分发挥政府的主导功能

在红色文化精神教育过程中，政府政策就是导向，各项社会政策对人们的价值取向、道德行为有着直接的影响。各地区、各部门在制定政策时，要发挥政策对红色文化建设的导向作用，不仅要注重经济和社会事业发展的需要，而且要体现红色文化和社会主义核心价值观建设以及大学生成长成才的要求。

1.引领政府对红色文化建设的政策导向。首先，政府在对红色文化宣传领域内具体政策和政策执行中发现存在问题的基础上，进行政策修改和完善，领导红色文化政策的执行。政府发挥着具体把控的作用，健全政府领导就是要在构建红色文化精神教育的具体政策制定和执行过程中心中有人民、心中有大局，制定的政策要符合红色文化发展的需要，要符合经济社会发展需要，要符合大多数人民的整体利益。其次，政府要奖励和倡导为社会和他人作贡献的弘扬红色精神的行为。各地各部门要大张旗鼓地宣传和表彰具有鲜明时代特点、广泛群众基础、具有红色文化特征的社会主义核心价值观的倡导典型，为人民树立学习榜样，鼓励人们积极向上。

2.提升领导者对红色文化的领导艺术。各级领导干部是传承红色文化、构建红色文化精神教育的核心领导者、贯彻落实者、具体执行者、典范践行者。要构建统筹机制必须要从领导者的领导艺术着手，提升领导者的综合素养和领导水平。要充分发挥领导干部的示范和导向作用，为红色文化传承工作提供强有力的组织保证，不断提高领导干部的马克思主义理论水平，用马克思主义中国化最新成果武装头脑，提升领导干部的红色文化领

导艺术。通过对领导干部的红色文化精神教育和党史国史教育，激发领导干部传承红色文化的责任感和使命感；通过红色基地实践锻炼、群众路线教育实践活动、"两学一做"实践教育、党史学习教育等活动提高领导干部的领导能力和领导水平，加强领导责任意识、管理意识、服务意识、大局意识和领导水平。

3. 创造完善的红色文化建设外部环境。在重视红色文化内部各要素的同时，政府也应非常重视创造和完善相应的外部环境，保证红色文化建设的整体性和一致性。比如，从中央到省市县乡各级政府都应建立各种各样的红色文化博物馆、纪念馆、革命遗址、名人烈士故居等，这些场馆故居从各个不同的角度和侧面记载着马克思主义精神和革命精神，承担着传播红色文化的任务，是政府向国民进行政治、思想和道德教育的重要基地和生动教材。除了硬件设施以外，更主要的是软件环境的创造。政府应当通过一些具体的社会政策，使人们在长期的生活实践中自觉践行红色文化精神。第一，充分发挥党组织和群众组织的作用。党委各个部门、群众组织如工会、共青团、妇联等在传承红色文化中，都承担着一定的职责，都能在联系群众中发挥组织、指导、协调等职能。第二，要充分发挥政府各部门的协同作用，形成党委领导、政府主导，各有关部门分工协作、社会力量积极参与的工作机制。党史部门和文史学习部门要协调、指导其他部门的工作，督促各项工作任务的落实；宣传部门要拟定红色文化宣传活动和红色文化知识推广活动方案，要加强红色文化宣传的监管，明晰职责，实现教育与培训的全员覆盖。

4. 政府部门加大财政支持对红色文化资源进行开发。政府部门对有教育意义的革命遗址、遗迹进行管理和开发，并且保证宣传过程中的资金支持，同时还可以利用激励政策来获取社会资本，让更多的社会资源接触到红色文化，强化市场与政府之间的合作，丰富红色文化资源的宣传途径。由于红色物质文化资源都分布在不同的地区，可以将当地的自然环境以及地区文化，与红色文化相结合，建立具有当地特色的红色文化教育基地。

5. 各级政府部门掌握舆论宣传主阵地，发挥红色文化教育功能。通过一些优秀的作品进行激励和教育，将舆论的主动权掌握在政府手中；鼓励优秀的导演和作家进行创作，可以设立基金对其进行支持，使更多的学生可以通过各种各样的途径来学习红色文化；对舆论进行监督，让正面教育宣传成为舆论的主要内容，对有红色文化教育意义的个人和集体进行宣传；坚持团结稳定的原则以及加油鼓劲的原则，创新和丰富红色文化宣传的方式方法，使其更加具有感染力、说服力以及吸引力，从而让更多的人了解和学习红色文化；坚守网络舆论阵地，对网络舆情进行实时监测，及时地进行引导。此外，政府为相关单位制定宽松的政策，鼓励影视制作部门拍出受人民群众喜爱的红色影视剧等。这些都是经过历史洗礼的精品，可以让大学生从中感受到红色文化的内涵，利于发挥红色文化的教育功能。

（二）强化社会协同

大学生对红色文化的认识离不开社会这个大环境，深入研究红色文化更离不开社会各方面的支持。所以，社会要拓宽红色文化的传播渠道，搭建红色文化交流平台，使红色文化有更好的发展前景。

1.善于开发红色文化资源

首先，社会运用新方式开发红色文化资源。随着科学技术的快速发展，新兴的教育方式、教学工具也相继出现。社会要积极应对科学的快速发展，就需要学习并吸收新的教育方式，引进新的教育教学工具，加强教学和指导能力。自媒体、社交媒体等新兴网络传播方式的出现，为现代化教育提供了更多更大的平台，呈现出多元化趋势。社会通过网络平台等传播和共享文化资源，可以丰富大学生的红色文化知识，便于知识的积累。传播红色文化不仅需要传播者，还需要多种形式的传播途径。目前，鱼龙混杂的媒体环境，给传统文化的传播带来巨大的挑战。红色文化属于中国优秀传统文化中的主流文化，为了让这种主流文化吸引到更多的参与者，需要使用和建立新的交流传播平台。比如，微信公众号、微博、各种视频 App、微电影等。平台的构建需要各种资源，作为一个庞大的社会项目，高校不能凭借自己的力量独自建立平台，因此，需要社会的广泛参与来确保红色文化得以传播，只有这样，才能确保红色文化能够循序渐进的传播。对于外在环境，社会还要完善红色文化教育基地的建设。能称之为红色教育基地的地方一般都在山区，这些地方交通相对闭塞且自然环境条件较差。在挖掘红色文化资源的同时，要加强对基地周边地区的建设，改善交通环境，为有教育需求的人们提供较为便利的条件。

其次，社会针对红色文化资源的多样性进行合理的规划和科学的安排。虽然红色文化教育基地分布在全国各地，但是在开发的过程中要进行统一规划，构建系统的区域化红色文化基地。第一，红色文化的传播离不开教育，而教育主客体的自身素质影响着传播的质量，基地周围居民的文化素养需要加强。第二，建立地区红色文化特色品牌。红色文化的传承需要借助一些喜闻乐见的传播形式，树立具有地方特色的文化品牌，使人们乐于接受和传播红色文化。红色文化相对于其他文化具有一定的乏味性，因此增强趣味性是目前传播红色文化的重点。我们可以在还原历史的基础上，结合现代媒体的宣传方式进行红色文化的开发，让红色文化的宣传内容更接近人们的实际生活，从生活中发现并传播红色文化，从而让更多的人接受红色文化的熏陶。第三，创新开发红色物质文化的理念。红色物质文化具体指的是各地区的遗迹、遗址、遗物等，是先辈们进行革命时留下的重要见证，因为具有不可移动性的特点，所以要进行专门的管理和保护。在开发过程中不能随意破坏，要在还原历史的前提下进行红色物质文化的创新。比如对周围的环境进行美化和修改等，使其拥有更加深远的意义。

2.发挥红色文化教育功能

利用爱国主义教育基地，发挥红色文化教育功能。我国拥有非常多的纪念馆、展览馆、博物馆纪念馆和烈士陵园等教育基地，社会可以通过这些红色文化教育基地来充分发挥红色文化的教育功能，还应该对爱国主义教育基地的软硬件设施进行维修和保护。社会还要加大力度实现爱国主义教育基地的教育作用，支持大学生免费参观学习。除此之外社会更应该鼓励大学生在课余丰富自身的精神生活，多参加一些公益性活动，尤其是具有红色文化内涵的教育活动，最大程度发挥红色文化的教育功能。

3.创新红色文化传播方式

在"互联网+"的背景下，社会应该利用各式各样的平台号召社会大众对红色文化进行学习。一是利用新闻媒体宣传红色文化。尤其是在每年的七月一日党的生日、十月一日国庆节这种对于人民群众来说熟知的重要节假日，依托互联网，利用形式多样的媒介传播红色文化。二是创新途径传播红色文化。利用先进的VR、AR技术打造虚拟空间，体验艰辛的红色年代。利用网络这个大平台，通过自媒体等大众日常所接触的方式建立红色文化新的传播途径，实现虚拟与现实的相互配合，最大程度上达到宣传的目的。但是，中国大部分地区，尤其是革命老区，经济不发达，网络不能实现全覆盖，对传播红色文化就产生了一定的阻碍。因此，政府需要注意到这个情况，调拨资金进行网络覆盖，扫除障碍，打通网络的宣传渠道，使便捷的传播途径得到充分发挥，使红色文化能够传播到每个角落。要想使红色文化得到最大程度上的宣传，离不开社会整个环境的支持。良好的社会环境是红色文化可以迅速传播的有力保障。大力借助社会环境这一有效途径，发挥宣传红色文化的功能。红色文化传播方式需要人们不断探究。

此外，社会各界应建立关于红色文化的相关机构，营造浓郁的红色文化氛围，加大红色文化的传播力度，使大众接受红色文化的熏陶。

一是组织与红色文化相关的户外活动。通过让体验者穿上红军制服，背上背包，沿着崎岖坎坷的山路走进革命老区，重走长征路，感同身受，体悟艰辛岁月中革命的残酷以及战士们顽强的拼搏精神，更加珍惜来之不易的美好生活。

二是建立青年志愿者服务社团。学习红色文化的目的是为了更好地进行社会生活实践。以大学生为主体的青年人数众多，大学生们积极争当志愿者，为他人服务，尤其是在革命老区和相对落后的农村。大学生们身体力行地帮助困难群众，更加体会了革命战争年代战士们的艰辛困苦，在实践中不断感悟红色文化所呈现出的宝贵精神，使心灵得到洗涤，思想得到升华。

三是打造大众喜闻乐见的红色文化佳品。针对不同的人群，打造不同的作品，对于年长者，他们比较喜欢传统传播媒介，如电视，广播、报刊等，因此，影视部门可以制作红色影视剧、红色电影，杂志社发行红色期刊让他们加深对红色文化的关注。对于新潮的年轻群体，尤其是大学生们，社会相关部门通过制作小视频来吸引大学生的学习，新媒体在公众号发相关文章、微博上置顶头条来对红色文化进行探究。对于年纪尚小的儿童，电视台可以播放红色动画片来引起小孩的兴趣，从小培养他们的红色意识，最终达到红色文化深入人心的目标。

4.造就红色文化社会共识

第一，在整个社会中，营造积极向上、具有正能量的舆论氛围。舆论环境的优化能够激发、引起大学生主动了解红色文化的兴趣。如今，我国正处于全面深化改革、扩大改革开放的重要时期。经济全球化使我国的经济与世界紧紧相连，得到了突飞猛进的发展。随着经济收入的不断增加，生活条件日益优渥，人们对精神世界的追求也随之提高。但这也会引起各种不良社会思潮出现，大学生的思想观念和价值取向面临严峻的挑战。此外，移动互联网的出现也导致大学生与社会舆论的关系异常密切，舆论对大学生的心理状态有着更为深刻的影响。要不断优化社会环境，充分发挥舆论的正确导向作用，积极利用新兴媒体进行引导，使社会的积极影响得到最大程度的发挥。

第二，营造和谐的社会环境。创造一个良好的社会环境，能营造出一个教师乐于教学，学生快乐学习的社会氛围，激励大学生学习中国国情，了解中国革命、建设和改革的整个历史；还应该为大学生打造一个社会实践的平台，磨炼他们在实践中的意志，进一步提高自身的整体素质。总之，为了让大学生接受红色文化，必须要营造良好的社会环境。

第三，摆脱错误思想和文化的入侵。大学生的世界观、人生观和价值观树立深受社会舆论以及社会思想文化环境的影响，即使是在校大学生也很容易受到各种恶劣的社会环境的影响。要为红色文化的传承创造一个良好的环境，就必须坚决抵制各种错误思想的入侵，不受谣言的干扰。

第四，优化网络媒体传播环境需要不断优化升级。当代大学生在生活学习中早已离不开手机、电脑等一些新兴电子产品。不断发展、时时更新的网络媒体对新时代大学生的思维方式、行为方式，尤其是对思想道德产生影响，因此，必须结合信息时代发展的特点来学习、利用网络媒体资源，加强对网络信息传播的管理，创造良好的网络传播环境。

（三）发挥学校主渠道作用

1.将红色文化融入高校思想政治理论课的课堂教育

思想政治理论课是高校进行大学生思想政治教育的最直接形式，是引导大学生树立坚定理想信念、培育践行社会主义核心价值观的重要途径。现阶段，高校的思想政治理论课普遍存在的问题是教育内容空洞、枯燥、乏味，教师讲课方式生硬、刻板，不足以调动学生的积极性和学习兴趣。因此，高校应当对课程内容的开发引起重视，积极运用红色文化这一优质教育资源，并将红色文化融入思想政治理论课的教学和教材中，用红色文化丰富大学生思想政治教育的内容，编写以红色文化为主要内容的校本教材，创新教学方法，在思想政治理论课的课堂教学中提升大学生对红色文化时代价值的认同。

首先，红色文化进课堂。高校思想政治理论课教师在教学过程中，应该有意识地将红色文化的精神内核渗透到思想政治理论课的课堂教学中，有效地将红色文化与课程教学内容融合起来。例如，在"思想道德修养与法律基础"这门课中，在讲授"大学生的成长与理想"这一章节时，就可以将红色精神融入进来，让大学生通过典型案例深切地感受到坚定理想信念的深刻内涵。在"马克思主义基本原理"的课程教学中，将体现红色精神的实际案例融入教学，使原本刻板、枯燥乏味的课程内容变得生动起来，从而激发大学生的学习兴趣，如在学习"实事求是，一切从实际出发"时，可以结合红色文化精神中的具体事例进行课程内容的讲解。在"毛泽东思想与中国特色社会主义理论体系概论"这门课中，教师可以将红色文化精神与党的先进性结合起来实施教学，使教学内容更加充实。在"中国近现代史纲要"的课堂教学中，教师应当将红色文化的精神内核详细地讲授给学生，帮助大学生更好地掌握党的基本路线、方针和政策，正确认识我国的基本国情，从而增强大学生的家国情怀，帮助大学生积极践行社会主义核心价值观。此外，高校还可以设置关于红色文化的选修课来提升大学生红色文化教育的实效性。

其次，红色文化进教材。组织专家教授编写红色文化教育的校本教材，例如，浙江理工大学马克思主义学院渠长根教授在总结经验的基础上，开设创意性新生互动课程——"红色文化概论"。另外，在围绕红色文化研究与实践的基础上，浙江理工大学还编写并出版了《马克思主义中国化、大众化的红色文化研究》《红色文化名人印记》《红色文化与高校思想政治教育》等学术著作。当前，高校使用的思想政治理论课教材都是国家统编的，很少针对本校的实际情况编写校本教材。因此，在红色文化融入大学生思想政治教育过程中，可以有效结合本土红色文化及本地高校大学生的思想特点和身心成长的规律编写具有本地特色的红色文化校本教材、期刊，扎实推进红色文化进教材、进头脑，让学生通过这些专门的教材深入接受红色文化精神教育，领会红色文化的精神内涵，增强对红色文化的深入了解，进而间接地提高大学生思想政治教育成效。

最后，探索新的教育方法。红色文化内容丰富，形式多样。将红色文化融入大学生思想政治教育的课堂教学中，要积极寻求新的不同以往的教学方法。例如，可以邀请当地的老一辈革命家开展讲座，将这些老一辈革命家亲身体验的革命事迹更加直观形象地展现给大学生；还可以利用当前先进的多媒体技术，尤其是在重大节日期间播放相关纪录片，使大学生更好地了解红色文化的精神内涵，这样通过创新教学形式，既将知识传授给了大学生，又能实现教育的目标。

2.将红色文化融入大学生思想政治实践活动

实践是检验真理的唯一标准。纸上得来终觉浅，绝知此事要躬行。大学生课堂上学习了相关理论知识，必须通过实践来消化。

首先，建立高校红色文化实践教育基地。高校应当积极与当地具有红色文化特色的单位建立长久的合作关系。以重庆高校为例，可以建立红岩精神教育实践基地，为本地高校运用红色文化开展大学生思想政治教育提供便利条件；通过组织大学生参观红岩村、红岩博物馆、渣滓洞、白公馆，使大学生能够亲身体验到红岩精神的魅力。此外，学生通过课堂上相关理论知识的学习，需要实践将其消化吸收，进而渗透进大学生的头脑，因此，教师在课堂授课的同时要注重将理论与实践融合，不断地将红色文化深刻的精神内核和时代价值传授给学生，使大学生在潜移默化中不断地提升自己。

其次，开展红色旅游。红色旅游是利用革命战争时期遗留下来的革命遗址遗迹、纪念场馆、伟人故居等承载红色精神的物质资源，将娱乐放松与学习红色精神和教育结合起来的一种社会实践活动。红色旅游通过寓教于乐的方式将红色精神内化于心，从而在潜移默化中提升了人们的思想道德修养，增强人们的爱国情感。比如，重庆高校可以充分利用小长假以及寒暑假组织学生到红岩村进行参观学习，在参观游览的同时，教师可以详细讲解红岩精神的内核和时代价值，引导大学生深入挖掘红岩精神的时代价值，通过现场教学，宣传红岩精神，提升大学生的思想境界和精神境界。组织大学生参与红色旅游，在活动结束之后，要提醒大学生总结其心得体会，引领大学生对其更深层次的意义进行思考，从而既培养了大学生的思维，又提高了教育的实效性。

此外，高校党委组织部和宣传部要正确认识在高校大学生思想政治教育中融入红色文化的重要意义，在实际的工作中，灵活主动地将红色文化运用于大学生思想政治教育中：根据本校发展的实际情况，实事求是，有针对性地开展思想政治理论课与实践课相结合的工作；在课程设置中，加入红色文化实践课程，并实行签到考评机制组织学生参与其中，以实际行动来发挥红色文化特有的育人功能，进而不断提升大学生思想政治教育的质量。

3.加强红色文化精神教育的人才队伍建设

人是生产力构成诸要素中最为重要的组成部分。科学技术本身不能成为生产力，需要被具有一定知识、劳动技能和经验的劳动者掌握并运用于现实的社会生产，才能转化为生产力。个体能力的强弱及主观能动性的发挥决定着实践开展的成效。人才是社会化人群中道德素质较高、实践能力较强且具有专业知识或技能的重要人力资源。红色文化精神教育实践的良性运转及其转化为改造大学生精神世界的生产力，离不开对开展教育实践的人才队伍的打造，他们是教育实践开展的组织保障。新时代大学生红色文化精神教育的人才队伍建设，既包括教师群体，也包括大学生群体。

（1）红色文化精神教育的教师队伍建设

打造一支政治强、情怀深、思维新、视野广、自律严、人格正的红色文化精神教育队伍，是弘扬和传播红色文化的前提。

首先，要推动红色文化精神教育的教师队伍专职化。目前，红色文化精神教育的教师大多由高校思政课教师、社会科研人员兼任，师资力量构成庞杂且教学能力参差不齐。原因在于部分思政课教师并非红色文化相关领域的研究人员，对红色文化的兴趣不浓，迫于完成教学任务才登上讲台。而社会科研人员和高校教师相比，演说能力以及课堂教学的现场把控能力大都稍弱，话语的权威度没那么高。建设一支专职化的红色文化精神教育队伍迫在眉睫。高校可以积极引进专门研究红色文化的相关博士、硕士人才，既从学历、年龄等层面充实了教师队伍，也为这些刚毕业的高学历人才提供了"施展拳脚"的舞台。高校还可以为红色文化研究积极"造势"，鼓励那些对党史、新中国史、改革开放史和社会主义发展史等颇有研究的教师群体开展对蕴含其中的红色文化进行研究，将这类教师群体作为红色文化精神教育专业教师队伍的"常规军"，待时机成熟转岗为专职教师。

其次，强化红色文化精神教育教师的理论和实践培训力度。时代是思想之母。红色文化的时代性体现，依赖于党执政的不断深化和社会主义发展的稳步向前。每次党领导人民在开展重大社会实践、解决社会重大问题过程中形成的经验累积，都为新红色文化的诞生创造了契机。人不可能不学而会，教育者必定先受教育。育人主体要想把"新鲜的"红色文化引入课堂并讲清楚、分析透彻，就必须接受理论培训和开展自我教育。此外，开展理论培训能够为教师提供更多值得借鉴的教育思路，开拓教育视野。通过专家的指点和与其他教师的沟通，教育主体能够发现自身在开展育人实践过程中存在的短板，及时规避或改正。实践是理论之源。要想深层次的内化一种学说，实践是必不可少的环节。高校也应积极为教育主体开展相应的红色主题实践提供便利，使教师能够在做的过程中学，最终达到真知、真信、真用的理想状态。

最后，加强对红色文化精神教育教师的师德师风建设。习近平在党的十九大报告中指出："加强师德师风建设，培养高素质教师队伍，倡导全社会尊师重教。"①高尚的师德师风是育人铸魂的必然要求。红色文化精神教育要把师德师风建设放在首位，做到打铁还需自身硬。意识形态教育必然要符合统治阶级的利益诉求。社会主义教育的目的是培养德智体美劳全面发展的社会主义建设者和接班人，这就要求教育者必须讲政治、有底线思维，在教育的过程中以实际行动诠释对马克思主义的信仰、对中国特色社会主义的信念。此外，红色文化精神教育除了是对红色文化的传承和弘扬以外，更是教育主客体在政治立场、价值观念、思想道德素质层面的碰撞与交互。在大学生眼里，育人主体是"吐辞为经、举足为法"般的存在，教师的一言一行都会对在大学生心里形成相应的评价，因此，高尚的师德能在大学生的"拔节孕穗期"发挥积极的隐性教育作用。

---

① 习近平 . 决胜全面建成小康社会 夺取新时代中国特色社会主义伟大胜利——在中国共产党第十九次全国代表大会上的报告 [N]. 人民日报，2017-10-28.

（2）学生干部队伍建设

学生干部队伍是大学生中品学兼优的那部分群体，他们理论学习热情高涨、主观思维活跃，动手实践能力强，能够通过个人魅力引领小群体内的舆论走势，是同辈群体中的佼佼者。美国社会学家戴维·波普诺（D.Popenoe）在其所著的《社会学》中，将同辈群体定义为"有大致相当的社会地位、并且通常年龄相仿的一群人"①。作为大学生的同辈群体来讲，他们是年龄层次相同、地位、兴趣、爱好、价值观等大体相同或相近的大学生个体组成的关系密切的非正式群体。同辈群体中的学生干部队伍在大学生个人价值观念整合、尝试社会角色转化、实现自我需要的过程中发挥着非常重要的作用。结合红色文化精神教育的角度来看，打造"懂红、信红、用红"的学生干部队伍，能够为育人的理论教学、实践教学等"正面战场"减轻压力。学生干部队伍能够为大学生在接受红色文化精神教育之余及时开展反思和自我完善提供新的载体，这种载体发挥的功效就是让大学生在比较之中找差距，并通过自由平等的交流发现自身的问题。所以，学生干部队伍具有润物细无声的特点，能够在无意中发挥"近朱者赤"的教育功效。具体说来，要发挥学生干部队伍的教育功效，可以从以下两个方面去尝试。

第一，培养学生干部队伍中的"意见领袖"。"意见领袖"是在团队中构成信息和影响的重要来源，并能左右多数人态度倾向的少数人。尽管不一定是团体的正式领袖，但其往往消息灵通、精通时事；或足智多谋，在某方面有出色才干；或有一定人际关系能力而获得大家认可从而成为群众或公众的"意见领袖"。大学生"意见领袖"是红色文化两级传播中的重要角色，是大学生群体中首先或较多接触红色文化相关信息，并将经过自己充分理解了的信息传播给其他大学生的人。"意见领袖"一般颇具人格魅力，在学生群体中具有较高的威望，同时具有影响其他大学生认知态度的能力，他们介入大众传播，加快了红色文化的传播速度并扩大了影响。当前，高校中仍不时出现各种戏说、歪曲、丑化红色史实的不良现象，这就需要"意见领袖"及时站出来澄清事实，与这些恶劣的行径作斗争。

第二，打造大学生"先知带后知"的红色文化传播氛围。不同的大学

---

① ［美］戴维·波普诺.社会学（第11版）[M].北京：中国人民大学出版社，2008：174.

生由于成长环境、早期教育背景以及个人心智的发育成熟度等差异，导致他们认知新事物的态度也会有所不同。部分大学生或是生活成长于红色文化丰富的地区，或是家庭中本就伴有红色因子，从小的耳濡目染能够让他们对红色文化产生一种与生俱来的亲切感，红色文化中的红色家风家训、优秀的道德品行、文化传统都是他们成长过程中最亲密的"伙伴"。部分大学生群体不具备这些先天优势，虽然他们在成长的过程中一直都在接受社会主义核心价值观教育，但因生活在大都市中，难以接触到地理位置偏远的物质形态的红色文化，久而久之就会产生陌生感，也就是我们说的社会记忆中的"红色记忆"板块缺失。打造"先知带后知"的传播氛围，就是让这部分"先知"的大学生，在课余饭后通过闲谈对话等形式对课堂讲授的红色文化资源予以适量的"补充"，谈自身的见解和感悟，带动其余大学生进行思考，积极拓宽红色文化资源的存在场域。此外，"先知"大学生群体要注重以实际行动打动"后知"群体的内心，不仅要"知"，更要"行"，要在日常学习和生活中将红色文化的内涵外化出来，做到言行一致，增强红色文化的可信度。对于高校来说，要通过多样化的途径科学选拔"先知"大学生群体并对他们开展不定期的理论培训及实践养成，将他们心中对红色文化的感性思维上升到理性的高度，打造红色文化的"小小宣传家"。

4. 推动校园红色文化建设

校园文化是以学生为主体，以校园精神和大学办学理念为主要特征的大学生群体文化，同时也是社会主义先进文化的重要组成部分，是红色文化融入高校育人工作的重要载体。加强校园红色文化建设就是要把红色文化与校园文化有机结合，把红色文化的价值理念融入校园文化中去，发挥校园文化隐性的育人功能，这是提升大学生红色文化精神教育有效性的重要路径。

（1）运用新媒体提升红色文化的传播力

利用新媒体在校园中传播红色文化，宣传主流意识形态，是抵御西方意识形态入侵的重要途径；同时宣传红色文化的当代价值，也能引导大学生积极看待红色文化，应对市场经济引发的社会负面现象对大学生的干扰。

当今科学技术迅猛发展，互联网、微博、微信、QQ等一系列现代信息传媒手段成为日常生活的一部分，是文化传播、知识传授、信息传送的主要载体。高校作为宣传马克思主义的主阵地，必须要加强红色文化的传播力度。正确的思想不去占领，错误的思想就会趁机占领，因而高校要充分发挥新媒体在校园文化传播中的推动作用，牢牢把握新媒体传播的主动权，坚持社会主义主流意识形态，揭露西方思潮的错误本质，使新媒体成为校园红色文化宣传的新阵地，弘扬红色主旋律，抵制西方意识形态对大学生的侵害。高校可依据自身情况创办大学生校园文化网站，通过建立红色文化微信公众号、QQ群、微博等传播红色文化，充分利用新媒体信息传播速度快，互动性强的特点。在建立新媒体传播平台的过程中需要注意以下几个方面。

一要注重大学生的实际需求。新媒体平台要突出思想性和服务性，比如开设时政要闻、党建思政、理论学习、校园文化、交流讨论等专题栏目，用丰富的信息资源、生动活泼的形式、及时便捷的信息反馈来满足大学生的不同需求。以微信公众号为例，其具有传播、转发、评论等特点，文字、声音、图片、视频都可作为传播的载体，制作成本低，推送便捷，是大学生喜闻乐见的获取知识的平台，因此可以成为弘扬红色主旋律，传播主流意识形态，培养大学生爱党、爱国、爱人民的信息共享平台。新媒体平台在创建初期可以采取问卷调查、走访学生等多种调研方式了解大学生的内心需要和实际想法，采纳好的建议，使平台能够真正帮助大学生获取红色文化知识，解决生活中的思想困惑和对政治理论的疑惑。开设交流互动平台可以提高大学生政治参与的积极性，畅所欲言；也可以发布对错误思想的批判信息，揭露西方意识形态的危害性和历史虚无主义的本质，提高大学生的思想境界；同时考虑到一些学生的心智还不够成熟，思想表达难免会有偏见，因此平台要建立审查机制，肯定学生好的见解，纠正片面、错误的言论。

二要提升传播平台的吸引力。丰富多彩的内容和形式是提高新媒体平台吸引力的主要因素。红色文化的内容具有权威性和严肃性，因此在表现形式上可以适当增强活泼性和趣味性。比如在校园文化网站的背景设置上可以使用当地红色文化标志性的建筑、人物头像、风景名胜等；利用3D虚拟技术，模拟红色旅游胜地，再现革命历史场景等。平台的设置要考虑学生的使用和接受习惯，将一些点击率较高的热点内容放在醒目位置，方便学生操作。在特殊的纪念日，比如建党节、建军节等，结合纪念日的主题发布相关背景内容，使大学生及时接受红色文化的熏陶，同时也可以借鉴其他学校、权威性官方网站的创意。如延安大学"积极打造红色经典艺术教育网、'红色经典艺术大讲堂'课程网站、'红色经典影视作品赏析'课程网站等信息教育平台，通过红色经典读书心得征文、学校特色图书馆藏建设、红色经典作品推荐、专家红色经典导读报告等，营造浓厚的红色经典艺术自主学校氛围"[①]。校园红色文化新媒体平台的建立可以为本校思想政治理论课提供丰富的素材和资源，教师可以利用这些贴近学生、具有较强吸引力的教育资源改善红色文化课堂教学内容枯燥、形式单一的不足，激发学生学习的兴趣，增强红色文化精神教育的效果。

在发挥新媒介平台作用的同时，也要整合校园传统教育媒介。校报是学校发行量较大，在大学生群体中较有影响力的传统平台。高校可以结合所在区域红色文化或是结合学校的历史，在报刊中创办红色文化专栏宣传红色文化精神，营造校园红色文化精神教育的良好氛围。校园广播电台也可以播放红色主题电影、歌曲以及红色专题教育节日，及时报道校园红色文化活动新闻，潜移默化地引导学生爱党、爱国、爱学校。校园的宣传橱窗可以张贴红色主题海报、宣传标语、先进事迹等。另外还可以在校园中树立革命人物雕像，在校史展览馆展示革命遗物，建设红色历史校园景观，把名人题词刻在建筑物上，弘扬主旋律，传递正能量，时刻熏陶和感染大学生。

（2）引导校园红色文化活动健康发展

校园文化活动作为大学生的第二课堂，可以弥补课堂教育相对枯燥、形式单一以及红色文化精神教育渠道单一的不足，突破时间和空间上的限制，促进课堂知识的吸收，提高教学的有效性和学生的参与度，充分发挥育人"润物细无声"的隐性特点。健康向上的校园文化丰富了红色文化实践活动的形式，既激发学生参与活动的积极性，又可以使大学生在潜移默化中接受教育。校园文化的主体是大学生，大学生是校园文化活动的组织

---

① 王炳林，张泰城. 高校红色文化资源育人发展报告 2016 [M]. 北京：人民出版社，2017：152.

者和参与者。将红色文化融入校园文化活动中，可以避免红色文化实践活动流于形式，使大学生真正在活动中提高科学文化素质，促进大学生全面发展。

校园文艺活动具有参与程度高、接受范围广的特点，深受大学生的喜爱。通过将红色文化的价值精髓融入校园文化艺术活动中，对于引领大学主流意识形态导向，丰富大学生校园生活，提升大学生思想文化素质，扩大红色文化精神对大学生的影响具有重要的价值和意义。高校可以将红色文化精神融入校园文化艺术节，举办红色主题艺术展演活动，定期举办红色诗歌朗诵比赛、红歌大合唱比赛、革命历史知识比赛、演讲大赛、辩论大赛、征文比赛以及红色故事会、红色文化主题宣讲、中共党史学术讲座等丰富多彩的文艺活动。这些活动的举办既繁荣了校园文化，又调动了大学生了解中国共产党的发展历程、接受革命精神教育的积极性。

具体来说，高校可以在革命伟人的诞辰纪念日、重大革命历史事件纪念日、国庆、校庆等特殊节日开展以红色精神为主题的征文活动；开展红色文化主题讲座，邀请红色文化专家、抗战老兵或者老一辈无产阶级革命家的后代回顾中国共产党革命实践的艰辛历程，讲述红色故事，重温红色经典；组建本科生、研究生红色精神宣讲团，选择理论基础扎实的学生为宣讲员，定期根据重大纪念日制定宣讲主题，走进学校各学院，在学生群体中巡回宣讲。有条件的高校还可以将红色文化与高雅艺术相结合，组建和打造大学生艺术团，让红色文化以震撼人心的视觉冲击力、优美的歌声旋律、高雅的艺术风格展示中国共产党艰苦卓绝的光辉历史，使大学生在极具艺术表现力的氛围中感受红色文化丰富而深刻的思想内涵。"北京交通大学排演的《长征组歌》不仅仅成为全国高校学生艺术团中有活力、高品质的校园文化精品活动，而且也成为学校运用红色文化资源育人、发挥艺术教育育人作用的良好载体，将大学生理想信念教育和校园文化艺术活动高度融合，在促进大学生全面成长成才方面发挥了重要作用。"[1]

高校还可以将红色文化融入校园社团建设，创办红色社团，使之成为红色文化宣传的重要校园力量，如可以组建诸如"革命历史宣传小组""马

---

① 王炳林，张泰城. 高校红色文化资源育人发展报告2016[M]. 北京：人民出版社，2017：237.

列主义研究协会""红色旅游协会"等特色组织,举办"红色文化艺术节""红色社团活动"等,提高红色文化在大学校园中的影响力。高校要选择红色文化理论知识深厚、责任心强的教师指导红色社团工作,把握正确的政治方向。

高校校园红色文化活动的开展离不开学校领导的重视和指导,高校要高度重视校园文化活动对学校发展和人才培养的重要作用,建立健全校园文化活动的管理机制,充分利用自身优势推动校园文化活动创新,开展丰富多彩的校园红色文化活动。只有学校重视程度高,在制度、经费上提供有效保障,学生参与的积极性强,校园红色文化活动才能健康有序开展,焕发勃勃生机。

（3）加强校园红色文化的交流与合作

习近平在党的十九大报告中指出:"加强中外人文交流,以我为主、兼收并蓄。推进国际传播能力建设,讲好中国故事,展现真实、立体、全面的中国,提高国家文化软实力。"[①]高校在红色文化走出校门、走出国门,传递红色文化肩负着重要使命。

校内与校外要增强红色文化的交流与合作。高校要加强与地方党史部门、纪念馆、档案馆、博物馆的合作,建立爱国主义教育基地和革命传统教育基地。校园内红色文化资源十分有限,高校要积极将校外优质红色文化教育资源引进校内,与校园文化相对接,相结合。高校可以邀请国家、省、市各级艺术团体,将优秀经典的红色话剧、歌舞剧引进校园演出,让大学生现场感受红色艺术的震撼力和独特魅力,了解真实发生的革命故事,体会其中蕴含的革命精神;加强与教育实践基地的合作,校园文化活动如朗诵大赛、演讲大赛的举办也可以离开校园,到红色文化氛围更浓厚的革命教育基地,这更能增加校园活动的感染力,使活动更加有意义;校园红色文化大讲堂可以邀请合作的校外研究基地、研究所的资深专家给大学生进行党史国情教育,让更多大学生了解革命历史,感受革命传统,坚定砥砺前行的理想信念。

在国际学术交流中传播红色文化是增强红色文化自信的重要方式。一

① 习近平.决胜全面建成小康社会 夺取新时代中国特色社会主义伟大胜利——在中国共产党第十九次全国代表大会上的报告[N].人民日报,2017-10-28.

部红色文化发展史，就是文化自信意识不断增强的历史。文化自信来自人民群众对所拥有文化的肯定，并且是对国家自身的文化和文化影响力的高度肯定。文化自信，是对文化自卑和防御心理的克服，是对本民族文化的高度认同和充分自信。文化自信的最显著标志是文化交流，只有对本土文化充分自信，才有底气"走出去"。高校只有自身坚定对红色文化自信，才能在培养学生树立红色文化自信时更具说服力。在很长一段时间内，由于受西方国家鼓吹的"西方价值观优越论""社会主义失败论""文明冲突论"等的影响，中国红色文化在国际交流中很难突破意识形态的障碍，红色文化的国际传播没有取得良好效果。红色文化在国际中的"失声"不利于高校红色文化精神教育工作的开展，也不利于培养大学生树立红色文化自信。

为了让世界更好地了解中国的红色文化，高校要把红色文化的对外交流作为校园红色文化建设的一部分。高校可以举办中外文化交流艺术节，邀请国外大学生交流访问，彼此之间介绍自己国家的发展历史，增进了解。中国大学生利用与国外大学生交流的机会，向对方介绍中国的文化历史、中国共产党的成长史，向不同国家的大学生展示中国的红色文化，让他们了解中国人民选择中国共产党，选择社会主义道路的历史必然性，消除因国外不实报道而产生的偏见。中国大学生可以借助交流的机会扩大红色文化在外国大学生中的影响力，促进红色文化的国际传播，增强中国文化软实力，让外国大学生真实地了解中国国情，了解中国的红色文化，消除误解，增进友谊，使中外青年成为和平友好的使者。中国大学生在向外国大学生介绍中国红色文化的过程，也是进一步了解自己国家文化，坚定红色文化自信，坚持走中国特色社会主义道路的过程。

党的十九大报告指出："文化自信是一个国家、一个民族发展中更基本、更深沉、更持久的力量。"[1] "文化自信，是一个国家或民族对自身文化能够自立于世界文化之林的信心，是一个国家或民族的文化自主性和自豪感的体现。"[2] 大学生红色文化精神教育的目的不仅要让大学生对红色文化认同，还要上升到红色文化自信的高度。高校培养出来的大学生必须是又红

---

[1] 习近平 . 决胜全面建成小康社会 夺取新时代中国特色社会主义伟大胜利——在中国共产党第十九次全国代表大会上的报告 [N]. 人民日报，2017–10–28.

[2] 刘建军 . 寻找思想政治教育的独特视角 [M]. 北京：中国人民大学出版社，2017：91.

又专、德才兼备、全面发展的中国特色社会主义合格建设者和可靠接班人。大学生红色文化教育的核心目标就是使大学生树立对红色文化的坚定自信。红色文化自信不仅是在全球化时代维护国家文化安全的天然屏障，也是建设文化强国和实现民族复兴的重要引擎。

树立红色文化自信就是要大学生真学、弄懂、相信红色文化中所蕴含的深刻道理。建立对红色文化的自信心，有利于大学生自觉把红色文化的教育内容以及蕴含的价值理念转化为自己的实践准则。即便大学生离开校园，走入社会，在没有课堂知识灌输的情况下，也能自我灌输，从红色文化中主动自觉地寻找真理，提高自身文化修养。

（四）以红色家风涵养大学生价值观

1. 传承红色基因这一涵养主旋律

首先，以红色家风建构涵养价值观的主题。爱国主义、集体主义、社会主义教育是大学生价值观培育的主题，集中体现了当前大学生价值观培育的主旋律和主要任务，引导青年大学生树立坚定的共同理想和信念。中共中央、国务院印发的《新时代公民道德建设实施纲要》中提出："要继承和发扬党领导人民创造的优良传统，传承红色基因，赓续精神谱系。"[①] 传承红色基因就是用马克思主义意识形态的主旋律占领思想文化阵地。马克思和恩格斯曾说："不是意识决定生活，而是生活决定意识。"[②] 中国传统社会发展中长期自给自足的农耕文化特征使得日常生活具有高度的成熟性，由此形成的丰富家风文化具有突出的生活化特性。红色家风凝结于革命前辈探索中国特色社会主义道路的实践历程，在主旋律引导和教育方面，可以实现爱国主义、忠诚爱党、坚定理想信念等价值观主题。开启红色家风涵养大学生价值观的日常生活向度，可实现红色文化的现代性转化与传承，巩固马克思主义意识形态主流价值观的指导地位。此外，以红色家风建构大学生价值观涵养主题具有显著的生活化优势。红色家风是对革命前辈家庭生活实际样貌的真实反映，涵养价值观的过程具有浓厚的日常气息和丰富多样的生活意趣。红色家风涵养当代大学价值观，即是将其中蕴含

---

① 中共中央 国务院印发新时代公民道德建设实施纲要 [N]. 人民日报，2019-10-28.

② 中共中央马克思恩格斯列宁斯大林著作编译局编译. 马克思恩格斯文集（第1卷）[M]. 北京：人民出版社，2009：525.

的红色基因融入当代大学生价值观日常教育的实践，并非概念化的价值观培育，而是更好地贴近大学生，在大学生群体所熟悉的日常生活中的价值观养成。

其次，以红色家风融入主流价值观的培育。筑牢思想文化建设主旋律之魂，离不开培育和践行社会主义核心价值观。大学生如果不融入社会长远发展的洪流，其个人价值就难以淋漓尽致地发挥；如果缺乏社会发展这一坚强后盾的支持，大学生个人的人生目标也难以实现。只有实现二者的融合一致，青年才能获得实现人生出彩的机会。主流价值观的培育过程也伴随着个体价值观的形成。大学生个体人生目标的实现犹如无数的涓涓细流，最终融汇到社会整体价值目标的实现中。红色家风蕴含的家国情怀、社会责任、家庭美德和生活习惯等丰富的价值观培育内容，可以实现同国家、社会、个人三个层面核心价值观培育的对接。以红色家风涵养价值观有利于在主旋律和多样性的辩证视角中加强对大学生价值观的培育。价值观涵养活动的设计要贴合涵养目标，红色家风素材的选择要体现鲜明的主题，同时要结合当前大学生价值观培育的特点，发挥红色家风在主流价值观培育中的时代价值。

最后，以红色家风提升大学生对文化多样性的判别能力。马克思说人是有意识的类存在物："有意识的生命活动把人同动物的生命活动直接区别开来。"[1] 人类的特性恰恰就是自由、自觉的活动，红色家风日常生活向度的价值观养成模式在其中能够起到从自发向自觉的推进作用，同时又能将自觉的行动化为日用而不自知的价值观。具体而言，在以红色家风涵养大学生价值观日常向度的过程中，施教者位居整个涵养过程的主导位置，其整体规划、具体计划、实施方案、实施步骤等都渗透着主观目的性，每一个步骤都从自发导向预设着理想目的的自觉。把握主旋律，既要在日常生活实践中推行红色家风，又要重视红色家风文化的理论研究；既要正确看待价值观现实的多样性，又要关注大学生日常生活；既要弘扬革命道德中的优秀部分，又要把握新时代主题。此外，在涵养大学生价值观的过程中把握主旋律是文化选择能力和辩证思维能力的体现，尤其要注意避免"低

---

① 中共中央马克思恩格斯列宁斯大林著作编译局编译 . 马克思恩格斯文集（第 1 卷）[M]. 北京：人民出版社，2009：162.

级红、高级黑"等现象。传承优良革命传统不是食古不化,开放包容也并非盲目崇拜,学习借鉴更不是照搬照抄,要实现红色家风涵养价值观与大学生成长成才的现实需求相统一。

2.巩固日常教育这一涵养主阵地

大学生日常思想教育和管理服务构成了大学生价值观培育的主阵地。家庭和社会、学校等公共教育领域一样,也是价值观引导的重要阵地。日常生活领域和政治、经济、文化等非日常领域不同,家庭是更加生活化的价值观引导场域。将红色家风融入日常思想政治教育以巩固涵养主阵地,不仅要考虑到大学生主体的道德水平、行为方式、认知能力等方面的因素,还要防止两种与大学生价值观培育目标背道而驰的情况。正确认识马克思主义主流价值观与日常生活的关系,要保持日常生活领域同非日常生活领域的平衡,过于重视一方而排斥另一方都是不可取的。在大学生价值观形成问题上,要防止两种极端倾向:一种是以非日常生活挤压日常生活,导致日常生活畸形的现象;另一种是作为非日常生活的主流价值观培育对日常生活的强势且极端地植入,使得大学生价值观培育成为政治化、教条化的说教和宣传,与日常生活严重脱节。所有能深入人心的价值观理念都是易于理解且贴近生活的,日常生活领域尤其是家庭生活与每个人息息相关,其中的道理一经阐述,就很容易被人们所理解并接受。红色家风正是非日常生活领域同日常生活领域价值观实现同步同轨的有效"黏合剂"。这种生活化的价值观涵养路径避免了宏大叙事的价值观传导方式对日常生活世界的遗忘。红色家风围绕着日常生活领域以涵养价值观,经常性地通过生活、劳动和学习等日常生活实践达成价值观培育的目标。巩固价值观培育主阵地,要把红色家风所蕴含的革命传统和红色基因结合进日常思想政治教育工作中,形成"日用而不自觉"的价值观念,在鲜活的日常生活中,实现价值观培育的持续性。

红色家风涵养大学生价值观主阵地的巩固依赖于家庭教育与学校教育的同向同行。红色家风涵养大学生价值观的环境是由校园文化环境和校外文化环境构成。校外环境涉及范围很大,包括政治、经济、文化、社会、生态等方面。校内文化环境则是大学生价值观涵养环境建构的主要着力区域,包括从硬件设施的完善到育人理念的与时俱进,从道德培育、知识传授到服务管理环节的建设，都渗透着对大学生价值观潜移默化的影响。家庭是日常生活最稳定、最基本的场所，也是日常生活中最重要的组织和调控场域。红色家风文化是基于日常生活世界而形成的代表性文化，同时又能延伸至政治、经济等非日常生活世界。现阶段我国大学生校园生活突出的特点是学生普遍寄宿，形成了一个相对稳定的校园日常生活场域。这种集体生活模式是类似于家庭生活之外的一种特殊日常生活场域。高校日常思想教育和管理服务工作也依赖于大学生独特的校园日常生活世界，其中的人际交往关系、生活作息模式等都对大学生价值观培育产生不可忽视的影响。家庭生活对个体价值观培育的突出优势显示在其建构与传播的方式上。家庭通过血缘和情感对个体强大的影响力来实现对家庭成员感情认同和行为习惯的养成。在世代传承的日常生活中形成了稳定的习俗和传统，这些习俗和传统又通过经验积累的方式影响着家庭成员的价值观认知、认同和践行。由此，千千万万的家庭就成为社会个体形成较稳定的价值取向的基础场域。涵养大学生价值观的方式方法在很大程度上影响了价值观的培育效果。红色家风可通过日常生活领域的丰富性聚集并引导大学生，从而实现价值观培育与日常生活双向互动的同步建构。面对当前各种非主流意识形态传播的隐蔽性和向日常生活渗透的特点，我们要主动占领家庭领域，使之成为涵养价值观的阵地，从日常生活领域切入，实现对大学生价值观的正向影响。将日常生活领域纳入主流意识形态培育的考量范围，能够为大学生价值观培育提供强有力的基础支撑。红色家风是革命先辈在日常生活中形成的、具有丰富革命传统的具体文化形态。马克思主义的日常生活理论启发我们，从丰富且生动的家庭生活出发，可寻求大学生价值观培育生活化的新路径。大学生价值观培育的日常生活向度非常重要，脱离了日常生活的价值观培育实践将得不到有效支撑，收效甚微。

红色家风涵养当代大学生价值观主阵地的巩固依赖于学校教育与社会环境变革的同频共振。大学生价值观的形成必然会受到社会环境的影响，即使是主流的价值观培育也会因社会环境不同而产生一定的差异性。从客观环境上来说，社会转型和变革必然导致价值观的重大波动和变化。大学生价值观及其教育不仅会受到社会主义市场经济体制方面的影响，还会受到信息社会与全球化发展趋势以及互联网虚拟世界与现实世界互动的影响。

因此红色家风涵养当代大学生价值观必须要进行价值观培育环境的创设，尽量避免偶然性环境因素对主流价值观的冲击，发挥价值观培育之必然性的效果。对于受教育者而言，价值观属于个体思维方面的内容，包含许多个性化要素，在价值观形成过程中容易受到个体因素有关境况的影响。红色家风正好在环境创设上能够实现与涵养价值观实践的对接。红色家风教育中包含着家庭教育的具体起因、经过、结果，都是针对具体时间、地点、人物、事件开展的家庭教育实践。在红色家风涵养当代大学生价值观的过程中，要注意对其具体背景、境况和历史故事深意的阐释，将其中所包含的积极的偶然性因素向必然性因素转化。在这个过程中既要关注大学生群体特点的变迁，也要考量社会经济、政治、文化等外在因素的变化。简而言之，要将大学生价值观发展变化的主观因素和客观因素相结合，才能把握价值观培育环境变化的趋势，从而更好地予以科学合理的引导。

红色家风涵养大学生价值观主阵地得以巩固依赖于构建家庭、学校和社会价值观培育"共同体"。红色家风虽源于革命家庭，但具有明显的社会教育属性，不论是以家庭、学校还是以社会为施教主体都能从中获得价值观培育的有益启发，有效促进大学生价值观培育"共同体"的形成。首先，倡导建设优良家风可以提高对家庭文化建设的重视，带动社会对家庭教育的关注与学术探讨，尤其在新媒体传播中，家庭教育话题成为热门。其次，引发对"建设什么样的家风""如何建设家风"等更深层次问题的思考。中国共产党能够带领人民取得中国革命的胜利，完成历史赋予的使命并非偶然，党领导人民在近百年来取得的伟大胜利有其重要的规律和经验。红色家风充分展现了党对青年价值观培育的理念和独特魅力。最后，红色家风在价值观培育问题上有助于家庭教育同社会教育相融合。家庭的价值观培育只有同社会倡导与学校主导的价值观培育理念保持一致，才能真正有利于学生的成长成才。高校之所以常常会出现思想政治教育的"无力感"，尤其是在大学生思想政治领域有"使不上劲儿"的感觉，往往与家庭教育有很大关系。大学生从小受家庭观念的影响，形成了既定的价值思维，尤其是当学校教育同家庭教育出现不一致时，他们更倾向于选择既有的观念和思维模式，在这样的情况下学校再进行价值观培育必定收效甚微。红色家风着眼于日常生活实践，是与个人家庭生活紧密联系的价值观培育，可将个人理想追求的"小情怀"同家国情怀融合在一起，避免出现社会提倡与学校教育是一套、家庭教育是另一套的尴尬局面，从而导致大学生在接受价值观教育时茫然无措。

（五）发挥大学生自我教育的作用

当代大学生生活在和平稳定的环境中，享受着祖国繁荣发展的成果，这一切归功于党的正确领导、无数革命先烈的前赴后继和社会主义制度的优越性。从这一角度而言，新时代大学生是红色文化精神的受益者，红色文化精神是新时代大学生全面发展的基础和前提。由此观之，新时代大学生理所应当担负起红色文化精神的传承者、守护者和践行者的重任。大学生最终要走向社会，实现个人角色的转换，协调个人价值与社会价值的统一，从而完成个人社会化的过程。在这一过程中，每一名大学生都具有成为英雄人物和先进榜样的可能。而建立在对红色文化精神正确认识基础上的主体意识，就是激励大学生在更高层面上实现自我超越的精神力量。

1.学思并重，形成对红色文化精神的正确认识

唯物史观认为，理论一旦被群众所掌握，就能够转化为物质的力量。大学生在红色文化精神教育中的主体意识不容忽视。部分大学生缺乏对学业重要性的正确认识，将宝贵的时间浪费在无意义的娱乐消遣上，这就使西方错误思潮有了可乘之机。教与学是实现理论掌握的具体途径，大学生应当加强相关领域的理论学习，形成扎实的学识和高尚的品德，通过教学相长洞悉泛娱乐化现象的深层次原因，重视泛娱乐化现象的负面影响，从思想层面树立起对各种诋毁、攻击红色文化现象的警惕，提高自身辨别能力，在当今多元思潮交流碰撞中，始终保持"乱云飞渡仍从容"的思想定力。

"从以往的学生课堂展示内容来看，学生普遍会选择讲述并分析当下的热点问题，说明学生对于社会事件的关注程度较高。但是，学生往往只了解到热点事件的表面，不能以马克思主义基本原理来思考和解释，也就难以实现通过思想政治教育课推进马克思主义大众化的要求。"[1] 新时代大学生思维状态活跃，关心时事热点，主动表达观点，从一定程度上能够反映大学生对于国家和社会的关切，但是在分析具体问题时，大学生往往

---

[1] 韩振峰.新时代思想政治教育理论与实践问题研究[M].北京：社会科学文献出版社，2019：46.

不能基于马克思主义的基本原理出发，存在着主观色彩较为浓厚、掌握事实不够全面等问题。对于红色文化精神的认识，大学生也应当坚持马克思主义进行分析，唯有利用唯物辩证法方能得出正确的、符合客观事实的结论：通过理论学习和深度思考的紧密结合，将现实中的自我与红色文化中的英雄人物和先进榜样进行对照，进行自我认识、自我否定和自我重塑，从而在对红色文化精神正确认识的基础上，建构起对更高层次的信仰。

2. 以学促行，将红色文化精神外化为实际行动

以学促行——通过学习促成良好行为习惯的养成，通过学习对照自身行为从而端正自身行为。功夫下在平时，精力放在实处。在日常学习中，大学生要注重对红色文化相关知识的积累，但是仅限于书本上的既有知识无法建立起深厚的理论功底。在对于英雄人物和先进榜样的成长历程与光荣事迹的学习中，大学生应对照自身实际行为，对自身存在的不足进行纠正，在发展中实现自我成长，在行动中传承红色文化精神。学习知识是为了更好地指导实践，因此红色文化精神教育仅仅依靠课堂教学是远远不够的，还需要将高度凝练的理论知识转化为大学生的实际行动。大学生通过自我学习，能够使其真正认识到红色精神的重要指导作用，通过读原著、悟原理，在全方位掌握丰富红色文化资料的基础上，将红色文化精神外化为自身的实际行动。使大学生从内心深处认识到学习红色文化的重要性，而并非只是获得学分式的被动学习。

3. 知行统一，实现红色基因的传承与发扬

"知者行之始，行者知之成。"通过学习获得知识是进行实践活动的开始，实践活动则是获取知识的完成。大学生自身通过学习获取了与红色文化精神相关的知识，更为重要的是如何运用，也就是说如何在现实生活中开展实践活动，从而深化大学生自身对红色文化精神的感悟。作为红色文化精神教育的参与者，大学生在接受教育的过程中既是教育客体，又是教育主体。心理学家让·皮亚杰（J.Piaget）认为，各个阶段的学习都是一种双向的"自我建构"的过程："认识由主客体之间的相互作用而引起，这种相互作用同时包括着主体和客体……"① 坐而论道的空谈注定只能是虚

---

① ［瑞士］让·皮亚杰.发生认识论原理[M].北京：中国商务出版社，1997：21.

194

无缥缈的空中楼阁，在获取知识的基础上躬行实践才能实现红色基因的传承与发扬。大学生应当在尊重认识产生的客观规律的基础上，积极主动参与学校、学院和班级组织的各类红色文化教育活动，将所学知识与实际行动高度统一起来，将对红色文化的信仰和崇敬更多地体现在自身的具体行动中，才能让全社会看到，在大学生群体上所表现出的、由红色文化精神激发所形成的、欣欣向荣的积极力量。

大学生党支部是推动红色教育走入大学生内心深处的重要力量，是开展红色文化精神教育相关实践活动的常规主体。大学生党员作为大学生群体之中的优秀代表和先进分子，应当主动探索、创新大学生党支部工作方式，以更为自觉的思想觉悟学习借鉴大学生"样板党支部"的相关成功经验，根据自身的各项实际情况，将先进经验转化为党支部工作方式的创新之处。高校应充分发挥大学生党员的创造性，在平时的组织生活中，主动将红色文化的相关内容融入"三会一课"制度，以朋辈群体的角色作为基点扩大大学生红色文化精神教育的效果。高校应将参观红色纪念场馆与支部党日主题活动相结合，从实际出发，主动探索，丰富红色文化精神教育途径，将基层党建工作推向全新的高度，将大学生党支部打造"成为学校教书育人的坚强战斗堡垒"[1]。以往的参观由纪念场馆的讲解员及相关工作人员主导，基于强化大学生自身的主体意识、提升教育的效果的目的，高校可以选拔大学生讲解员，利用课余时间在纪念场馆讲解红色历史，实现对所学知识的检验与巩固和红色基因的传承与发扬，既能够探索出一条红色文化精神教育的创新路径，又能够创造出一种主题实践活动的全新类型。

4.反复强化，笃定崇高信仰坚定正确方向

在心理学中，强化的定义是"得到鼓励或符合理想结果的行为将会重新出现"[2]。根据新行为主义理论奠基人伯尔赫斯·斯金纳（B.F.Skinner）所提出的观点：所有正强化的行为在个体水平上出现的概率更高，而没有正强化的行为在个体水平上出现的概率更低甚至消失。"强化理论"对开展大学生红色文化精神教育具有重要启示。大学生对红色文化精神的认知

---

[1] 习近平.论坚持党对一切工作的领导[M].北京：中央文献出版社，2019：278.

[2] 黄庭希.心理学导论[M].北京：人民教育出版社，2007：66.

处于发展的动态的社会宏观环境下，受到来自现实社会的多元信息的联结作用。错误的信息会冲击大学生已经形成的正确思想，对于这种冲击如果不进行抵制，就有可能使教育对象产生思想动摇，放弃已形成的正确认知而与客观真理和事实真相背道而驰。关于正确的认识的形成过程与客观规律，毛泽东指出："即由实践到认识，由认识到实践这样多次的反复，才能够完成。"① 因此，大学生对红色文化精神正确认识的形成，也需要通过反复强化的教育方式，使大学生将红色文化精神固化为内心的坚定信念和崇高信仰，既不人云亦云，也不盲目跟风，由内而外地抵制错误思潮的侵袭，追求更有品位、更有高度、更有境界的人生。

"思想政治教育的任务，就是要善于发现、树立、宣传、推广先进典型。"② 通过典型对青年群体开展教育，是我们党在教育方面的成功经验。对大学生进行红色文化精神教育，既要重视正面典型，又要审视负面典型。一方面，红色文化中的英雄模范人物，其自身的先进思想和模范行为具有强大的说服力，是激励鞭策大学生积极上进的直接动力。另一方面，负面典型有人物、事例和教材三种类型，自觉运用负面典型开展教育，剖析篡改历史、侮辱英雄之流的动机，帮助大学生认清错误思潮的根源及危害，不仅能够起到还原本真、以正视听、引以为戒的积极成效，而且能够强化正面典型的教育效果。通过反复强化的典型教育方法，教育者帮助大学生明确辨析正确与错误、真理与荒谬、高尚与丑陋的鲜明界限，有助于端正大学生思想，培养辩证思维，笃定崇高信仰，坚定人生方向。

---

① 毛泽东著作选读（下册）[M]. 北京：人民出版社，1986：840.

② 国家教委思想政治工作司 . 思想政治教育方法论 [M]. 北京：高等教育出版社，2013：152.

参 考 文 献

[1] [英]约翰·洛克.教育漫话[M].傅任敢译.北京：人民教育出版社，1985.

[2] [英]杰弗里·N.利奇.语义学[M].李瑞华译.上海：上海外语教育出版社，1987.

[3] 叶澜.教育概论[M].北京：人民教育出版社，1991.

[4] 肖前. 历史唯物主义原理（修订本）[M]. 北京：人民出版社，1991.

[5] [德]卡尔·西奥多·雅斯贝尔斯.什么是教育[M].北京：生活·读书·新知三联书店，1991.

[6] 张岱年.张岱年全集（第5卷）[M].石家庄：河北人民出版社，1996.

[7] [德]黑格尔.哲学史讲演录（第1卷）[M].北京：商务印刷社，1997.

[8] [瑞士]让·皮亚杰.发生认识论原理[M].北京：中国商务出版社，1997.

[9] [美]罗纳德·H.奇尔科特.比较政治学理论新范式的探索[M].北京：社会科学文献出版社，1998.

[10] 中共中央宣传部.毛泽东邓小平江泽民论思想政治工作[M].北京：学习出版社，2000.

[11] 毕文波.当代中国新文化基因若干问题思考提纲[J].南京政治学院学报，2001（02）.

[12] 骆郁廷. 精神动力论[M]. 武汉：武汉大学出版社，2003.

[13] 王东.中华文明的五次辉煌与文化基因中的五大核心理念[J].河北学刊，2003（05）.

[14] 张耀灿，郑永廷，吴潜涛，骆郁廷，等.现代思想政治教育学[M].北京：人民出版社，2006.

[15] 陈万柏，张耀灿. 思想政治教育学原理 [M]. 北京：高等教育出版社，2007.

[16] 黄庭希. 心理学导论 [M]. 北京：人民教育出版社，2007.

[17] 朱小丹. 筑牢共产党人拒腐防变的思想道德防线 [J]. 红旗文稿，2007（16）.

[18][美]戴维·波普诺.社会学（第11版）[M].北京：中国人民大学出版社，2008.

[19]周立.当代大学生"红色文化"教育的路径研究[D].上海：华东师范大学，2010.

[20]郑永廷主编.思想政治教育方法论[M].北京：高等教育出版社，2010.

[21]中共中央党校马克思主义理论教研部，中国马克思主义研究基金会编.马克思主义关于人的学说[M].北京：人民出版社，2011.

[22]李康平.江西红色资源开发与教育研究[M].北京：中国社会科学出版社，2011.

[23]冯丽娟.用红色文化教育铸就当代大学生精神回归的家园[J].职业时空，2011（11）.

[24]葛丽华.红色文化教育研究[D].石家庄：河北大学，2012.

[25]贾志红.马克思总体生产思想研究[M].北京：人民出版社，2012.

[26]韩延明.红色文化与社会主义核心价值体系建设研究[J].北京：人民出版社，2013.

[27]石仲泉.十八大发展了的中国特色社会主义与"中国梦"[J].中国特色社会主义研究，2013（03）.

[28]国家教委思想政治工作司.思想政治教育方法论[M].北京：高等教育出版社，2013.

[29]王静.当代西方社会思潮对大学生价值观的影响及对策研究[D].石家庄：河北师范大学，2014.

[30]强卫.激活红色基因焕发生机活力——学习贯彻习总书记系列重要讲话精神[J].求是，2014（09）.

[31]马静.红色文化教育理论与实践研究[M].天津：南开大学出版社，2015.

[32]时玉柱.高校思想政治教育传承"红色基因"的路径探究[J].克拉玛依学刊，2015（05）.

[33]吴娜.红色基因的文化学考察[J].人民论坛，2015（12）.

[34]中共中央党史研究室编.中国共产党的九十年：新民主主义革命时期[M].北京：中共党史出版社，2016.

[35] 中共中央文献研究室编 . 习近平关于社会主义文化建设论述摘编 [M]. 北京：中央文献出版社，2017.

[36] 包华军 . 少数民族优秀传统文化融入民族地区大学生思想政治教育研究 [D]. 武汉：中国地质大学，2017.

[37] 王刚，李懋君 . 长征精神 [M]. 北京：中共党史出版社，2017.

[38] 张金锁 . 延安精神 [M]. 北京：中共党史出版社，2017.

[39] 李佑新 . 抗战精神 [M]. 北京：中共党史出版社，2017.

[40] 王炳林，张泰城 . 高校红色文化资源育人发展报告 2016[M]. 北京：人民出版社，2017.

[41] 刘建军 . 寻找思想政治教育的独特视角 [M]. 北京：中国人民大学出版社，2017.

[42] 张士义，王祖强，沈传宝 . 从一大到十九大——中国共产党全国代表大会史 [M]. 北京：东方出版社，2018.

[43] 中共中央文献研究室编 . 习近平关于"不忘初心、牢记使命"论述摘编 [M]. 北京：中央文献出版社，2019.

[44] 韩振峰 . 新时代思想政治教育理论与实践问题研究 [M]. 北京：社会科学文献出版社，2019.

[45] 齐彪，邢济萍 . 中国共产党精神及其谱系探析 [J]. 前线，2020（11）.